Anna Funck
Erleuchtung to go – Ein Wohlfühlbuch für
Nicht-Spirituelle

AF204723

## Das Buch

**Ein Buch für alle, die neugierig auf Spiritualität sind, aber auf dem Teppich bleiben wollen.**

Abends Yoga, am Wochenende zur Klangschalenmeditation und immer glücklich lächeln – alle streben nach dem Higher Self, aber wo die Zeit dafür hernehmen?

Humorvoll erzählt Anna Funck von ihrem Umfeld, in dem auf einmal alle spirituell sind. Angefangen bei ihrer sinnsuchenden Freundin Kathrin bis hin zu ihrem rationalen Kumpel Sascha, der plötzlich sein Auto spirituell reinigen lässt.

Anna Funck taucht ein in den Achtsamkeitstrend und fragt, ob Spiritualität nicht auch pragmatischer und vor allem einfacher umsetzbar geht. Für alle, die keine Lust auf stundenlange Gespräche auf höchster Astralebene haben. Eben einfach to go.


## Die Autorin

Anna Funck, TV-Moderatorin, Produzentin und Autorin, verwöhntes Kind der 80er, wurde in Lübeck geboren und als selbstbewusstes Landei an der Ostsee groß. Nach einem Journalismus- und Medienkommunikationsstudium in Hamburg zog es sie sofort zum Fernsehen, wo sie als TV-Moderatorin und Redakteurin tätig war. Seit über fünfzehn Jahren steht die heute 39-Jährige bereits für private und öffentlich-rechtliche Sender vor der Kamera und war zudem als Moderatorin für einen Konzern tätig, für den sie jahrelang um die Welt reiste. Die dreifache Mutter lebt mit ihrem bayerischen Mann und den Töchtern Karlotta, Theresa und Sophia nach viel Umzugsnomadentum wieder an der Ostsee.

ANNA FUNCK

# ERLEUCHTUNG to go

EIN WOHLFÜHLBUCH FÜR NICHT - SPIRITUELLE

Topicus

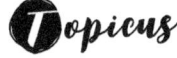

Deutsche Erstveröffentlichung bei
Topicus, Amazon Media EU S.à r.l.
38, avenue John F. Kennedy, L-1855 Luxembourg
Juli 2020
Copyright © der deutschsprachigen Ausgabe 2020
By Anna Funck

Umschlaggestaltung: semper smile, München, www.sempersmile.de
Umschlagmotiv und Lettering: Jelly London

1. Lektorat: Ute Köhler
2. Lektorat, Korrektorat und Satz: VLG Verlag & Agentur,
Haar bei München, www.vlg.de
Gedruckt durch:
Amazon Distribution GmbH, Amazonstraße 1, 04347 Leipzig /
Canon Deutschland Business Services GmbH, Ferdinand-Jühlke-Str. 7,
99095 Erfurt /
CPI books GmbH, Birkstraße 10, 25917 Leck

ISBN 978-2-49670-366-5

www.topicus-verlag.de

# INHALTSVERZEICHNIS

Für meine Cousine Britta, der heimlich spirituellste Mensch, den ich kenne

# Einleitung

Warum schreibt die so ein Buch? Ganz einfach: um eine kulturphänomenologisch hochinteressante Szene zu porträtieren. Eine, die mich fasziniert, manchmal nervt oder ungläubig-belustigt zurücklässt. Eine, über die ich immer wieder stolpere. Durch Erzählungen von Freunden, in Büchern, bei Instagram oder in meinem Job als TV-Journalistin. Denn das Verrückte ist: Selbst die am nüchternsten agierenden Menschen in meinem Leben – wie Staranwältin Gunilla – pflegen ihre Rituale und Wurzelchakren. Der Zugang zur Spiritualität ist so vielfältig, wie das Leben bunt ist. Ob es wirklich etwas bringt, seine Wohnung zu räuchern oder seine Aura reinigen zu lassen, weiß niemand so genau. Der Zweifel fliegt genauso omnipräsent neben dem Schutzengel her wie die Wahrscheinlichkeit, ausgerechnet dann aufs Handy zu gucken, wenn die Polizei hinter dir fährt. Der Antrieb ist immer derselbe: das schöne Leben. Und das wollen wir ja alle, oder? Dabei muss der Ansatz gar nicht immer so vollzeitbeseelt sein. Der heimlich spirituellste Mensch, den ich kenne, ist meine kanadische Cousine Britta, die sich so ziemlich jede Affirmation alltagstauglich formuliert hat. Very clever, wie ich finde. Und ich mag lebenspraktische Übersetzungen, denn für alles andere habe ich als Mutter und

Selbstständige leider nicht so viel Zeit. Hier kommt also das Buch, das euch die Spiritualität näherbringt, obwohl oder gerade weil ich als Naturwissenschaftlertochter ein »Greenhorn« bin. Ein Buch für alle, die Lust auf den humorvollen Überflug und nicht so viel Zeit für personalisierte Edelsteine, Yogamatten und Engelseminare haben. Die eher wie ich den Heiligenschein zum Zusammenklappen bevorzugen. Abwaschbar und schnell transportabel. Ein bisschen Eintauchen für Berufstätige, Mütter, Auf-dem-Boden-Gebliebene, Realisten, Pragmatiker, auch Männer, und für alle anderen, die keine Zeit für drei Stunden Yoga morgens und Overnight-Oats-Einweichen über Nacht haben, aber Teilzeiterleuchtung ganz gut finden!

Und bitte nicht falsch verstehen: Ich liebe euch alle!

*Love, peace & harmony*

Eure Anna

PS: Und bitte nicht wundern: In der Szene duzt man sich. Gilt also auch für dich. Wollen wir loslegen? Dann bitte umblättern!

# WEM DU IN DIESEM BUCH BEGEGNEN WIRST

Meiner Freundin Kathrin, die immer auf Sinnsuche war und ist, in Therapie oder auf irgendeinem Trip. Doch seit einiger Zeit ist alles anders: Kathrin ist jetzt spirituell erwacht, und ich bin tendenziell etwas verwirrt. Ohne sie wüsste ich immer noch nicht, was man in einer Schwitzhütte macht und was eine Kakaozeremonie ist.

Meiner extrem coolen Freundin Gunilla, Anwältin mit Doktortitel in einer der führenden Kanzleien Deutschlands, Isabel-Marant-Schuh-Fan, sehr stylish, sehr straight, die aber im Gerichtssaal gerne Rosenquarzkette trägt und regelmäßig ihr Wurzelchakra stärkt.

Sascha, auch TV-Journalist und Schreiberling wie ich, kaviaraffiner Lebemann, Segler, Siegelringträger, Porschefahrer, immer ledig, aber nie Single, weiß Gott nicht spirituell. Und deshalb sind seine spirituellen Begegnungen auch besonders spannend.

Nur damit du nicht verwirrt bist: Es gibt noch einen Sascha in meinem Leben, der nicht minder wichtig ist. Für meinen Kopf und mein Herz: mein Friseur.

Dann wären da noch Ella, ebenfalls Anwältin und spirituell wie dem Alkohol gegenüber aufgeschlossen, Dennis, Reporter – ja, wir Medienleute hängen immer mit Medienleuten herum – Menschenfreund, Turnschuhträger, stets ein charmantes Lächeln auf den Lippen und klassischer Prototyp der Riege »Mach, was du willst, aber lass dich nicht abkochen, und wenn du nicht ewig Single bleiben willst, übertreib es nicht mit dem Meditieren, Aurareinigen und den Klangschalensessions!«

Außerdem dabei: Meine Cousine Britta, die in Montreal lebt und heimlich spiritueller denkt und lebt als alle zusammen – ohne es zu merken.

Außerdem triffst du noch meine Töchter Karlotta und Theresa und meinen Mann Jenz, der spirituell schon alles in seinen Zwanzigern erlebt hat, mich immer zum Schreiben motiviert oder auch mal in den Hintern tritt und es insgeheim super findet, dass ich mich mit dem Thema auseinandersetze. Er ist nämlich wirklich »fühlig«, wie man in der Szene so schön sagt. Aber: Er sieht zum Glück nicht so aus. Ich mag nämlich Männer, die Anzug und Lederschuhe tragen und kein Yoga machen.

Außerdem habe ich noch ein paar Freundinnen, die immer herhalten müssen mit ihren Ansichten und tollen Geschichten: Freddy, Caro, Ulrike, Kristina und meine Sandkastenfreundin Julia.

Hier und da wirst du auch mal über ein paar O-Töne stolpern – alte Fernsehkrankheit, genannt Vox Pops, also diese Umfragen, bei denen Passanten zu ihrer Meinung über irgendetwas befragt werden. Ja, man kann eben nicht aus seiner TV-Haut. Aber dafür kannst du dir dadurch gleich ein besseres Bild machen.

# WAS SOLL DAS EIGENTLICH SEIN?
## ODER: ZEIT FÜR DIE
### ERLEUCHTUNGSABKÜRZUNG

Kennt ihr die? Diese Menschen, die immer so *rise and shine* sind, dauerdankbar, und die jede Sekunde die Fülle spüren, selbst wenn der Kühlschrank leer ist? Ja, die gibt es. Das sind meistens frisch spirituell Erleuchtete, die hübsch an sich arbeiten, um ihr Higher Self herauszukitzeln. Und prinzipiell finde ich das auch super. Frei nach dem Motto: Dein Leben ist großartig. Darf ruhig so bleiben, wie es ist. Nur du musst dich ändern. Dann ist alles schick. Ich bin ja immer dafür, den Blickwinkel mal temporär zu ändern, nur wenn es so aufgesetzt ist, kann ich damit nichts anfangen. So wie bei Neu-Yogi-Veganerin Nina, der ich hin und wieder beim Einkaufen über den Weg laufe. Sie lächelt immer ganz beseelt, nur ihre Augen nicht. Sie ist immer ausgeglichen, nur ihre Nagelhaut schreit was anderes, wenn sie sich an der Nase kratzt. Und sie ist immer so dankbar, dass man sie schütteln und ihr sagen möchte: Ein kaputtes Autoschiebedach bei norddeutschem Nieselregen hat genauso viel Schönes wie eine geplatzte Einkaufstüte, verdammt.

Meine Freundin Gunilla, 38, Anwältin und Partnerin in einer der Großkanzleien Deutschlands, formulierte es neulich mal so: »Der scheint permanent die Sonne aus dem Arsch. Aber was hilft mir das? Da verlasse ich mich lieber auf mich selbst und meine Lebenserfahrung!« Oder wie mein Freund Sascha, 49, der Filmemacher, Segler und Siegelringträger, es zusammenfasste: »Das ist so Hamburg/Berlin/dieses Jahrtausend. Da bemühen sie sich alle um Ooooooommm, Dings und Spiritualität. Da fahre ich lieber aufs Land zum Adel. Dort ist die Welt noch in Ordnung. Da können die Jungs noch Rilke zitieren und interessieren sich für norddeutsche Backsteingotik, und die Mädchen sind echte Prinzessinnen, nicht so ein Lillifee-Kitsch mit Räucherstäbchen.«

Ist das jetzt alles nur ein Trend? Und wenn ja, ist es einer, der die Welt besser macht? Das Einzige, was ich mich frage, ist: Was ist mit diesen Tagen, an denen man mal *dark and down* ist? An denen wir authentisch schlecht gelaunt und todmüde auch gerne mal den falschen Weg ohne Ziel einschlagen wollen? Am besten mit einem bösen Nutellabrötchen in der Hand? Diese Tage, an denen einem das Essen anbrennt, der Steuerberater noch Anlage X braucht und man stundenlang in Warteschleifen hängt, die einen nach zwölf Minuten ins telefonische Nirwana schicken. Oder an denen du mit einem Krankenkassen-Mitarbeiter über eine Arztrechnung diskutieren musst, der an deinem »Höheren Selbst« mal so gar nicht interessiert ist. Da helfen dann auch kein glutenfreier Hirsebrei, keine dreistündige Klangschalenmeditation und keine Detox-Fußmaske mehr. Frag Nina.

Versteh mich bitte nicht falsch: Ich finde jeden klasse, der sich ein schönes Leben bastelt und sich dafür cleverer Hilfsmittel bedient. Ich mag es nur nicht, wenn es so übergestülpt daherkommt. Ich denke: Authentizität bedeutet auch, mir einzugestehen, wie ich wirklich fühle. Und das muss nicht immer nur Fülle, Dankbarkeit und *endless love* sein. Es kann auch mal Müdigkeit, Stress oder Wut sein. Und wenn ich dann schlafe, irgendwie doch durch den Tag gehetzt bin oder meinen lachenden Mann boxe, ist es ja auch wieder gut. Dankbar bin ich dann später.

Fakt ist jedenfalls: Spirituelle Erleuchtung ist fast schon ein Teilzeitjob. Morgenroutine, Meditation und Mandalas malen – dafür braucht man Zeit. Und viele gedankliche Ansätze sind echt richtig gut. Auch Nicht-Spirituelle sollten etwas davon haben, finde ich. Also wird es Zeit für den spirituellen Ansatz zum Zusammenklappen. Reißfest und abwaschbar. Pragmatisch und praktisch. Mamatauglich und to go für die Mittagspause im Büro. Und dafür musst du nicht mal ein 750-Euro-Online-Selbstfindungsseminar buchen. Du musst nur umblättern!

# WIE DU DEINE INNERE WAHRHEIT FINDEST.
## ODER WIE NICHT

»Okay, ein Seminar! Aber nur eins!«, sagte ich zu Kathrin. Alles fing damit an, dass meine Freundin Kathrin, 39, Grafikerin und ewiger Single, beim Renovieren ihrer neuen Wohnung einen Podcast hörte. Und eine neue Kathrin wurde. Das fand ich einerseits gruselig und andererseits großartig. Denn Kathrin war unser ganzes Leben lang immer der Das-Glas-ist-halb-leer-schenk-bloß-nach-Typ. Irgendwie lief immer alles schief. Grund: »Ich bin durchsichtig, Anna! Durchsichtig!«

Die Typen nahmen sie nicht wahr oder schlugen irgendwann immer einen Dreier vor, ihre Autos wurden grundsätzlich bei Werksabholung zu Schrott gefahren (der letzte Neuwagen sogar schon in der Händler-Ausfahrt von einem Vorstand persönlich) und immer, wenn sie im Selbstmitleid versank und sich als Resultat ein Haustier kaufte, war dieses verhaltensauffällig, musste eingeschläfert werden oder starb einen tierisch mysteriösen Tod. Und denk jetzt bitte nicht, Kathrin sei hässlich, dick, dumm oder sonst ein Quasimodo. Mitnichten: Sie ist zart, klein, ein Schneewittchentyp und so süß, dass jeder sie mit der Hand füttern will. Aber wie unser Freund Dennis, *born* in Hamburg-Horn, es mal auf den Punkt brachte: »Keiner versteht's, aber läuft nicht bei ihr, Mann.«

Kurz: Kathrin war und ist immer auf Sinnsuche, in Therapie oder auf irgendeinem Trip. Und plötzlich war es ruhig. Stille. Nur dieses Podcast-Grundrauschen mit diesem Life-Coach und jenem Seminar. Kathrin ist jetzt spirituell erwacht, und ich bin verwirrt. Aber ich habe auch schon Dinge erlebt, die mich zweifeln lassen, ob die Spirituellen und die Gläubigen nicht vielleicht doch die Klügeren sind? Vielleicht bin ich, Tochter eines klassischen Schulmediziners, nur immer blind gewesen, eben im esoterischen Tiefschlaf? Denn eins ist sicher: Wer an bestimmte Dinge, Düfte, Wesen und Rituale glaubt, kommt irgendwie besser durchs Leben. Zumindest durch Krisen, und durch die müssen wir ja alle mal durch. Insofern möchte ich sagen: Ich bin offiziell eher ungläubig, aber aufgeschlossen. Ich glaube, dass es nie falsch ist, sich in fremde Welten vorzutasten und dabei ruhig ein bisschen grundskeptisch zu bleiben. Alles, was mir an Gedankengut nützlich erscheint, kann ich mitnehmen, den Rest lasse ich liegen. Stört ja keinen.

Ach so, vielleicht noch das Rahmenprogramm: Ich bin Anna, 39, Journalistin und TV-Tante (RTL, MDR, ja, ich hatte sie alle), Mädchenmama mal zwei und zum zweiten Mal glücklich verheiratet. Ich bin grundsätzlich neugierig auf alles, was das Leben schöner und angenehmer macht, schon allein, damit ich es an meine Mädels weitergeben kann.

»Wo fahren wir jetzt genau hin?«

Kathrin und ich sitzen in Loungewear – so heißen Jogginghosen ja jetzt – und mit Pferdeschwänzen in meinem Auto, das Ziel ist ins Navi einprogrammiert.

»Zu einem Workshop. Um unsere innere Bestimmung zu finden.«

»Und wenn ich die längst kenne? Als TV-Reporterin, Mutter und Ehefrau mit fast vierzig? Meinst du, ich sattle noch mal um, gebe alle kleinen Menschen in meinem Haushalt zur Adoption frei und verkaufe Penisköcher in Neuguinea?«

»Dann lernst du halt etwas über dich. Oder mich. Oder deine anderen Bestimmungen. Gibt ja sicher nicht nur eine.«

»Dann müsste man ja nicht hin … eigentlich. Also wenn, dann wäre schon die Exklusivbestimmung erstrebenswert, oder?«, werfe ich ein.

Kurze Zeit später liegen wir inmitten von lauter Frauen und einem Kerl auf Yogamatten in einem Räucherstäbchenraum. Es duftet nach Jasmintee, und unsere Lehrerin Satya Kaur, was so viel wie »Prinzessin der Weisheit« heißt, begrüßt uns ganz beseelt. Dass an ihrer Klingel – neben dem obligatorischen *Home, sweet home*-Schild – Familie Peter und Tina Müller steht, tut nichts zur Sache. Ist schließlich ihr spiritueller Name. Neben uns sitzen zwei stämmige Zwillinge, die optisch an Cindy aus Marzahn erinnern, eine frischgebackene junge Mutter, deren Baby in der Ecke im Kinderwagen schläft, eine Frau mit Lockenkopf und so wenig Pigmenten im Gesicht, dass man sie gerne schminken würde, um zu wissen, wo Augen, Nase und Mund sitzen, und ein glatzköpfiger, durchtrainierter Mittvierziger, der so wach ist wie ich nach drei Energydrinks.

Erst mal sollen wir atmen, dann bitte alles dehnen und lachen. Uns so richtig ausschütten. Da bin ich schon wieder raus.

»Warum machst du nicht mit?«, fragt mich die Prinzessin der Weisheit.

»Ich glaube, es ist für mich nicht natürlich«, stelle ich nüchtern fest.

»Ich verstehe. Du kannst dich nicht darauf einlassen.«

»Nein, ich denke, ich lache lieber, wenn ich mich amüsiere. Und nicht auf Knopfdruck.«

»Ich verstehe dich. Deine Verletzungen werden wir hier auch noch heilen. Mach mit bei dem, was dir gelingt«, konstatiert mein Gegenüber.

»Du schaffst das!«, rufen die dicken Zwillinge.

»Danke«, sage ich und überlege zeitgleich, ob ich mit einem Hechtsprung »Mission Impossible«-mäßig durchs Fenster flüchten soll. Kurz muss ich an meine Mutter denken: In den Achtzigerjahren kannte man diese ganze Sinnsuche noch gar nicht. Genau wie Laktoseintoleranz, dieses böse Internet oder Selfies. Oder zumindest die Lebenswelt meiner Eltern kannte das nicht. Die wussten irgendwie auch so, wer sie waren. Ohne Suche nach sich selbst. Verrückt. Meine Mutter erschien mir immer gleich, machte keinen Spagat zwischen To-do-Listen, schrieb keine Mails an roten Ampeln oder turnte, im Gegensatz zu mir, nicht mit aus dem Mund hängender Zunge durch Kindergeburtstage. Und das ganz ohne tägliche Meditation und ohne Mandala-Kette! Bestimmt gab es auch mal schwierige Tage, aber meine Prinz-Eisenherz-Frisur und ich haben die nicht zu spüren bekommen. Heute sind die Kinder fast noch gestresster als die Eltern, die sie durch ihren Hobbymarathon fahren. Die Helikopter-Irren müssen abends noch Yoga reinquetschen, um wieder runterzukommen. Und sich währenddessen als weichzeichnergefilterte Kobra posten, damit es auch alle wissen. #beunique. So unique wie alle anderen eben. Gut, dass wir so bewusst leben. Denn wie sollen wir ohne Selbstfindungskurse herausfinden, wer wir sind? Apropos: Bereit für die Gegenwart?

»Wir wollen jetzt mit unserer inneren Wahrheit in Verbindung treten. Denn nur so finden wir unsere innere Bestimmung.«

Ich übersetze, nur unter uns natürlich: Einfach mal Karten auf den Tisch. Kein Pokerface vor dir selbst. Was passt zu mir und was nicht? Eigentlich simpel: Interessiert mich der

Doppelhybrid-Motor nicht wirklich, werde ich wohl keine Ingenieurin. Aber was weiß ich schon?

»Vorher wollen wir noch einmal richtig loslassen! Schüttelt euch mal. Hände, Arme, Beine, alles so richtig ausschütteln«, fordert uns Satya Kaur auf.

Der Raum vibriert, so viel Bewegung kommt in die Sache: Die Cindys schütteln fröhlich ihren Frottee-Speck, die frischgebackene Mutter verabschiedet sich kichernd zur Toilette (»Sorry, natürliche Geburt, hab Pipi gemacht, hihi!«) und unser Glatzenmann verliert vermutlich noch die letzten Fusseln auf dem Kopf. Die Pigmentlose sehe ich nicht mehr. Vielleicht ist sie ja schon eins mit dem Universum?

»Spürt in euch hinein! Ich verrate euch jetzt das große Geheimnis …«

Kurz möchte mein Reporterinnen-Ich »Moment, stopp, ich brauche meine Diktier-App, vielleicht ist die Nachricht bahnbrechend!« rufen, aber ich beherrsche mich gerade so.

»Es ist ganz einfach: Eure Bestimmung ist es, ihr selbst zu sein. Eure authentische Wahrheit zu leben. Eure gottgegebenen Gaben zu entdecken und zu entwickeln. Nur das ist eure Aufgabe. Nichts anderes. Dann fließt die Dankbarkeit zu euch zurück. Ist das nicht eine große Erleichterung?«

Ich war selten enttäuschter. Als stünde man vor Sylvie Meis, die eigentlich ihren Beauty-Doc verraten wollte, jedoch stattdessen ausschließlich nach links gedrehtes Edelsteinwasser, Selleriesaft und den frisch aufgepinselten Glow ihrer Maskenbildnerin als ihr Schönheitsgeheimnis deklariert. Als würde die *Vogue* verkünden, dass wir alle ab morgen nur noch mundgeblasene Glassandalen tragen müssen.

Vergleichbar mit meinen Gefühlen, als ich damals das Statement von Sophia Loren las: »Alles, was Sie sehen, verdanke ich Spaghetti.«

Hohler als Makkaroni, der Gehalt. Rein inhaltlich betrachtet.

»Können wir das etwas spezifizieren?«, frage ich in den Raum, und meine Worte wabern wie ein übergroßes Fragezeichen im Räucherstäbchennebel zwischen den Seminarteilnehmern.

»Ja«, sagt die Weisheitskrönchenträgerin. »Indem wir nun in die Stille gehen und in uns hineinfühlen. Die Wahrheit ist in uns. Wir müssen sie nur finden. Manchmal braucht es eine Weile.«

Die dicken Cindy-Zwillinge flüstern zu mir rüber: »Du schaffst das noch!«

Die frischgebackene Mutter kommt frisch gewindelt wieder rein und fragt: »Habe ich was verpasst?«

Und unser Glatzenmann sieht so selig aus, als würde seine Bestimmung sich als Kopfhaar auswachsen.

So ist das mit der Erkenntnis – wenn man sie denn in diesem Moment hat. Wir murmeln noch ein paar Mantras, dann sitzen wir bei Tee und letztem Ausplaudern auf den Matten.

Kathrin erzählt mit rosigen Wangen, dass sie noch mal ganz neu durchstarten wird: »Ich fühle, dass ich immer das falsche Leben gelebt habe. Es wird Zeit für das richtige.«

Für diese fundierte Aussage gibt es Kopfnicken und Beifall. Zum Abschied nach diesem emotionalen Erlebnis, das uns alle eng zusammengeschweißt hat, drücken sich alle, beteuern, einander zu schreiben und sich weiterhin auszutauschen, dann fahren wir unter klarem Sternenhimmel nach Hause.

»Kathrin, war das echt die 249,99 Euro wert?«, frage ich an einer Kreuzung.

»Absolut, Anna. Ich spüre es tief drinnen: Ich kann wieder vertrauen. Ich muss nur so authentisch wie möglich meine Wahrheit leben.«

»Na dann.« Ich nicke und gebe Gas. Vielleicht leben tatsächlich ganz viele Menschen ein Alibi-Leben, leben die Träume ihrer Eltern, gucken sich ihre Persönlichkeit bei »Bauer sucht Frau« ab und wissen selbst mit Ende dreißig nicht, ob sie

Pommes rot, weiß oder rot-weiß am liebsten mögen. Ob sie Fast-Fashion-Schuhe bei Deichmann oder handgeklöppelte im veganen Online-Shop bestellen sollen. Ob sie lieber einen Hund statt Kinder hätten oder statt Schlager zu hören doch lieber die ganzkörpertätowierten Extremitäten zu Heavy Metal in die Gegend schmeißen wollen. Dann kann es durchaus sinnvoll sein, nach dieser Form der Erleuchtung zu streben.

Nur: Geht das nicht auch einfacher? Ich kann ja ganz gut mit mir. Auch allein sein. Schöner ist es natürlich, wenn mein Mann Jenz und die Kinder dabei sind.

Aber wenn wir zwei, mein offizielles Ich und mein Joggingpants-Ich, mal freihaben, genießen wir das auch. Da bleibt keine Frage offen – auch ohne Hineinhören –, denn wir wollen eigentlich immer das Gleiche. Schon vor langer Zeit ausgehandelt, ganz ohne Spiritualität. Man kennt sich. Wir wissen: Mathe liegt uns nicht, wir überanalysieren gerne, weil chronisch neugierig, sind ein leicht zu kriegendes Modeopfer, das in Zukunft aber nachhaltiger leben will, häufig leider viel zu empathisch, was aber auch ein bisschen für uns spricht, und jetzt wollen wir einfach nur eine Maniküre vor Netflix. Voll authentisch und echt wahr gelebt, ohne Seminarurkunde. Wobei: Vielleicht entflammen wir gleich ein kleines Zimt-Räucherstäbchen für die Gemütlichkeit. *Namaste*, Brüder und Schwestern!

# MANIFESTIEREN IST ALLES.
## ODER: WIE MAN ZIELE AUCH SO ERREICHT

»Auf was für einem Trip ist Kathrin jetzt genau?«, fragt mich Dennis über seinen dampfenden Kaffee hinweg.

Wir sitzen am Rand einer Sandkiste in Hamburg-Eppendorf, und Kathrin holt gerade einen Yogi-Tee, weil sie mit Koffein gebrochen hat.

»Schwierig zu erklären. Ich denke, spirituelle Sinnsuche trifft es vielleicht«, sage ich und zucke mit den Schultern.

Dennis spuckt fast seinen Kaffee auf ein Kind: »Bitte was? Das ist doch nur Geldmacherei! Weißt du, was da für eine Industrie dahintersteckt?«

»Ich habe eine Vorstellung davon, aber sie ist sehr glücklich zurzeit. Also lass sie. Vielleicht ist es ihr Weg. Die letzte Trennung war hart genug. Was auch immer ihre Seele streichelt – solange es keine harten Drogen sind – finde ich völlig okay. Achtung, Mutter Teresa naht.«

»Habt ihr über mich gesprochen?«, fragt Kathrin und baut sich vor uns auf.

»Nein, nur ein bisschen«, sagt Dennis. »Über deine neue Erleuchtung.«

»Wovon du gar keine Ahnung hast«, stellt Kathrin patzig fest.

»Das stimmt, aber ich will nur dein Bestes und nicht, dass du Hunderte von Euro irgendwelchen Schamanen und Wunderheilern in den Rachen wirfst, die dir imaginäre Schwerter aus den Rippen ziehen oder deine Aura monatelang reinigen müssen. Mehr nicht. Und wenn es dir so guttut, dann ertragen wir das. Erst mal.« Jetzt zwinkert er. Er trifft einfach immer den richtigen Ton. Böse sein kann man ihm nie.

Zum Glück kennen wir uns alle schon ewig, und unsere Wahrheit leben, das konnten wir schon immer – direkt und ungeschminkt verbal ins Gesicht. Total authentisch. Echt. Ohne Coach.

»Ich erkläre euch das jetzt mal. Siehst du dahinten dein Kind, Rabenmutter?«, fragt mich Kathrin.

Theresa kämpft offenbar um ihren Sandkuchen. Ein Rotzlöffel auf zwölf Uhr setzt zum Angriff an. Erst neulich hat mein Mann unserer Zweijährigen für diesen Fall empfohlen: »Schaufel ins Gesicht oder Blutgrätsche, Schatz!« Aber mit zwei ist das Umsetzen derartiger Instruktionen nicht immer so einfach.

»Es geht ums Manifestieren!«, erklärt uns Kathrin. »Sie kommt nicht in die Umsetzung – wie viele Erwachsene. Sie muss erst in ihre Klarheit kommen. Und das muss man lernen.« Sie steht auf, geht zum Rotzlöffelangreifer und zertritt ihm seinen Sandkuchen. Seine Schaufel schmeißt sie weg, begleitet von den Worten: »Ich werde dir bis zum Abi jeden deiner Sandkuchen zertreten, wenn du Theresas Backerzeugnisse nicht in Ruhe lässt. Speicher das in deinen Zellen.«

Während das Kind heulend zu seiner entsetzten Mutter läuft, tritt die Rächerin der entehrten Minis stolz vor uns. Eine Windböe lässt ihr feines dunkles Haar fliegen, und ihre Augen blitzen.

»Ich hab Angst, Dennis!«, murmle ich.

Der lacht.

Kathrin erinnert mich gerade sehr an Wonder Woman, wie sie souverän aus der Sandkiste steigt und auf uns zuläuft, nur ohne Schild. »Bist du nicht schon lange unglücklich in deinem Job und änderst aber trotzdem nichts, Dennis? Ich sag dir, woran das liegt. Du bist zu vage. Du musst manifestieren, deine inneren Glaubenssätze überarbeiten. Du denkst nämlich, du verdienst nichts Besseres. Du weißt gar nicht, wo du hinwillst. Fakt ist: Du kannst alles erreichen, was du willst. Du musst nur in die Klarheit kommen, in Verbindung mit deinem tiefsten Sein – und dann in die Umsetzung. Du willst mehr Geld? Fein. Damit kann das Universum aber nichts anfangen. Du musst eine Langzeitvision deines Lebens entwickeln, deinen eigenen Weg finden. Dann erschließt sich dir der göttliche Plan.«

»Ah ja, und woran merke ich, dass ich auf dem richtigen Weg bin?«, fragt Dennis forsch.

»An einem intensiven Gefühl körperlicher Freude. Dein Körper weiß das.«

»Okay, du trinkst ab sofort keinen Yogi-Tee mehr«, sagt Dennis streng, aber mit breitem Lächeln.

Kurz ist es still.

Theresa ruft »Mama!« und zeigt auf drei neue Sandkuchen. Das Angreiferkind zieht im Hintergrund heulend mit Mama von dannen. Der Blick der Mutter ist kaum auszuhalten, aber ich gebe mein Bestes. Kathrin scheint mit einem Mal auf alles eine Antwort zu haben. Und was zum Teufel ist mit ihrem Wortschatz passiert? In die Klarheit/Umsetzung/Verbindung kommen? Alles zu substantivieren war doch noch nie die Lösung. War schon in der RTL-Stil-Bibel für den Volontärswortschatz falsch.

»Süße, das klingt ja alles toll. Aber kannst du das denn auch auf dein Leben anwenden? Und kostet es im Moment nicht dein ganzes Erspartes? Hast du den Gratisdownload vom Universum schon angeklickt?«, frage ich.

Kurz muss ich an meinen Weg in der TV-Branche denken, der irgendwie immer steinig, dafür aber extrem spannend war. Seltsamerweise war mir stets klar, wohin ich wollte: zum Fernsehen, erste Reihe, bitte. Und so verrückt das klingt: Das hat dank vieler Castings und vielleicht auch etwas Talent geklappt. Einen göttlichen Plan im Sinne eines konkret ausgearbeiteten Lebensentwurfs gab es nie. Nur den Willen. Dafür miese Honorare und noch miesere Verträge in den ersten Jahren – aber in den Zwanzigern liegt der Fokus nicht auf Sicherheit und Lukrativität. Nur mit den Psychopathen der Branche hatte ich nicht gerechnet. Aus dem Potpourri der abgefahrensten Chefs erwischte ich den Zonk: einen kleinen Mann, verwachsen mit seinen Nadelstreifen, seiner Zigarre und dem Spaß an Psychospielchen. Alle nannten ihn nur XL. Seine Initialen. XL war so begeistert von mir im kleinen grünen TV-Studio, dass er mir zwei Jahre vor Studiumsende einen Ausbildungsvertrag zur Moderatorin und Reporterin vorlegte, um mich dann allerdings sofort wieder zu vergessen. Da saß ich dann plötzlich im Moderatorinnenpool bei einem großen Privatsender als Küken, vom Ei wie von der Henne keine Ahnung, und wurde den anderen als Überraschung zum Fraß vorgeworfen.

Frauen, du weißt schon. Frauen, die sich bedroht fühlen, sind der mieseste Gegner, den du haben kannst, egal wie alt. (»Hallo Süße! Sag der Bitch dahinten bloß nicht Guten Morgen! Sie hat das größte Foto vom roten Teppich in der *BILD*!«)

Und so war ich wie versteinert. XL dagegen unterstützte jede Intrige meiner neuen Kolleginnen im Haifischbecken und wollte mich schließlich rausschmeißen.

An einem Spätsommertag saß ich in seinem Büro, neben mir meine Moderationschefin mit ihren dauergebräunten Beinen und sein Vize. »Sie sind ein nettes Mädchen, aber nicht fürs Fernsehen gemacht. So unverdorben. Gehen Sie doch nach Hause und klopfen Sie in fünfzig Jahren noch einmal an diese

Tür«, schlug XL mir vor und schob sein kleines Kinn vor wie eine Hyäne.

Meine Chefin klimperte mit den Wimpern, sah dabei ein bisschen aus wie Bambi und pflichtete ihm bei: »Ich glaube auch nicht, dass du das hier wirklich willst. Ich sehe das genauso.«

Und der Vize hatte ohnehin, wie immer, dieselbe Meinung wie XL.

Wenn ich mir heute die Situation aus der Sicht einer Mutter angucke und mir vorstelle, ich wäre mein eigenes Kind gewesen – ich hätte mir damals wie Uma Thurman in »Kill Bill« ein Samuraischwert geholt und mich auf sie geworfen, aber gut, lassen wir das.

In dem Moment wurde allerdings tatsächlich auch mein vierundzwanzigjähriges Ich richtig sauer: »So können Sie doch nicht mit mir reden. Das ist doch keine konstruktive Kritik. Ich dachte, ich sollte hier etwas lernen. Was soll ich denn mit dieser Aussage anfangen?«

Dieser Konter änderte alles. XL schob die zwei Marionetten aus dem Büro, sah mich unter seinen Theo-Waigel-Augenbrauen an wie ein Vater die verlorene Tochter und sagte: »Gut. Sie bleiben. Aber ich gebe Ihnen einen guten Rat: Einfach anfangen! Fangen Sie an!«

Das tat ich. Wir wurden zwar keine Freunde, und wir siezten uns, bis sich unsere Wege wieder trennten, aber ein Jahr später moderierte ich als Vertretung die Abendnachrichten. Ohne überarbeitete Glaubenssätze. Ohne Zwiegespräche mit Engeln, morgendliche Meditation oder Frühstück aus einer Bowl mit Grünzeug. Ohne etwas zu manifestieren. Ich war nicht in die Klarheit gekommen, nachdem ich mein Mindset neu strukturiert hatte. Ich hatte einen vagen Traum und fing einfach an. Ob das immer authentisch war? Mit Sicherheit nicht! Ich sage nur: »Können Sie live schalten?« Diese Frage stellte mir mein nächster Chef bei den Öffentlich-rechtlichen in seinem kleinen grauen Büro. Meine Antwort?

»Natürlich!«

Zu einhundert Prozent gelogen, aber das musste ich dann ja auch selbst ausbaden. Ergebnis: Ich kann das. Sehr sinnvolle Lüge, kann ich nur sagen.

Wenn also die Umsetzung so schwer scheint, fang doch einfach an. Du hast Ladehemmungen? Angst vor der Aufgabe? Denkst, du bist noch nicht so weit? Bist unsicher, ob du das kannst, was du bewältigen sollst? Fang! Einfach! An! Könnte ja auch sein, dass du plötzlich im Flow bist – und dann? Weitermachen! Und wenn etwas nicht klappt, einfach Hilfe holen. Geht auch. Frag deinen Anwalt. Der weiß auch nicht, was drinsteht, aber er weiß, wo er nachgucken muss in seiner Paragrafenwelt. Ja, das ist ein Manifest gegen das Manifestieren. Kann mich auch nicht erinnern, dass ich meinen Wunsch nach einem Gatten, meinen Kindern oder die Bitte, an der letzten Mandelentzündung der Kinder nicht beteiligt zu werden, manifestiert hätte. Ich denke, man muss nicht immer eine Vollzeitvision seines »göttlichen Plans« haben. Man kann auch über Umwege ins Glück stolpern. Oder mit großen Zielen ins unbezahlte Langzeitpraktikum schlittern, oder neben dem Feind im eigenen Bett aufwachen. Du kennst deine Richtung, du hast ein, zwei Träume? Prima. Dann lauf los, finde das zauberhaft – und was passiert zwischendurch? Das Leben. Vielleicht Wunder. Zufälle. Und das ist meistens gut so. Einfach anfangen.

## Vergiss das mit der Fülle. Oder: Wie man den Neid abschaffen kann

Drei Mädels beim »Mädchenitaliener« in Berlin-Mitte über dampfender Pasta. Lunchtime mit meinen Business-Freundinnen Gunilla und Ella in unserem Lieblingsrestaurant. »Gott, ist das gut!«, sage ich über meinem Teller, als Verena plötzlich an der Tischkante steht.

Ihr Leo-Mantel hängt fast in meinen Spaghetti, als sie sagt: »Ach, ihr drei und jede Menge Kohlenhydrate. Und sogar mit Fleisch, Ella!«

»Ja. Und?« Ellas Blick sagt alles: »Bist du hier von der inoffiziellen veganen Aufsichtsbehörde? Dann mach bitte einen Termin bei meinen Sekretärinnen in der Kanzlei. Ich esse jetzt.«

»Sorry, seit ich vegan lebe und eine Kleidergröße schmaler bin, rutscht mir das hin und wieder so raus. Ich muss jetzt eh ins Fitnessstudio und dann Koffer packen, wir fliegen morgen mit den Kindern für zwei Wochen nach Dubai. Also, bon appétit!« Und weg ist sie.

Ella guckt nur noch zerknirscht auf ihre Lasagne.

»Was hast du denn?«, frage ich.

»Ich ärgere mich über mich selbst. Immer setzt sie noch einen drauf. Aber scheinbar gelingt ihr auch alles besser.

Egal, worum es geht. Sie backt die besseren Kuchen für die Schulbasare, sie näht die aufwendigsten Kostüme, sie ist dünner und hübscher, hatte mal eine beeindruckende Anwaltskarriere, ist trotzdem Mutter und hat immer das letzte Wort. Sie gibt mir einfach das Gefühl, dass ich nicht mal Mittelmaß bin. Ich bin gar nichts. Kennt ihr das?«

»Nein«, meint Gunilla und isst weiter.

»Jein«, sage ich. »Vermutlich kennt jeder so jemanden. Aber warum lässt du es zu, dass du dich so schlecht fühlst?«

»Tom findet sie auch noch toll. Neulich hat er die Kinder abgeholt und sich anflirten lassen.«

»Gönn es deinem Mann, wenn die Schlampen ihn auch mal anhimmeln«, fordert Gunilla, grundsätzlich selbstbewusst.

Der Kellner, der gerade allen nachschenkt, gießt aus Versehen Wasser aufs Tischtuch.

»Ist das denn so schlimm?«, frage ich.

»Nein«, stellt Ella fest. »Die Schlimme bin ich. Ich kann diese Neidgefühle nicht abstellen. Ich habe mir dazu neulich sogar so einen spirituellen Artikel durchgelesen …«

Während wir unsere Pasta drehen und genießen, bekommen wir eine Abhandlung über die Fülle. Absolut im Trend gerade. Spüre die Fülle, die dich umgibt. Nein, nicht den eigenen Körperfettanteil. Sondern all die kleinen und großen Dinge, die dein Leben so schön machen. Dein Zuhause, deine Familie, deine Dekokissen, deinen morgendlichen Hirsebrei, *whatever*. Wenn du die erst mal richtig wahrnimmst, wirst du gelebte Liebe. Neid- und Hassgefühle haben dann keine Saison mehr. Das ist nur was für Menschen, die im Mangel leben, igitt, und so einer bist du ja wohl nicht. Und wenn, dann lass das mal schön bleiben. Du denkst, du brauchst immer mehr? Konsumgüter, Geld, Bestätigung? Dann stehst du auf der falschen Seite. Du bist ein Cowboy mit schwarzem Hut, dabei solltest du mal lieber den weißen tragen! Wer in Fülle lebt, braucht nichts mehr. Der will nur noch geben. Hat Ella alles im Frauenarztwartezimmer gelernt, während sie auf ihre Testergebnisse gewartet hat. Und sich fest vorgenommen, ihren Neid zu überwinden und aus dem Mangel herauszumarschieren. Zuerst wollte sie zum Friseur und danach ein bisschen shoppen gehen – aber das wäre wieder falsch gewesen. Und sie wollte es ja richtig machen. »Und jetzt quäle ich mich herum!«, schließt sie ihren Bericht.

»Ich finde, wir gehen shoppen!«, meint Gunilla trocken. »Ich brauche ein paar neue lässige Treter fürs Gericht. Wer ist dabei?«

»Hast du mir eigentlich zugehört?«, zischt Ella.

»Warte!«, sage ich. »Ella, ich finde, du darfst etwas Geld verprassen, wenn dir das Spaß macht. Du verdienst ohnehin mehr, als du ausgeben kannst, machst einen irren Job und förderst das Bruttosozialprodukt der gesamten Republik, was ja nun wirklich nicht egoistisch ist. Und was den Neid angeht: Wandle den doch einfach um in Bewunderung. Ich denke auch immer, Gunilla hat die tolleren Schuhe. Mag ich sie deswegen weniger? Nö. Ich sage es ihr und lasse mich inspirieren oder überzeugen, die EC-Karte mal wieder glühen zu lassen. Du bist du. Und du lebst nicht im Mangel. Das sind ganz normale Gefühle. Und jetzt besinn dich wieder auf dich. Du kannst andere Dinge, für die du geliebt wirst. Und alles andere entwickelt sich – selbst Faschingskostüme, die man zur Not ja auch kaufen kann.«

»Echt? Du findest, ich hab's schuhtechnisch voll drauf?«, fragt Gunilla lächelnd. »Ich finde, du bist gelebte Liebe, Anna! Und du, Ella, kommst jetzt mit! Shoppen hat noch jeden Mangel behoben!«

# DER STRESS MIT DER DANKBARKEIT.
# UND: WARUM DIE KEIN MENSCH 365 TAGE IM JAHR BRAUCHT

»Kennst du diesen Podcast ›Namaste, Love & Harmony‹? Die säuselt einem so ins Ohr, so achtsam, so harmoniesüchtig, dass ich es teilweise nicht mehr ertrage!«, erklärt mir Annika, 42, Mutter von drei Kindern, PR- und Kommunikationsberaterin und jemand, mit dem ich mich rasend gerne austausche, seit ich mich bei einem gemeinsamen Dreh zum Thema Mikronährstoffe schockverliebt habe. Wir stehen in unserem Lieblingskaffeeladen und warten auf Mousse-au-Chocolat-Kuchen und Kaffee.

»Ja, ich weiß genau, was du meinst«, erwidere ich. »Vielleicht schlucken die auch heimlich einen Blister Baldrian, bevor sie ihre Audiodateien einsülzen, um dann später richtig auszuflippen. Springen dann bestimmt von Wand zu Wand in ihren Yogazimmern und brüllen: ›Lila-Krishna und Abha-Leonor, zwei Wochen Internetverbot, dafür dreimal am Tag die Kobra und den herabschauenden Hund!‹«

Meine Freundin Ellen, 39, zwei Kinder, mit der ich neulich Kaffee trank, sieht es so: »Die Leute brauchen das jetzt offenbar.

Die können nicht mehr ohne Anleitung genießen, Glück empfinden, lieben oder einfach nur mal *sein*. Das ist einfach unser gesellschaftlicher Stress! Ich kann das noch. Aber der Rest halt nicht – und jetzt wollen die uns stressen mit ihrer konstruierten Achtsamkeit.«

»Keinen Stress durch Achtsamkeit!«, wiederholte ich lachend und machte eine zackige Bundeswehrgeste. »Sehr schöner Claim!«

»Ist wie mit dem Kochen. Alle kaufen sich den neuen Thermomix und wollen wer weiß was für exotische Dinge zusammendünsten, aber einfach nur kochen kann keiner mehr«, analysierte Ellen nüchtern. Kam mir bekannt vor.

»Der Mousse-au-Chocolat-Kuchen?«, fragt die Kellnerin im Hier und Jetzt.

»Hier!«, rufen wir synchron. So viel Harmonie und Einklang auf einmal.

Später am Tag fische ich ein Self-Coaching-Buch von meiner frisch erleuchteten Kathrin aus dem Briefkasten. Mit den Worten: »Hat mir total geholfen und die Augen geöffnet. Vielleicht ja auch etwas für dich? *Big hug!*«

Ich blättere und lese, dass ich ein Geschenk für die Welt sei, einzigartig, die beste Version meiner selbst. Eine bessere gebe es gar nicht. Ich werde geliebt und geschätzt, ich sei kreativ und sportlich, schön, optimistisch, tolerant, herzlich, großzügig, unterhaltsam, humorvoll, liebevoll, offen, wohlhabend, weitsichtig, einfach wow. Woher wollen die mich denn so gut kennen? Dann soll ich bitte meine Ziele und meine *happy moments* aufschreiben. Falls ich zu doof bin und mir keine einfallen, stehen da auch Beispiele: in super kuscheliger Bettwäsche aufgewacht, in der Sonne spazieren gewesen, Hilfe von einer Kollegin bekommen, ein tolles tiefsinniges Gespräch geführt. Ziel: Dankbarkeit. Denn wer dankbar ist, ist happy. Und dem geht es dann gut. Anruf bei meiner Freundin Gunilla, die gerade im Büro sitzt und wieder einen Präzedenzfall beackert: »Schaffst du das immer mit der Dankbarkeit?«

»Dankbarkeit als Accessoire im Alltag? Nein, ich wäre gerne dankbarer. Nehme es mir immer vor, wenn was Blödes passiert. Aber ich vergesse es dann wieder, wenn alles gut ist. Klassiker halt. Dankbarkeit ist irgendwie die neue Avocado geworden!«

Nur als Hintergrundinfo: Zu der hippen Avocado hat Gunilla ein kleines Hass-Verhältnis. Total »in« unter Foodies, ist die mit ihren gesunden Fetten der offizielle Geheimtipp – nur der ökologische Fußabdruck ist halt so unendlich mies. Muss ja eingeflogen werden. Und wer sich als weltrettender Bioveganer bezeichnet, sollte ihrer Meinung nach das Früchtchen, das eigentlich eine Beere ist, nicht kaufen. »Das ist wie mit dem RTL-Bachelorette-Kandidaten, der so langsam redet, dass man ihm durchgehend Ohrfeigen geben will, um den Sprechvorgang zu beschleunigen. Und zwar so, dass man in den Augen die Affen tanzen sieht. Da ist Netflix noch sinnvoller, aber streamen ist ja auch nicht gerade ökologisch!«

Aber zurück zur Dauerdankbarkeit, die mir hilft, dauerhappy zu sein. Ist ja prinzipiell nicht falsch. Aber was ist an den anderen Tagen? Wenn man seine Steuererklärung machen muss, die Kinder mit vierzig Grad Fieber im Bett liegen und schon blaue Elefanten sehen oder der Göttergatte einen seiner Besserwissertage hat und den Geschirrspüler nach dir immer wieder neu einräumt? Wenn dir dein Weihnachtsbaum die Bude abfackelt und die Versicherung den Unfall nicht zahlt oder dein Lieblingsnachbar tot ins Gemüsebeet fällt? Kann man dann nicht auch mal so richtig *deep down* drauf sein und sein Higher Self links liegen lassen? Sich so richtig schön schlecht fühlen? Ich zelebriere auch gerne mal Schlechte-Laune-Tage, wenn gar nichts mehr zu retten ist. Du weißt schon: Wenn man sich gleich morgens den Kaffee in den Ausschnitt kippt, mit der Hüfte gegen den Türrahmen läuft und die Kinder einen »einfach nur nervig« finden. Mein Self-Coaching-Buch legt mir im Prinzip nahe: Alles ist toll. Du, dein Leben, dein Mikrokosmos. Liegt nur an dir, wenn dir das alles nicht gefällt. Musst einfach an dir arbeiten. Und wenn das nicht reicht, musst du halt mehr an dir herumschrauben. Immer noch nicht alles *happy sunshine?* Dann hast du versagt! Sorry. Geh bitte wieder auf LOS. Denn schlechte Laune ist nur eine Entscheidung – und zwar die falsche. So einfach ist das. Dabei warnen Psychologen sogar davor, schlechte Laune zu unterdrücken. Schließlich hat die eine Funktion! Uns woanders hinzukatapultieren nämlich. Oder glaubst du, Edison hat die Glühbirne erfunden, weil er so *happy* und *peacig* war? Der wollte was Neues! Elektrizität! Die großen Werke sind noch immer in Phasen des Kummers und des Leids entstanden, Freunde! Vincent van Gogh war jedenfalls kein glücklicher Zeitgenosse, und J. K. Rowling hat Harry Potter mit größten Depressionen und unter der britischen Armutsgrenze lebend geschrieben. Anders kann man sich diese Dementoren, die den Menschen jegliche Freude und Hoffnung aussaugen, auch nicht erklären. Man stelle sich vor, Rowling hätte sich vorher von den letzten Sozialhilfe-Pfunden dieses Self-Coaching-Buch gekauft. Dann wäre vermutlich nicht mehr als »Lauras Stern« oder »Conni übt sich in Dankbarkeit« herausgekommen. Vielhundertfache Millionärin wäre sie damit sicher nicht geworden. Sollten die miesen Gedanken doch mal überhandnehmen, empfehle ich Folgendes: Self-Coaching-Buch in den Müll schmeißen, eine liebe Freundin anrufen und sich alles von der Seele reden, bis man Fusseln am Mund hat. Gefühle durchleben und verarbeiten statt weglächeln. Irgendwann einen Weißwein bestellen, kichern und bekloppte Pläne schmieden. Und dabei bitte bloß nicht achtsam sein. Den Stress können sich ja die Podcast-Tanten machen.

# Die Dankbarkeitsfalle Teil 2.
## Oder: Wie man auch gesund und gut durchs Leben gehen kann

»Manchmal frage ich mich, ob man von Grund auf negativ sein kann. Ich komme da irgendwie nicht raus. Manchmal denke ich, ich bin doch ein spiritueller Versager!«

»Wie meinst du das?« Kathrin und ich walken eine Abendrunde um die Alster, und meine Freundin macht heute gar keinen zufriedenen Eindruck, während die Sonne auf dem Wasser glitzert und Hamburg mal wieder so dekadent aussieht, wie nur diese weiße hanseatische Perle es kann. Immer ein bisschen drüber. Was den Druck auf die gestärkten Hemdkrägen und die Seglerqualitäten erhöht.

»Na ja, man soll doch immer die Dankbarkeit gegen die schlechten Gefühle setzen, dann sieht man, was alles gut ist im eigenen Leben, wie albern die negativen Gedanken sind, und sofort fühlt man sich besser. Wer das lange genug übt, empfindet irgendwann gar keine schlechten Gefühle mehr. Zumindest kommt es mir bei einigen meiner Mit-Yogis beim Bikram so vor. Die sind so dankbar für alles, die strahlen von innen, jeden Tag, jede Stunde.«

»Sag mal, Kathrin, wer genau hat eigentlich gesagt, dass negative Gefühle so übel sind und Dauerdankbarkeit so erstrebenswert?«

Kathrin guckt mich verständnislos an. »Wie meinst du das denn?«

Wir dehnen uns an einer Bank, und ich lege los. Denn irgendwie kommt mir dieser ganze Dankbarkeitshype ziemlich verlogen vor. Wie ein Wolf im Schafspelz, möchte ich fast sagen. Hat was tierisch Sanftes, aber hintenrum beißt er mal eben deine emotionale Herde kaputt. Dein schwarzes Schaf sozusagen, das mit den miesen Gefühlen, das sich klein, doof und traurig fühlt. Nur ohne dieses schwarze Schaf verlierst du deinen Kompass. Schlechte Gefühle sind ein Motor. Ein Regulator. Manchmal auch ein Motivator. Steve Jobs saß bestimmt nicht dauerbeseelt in seiner Hinterhofgarage und war dankbar für Nokia. Der wollte ein iPhone, verdammt.

Neulich traf ich meine Cousine Beatrice, die grundsätzlich Typen datet, die halb so alt sind wie sie: »Der war echt süß, konnte sehr raffiniert flirten. Aber dann hat er im Restaurant sein Tagebuch rausgeholt und gesagt: ›Schau mal, das ist mein Achtsamkeitstagebuch. Ich schreibe jeden Tag auf, wofür ich dankbar bin. Wofür bist du heute dankbar gewesen?‹ Erst wusste ich nicht, was ich sagen sollte. Als er begann, vorzulesen, wurde mir schlagartig klar, wofür ich dankbar bin: dass ich heute Abend allein in meinem Bett liegen werde!«

Diese weltumarmende Dankbarkeitsreligion hat schon fast etwas von Heidi, die sich beim Almöhi über die Ziegenwiesen rollt. Bitte nicht falsch verstehen: Sich an den kleinen Momenten, an einem Grashalm oder der Sonne zu erfreuen oder dankbar für seine Gesundheit, das eigene Dach über dem Kopf und den Partner zu sein, ist klasse. Aber google das Ganze mal und gib »Video« ein: Wer dir da alles entgegenschwärmt, wie sehr die permanente Dankbarkeit sein Leben zum Guten verändert hat – die möchte ich allesamt nicht zum Kaffee treffen. Selbstzufriedene Dauergrinser, die seeeeehr laaaangsam und bedaaaaacht sprechen, wie die Beamten-Faultiere in »Zoomania«. Das Bild trifft's eigentlich ganz gut: Du wirst dann nämlich zum Beamten. Alles ist toll, kann ja alles so bleiben. Nur was, wenn dein Leben ganz anders sein könnte durch etwas Unzufriedenheit? Wenn du so dankbar für deinen Job und deine mobbenden Kollegen bist, wirst du ihn nicht wechseln. Wenn du dir einredest, dass Dicksein Genuss pur ist und alle Dünnen unter ihrer Askese leiden, dann wirst du halt dein Leben lang die Treppen hochkeuchen. Was, wenn Dankbarkeit uns nur lähmt, träge macht und uns manipuliert? Eigentlich ist es bequem. Etwas scheinheilig. Eine Strategie, mit Überforderung umzugehen, es sich in den eigenen vier Wänden mit der trägen Dankbarkeit gemütlich zu machen, bloß keine Bewegung. Geschlossene Gesellschaft für die Realität. Ist ja alles gut, so wie es ist. Kannst auch ruhig ein bisschen Angst haben, dass alles schlimmer wird – dann bist du umso dankbarer. Könntest ja auch morgen deinen Job und die mobbenden Kollegen verlieren. Dann lieber dankbar sein für die derzeitige Misere, oder?

Kurz muss ich an den Tod meiner Mama denken. Ich war mir damals nicht sicher, ob ich das überlebe. Aber eins wusste ich ganz genau: Die Trauer braucht Raum und muss verdammt noch mal gelebt werden. Egal, wie ekelhaft ich dieses Gefühl fand. Egal, wie wütend ich war, dass ich mit 35 keine Mutter mehr hatte und plötzlich unfreiwilliges Mitglied im Tote-Eltern-Club war. Ich fühlte mich schwer, wie aus Blei, stand völlig neben mir, heulte ständig, trank viel zu viel Kaffee und stieg ins Auto zum Wasserkästen wegbringen ohne Wasserkästen. Die standen neben meinem Parkplatz. Aber ich gönnte mir das. Ich gönnte mir jede Träne. Egal wo. Zugegeben, im Job auch mal heimlich im Übertragungswagen, wenn Cutter und Operator gerade eine rauchten oder telefonieren gingen. Ich schrieb in Gedanken

Briefe an meine Mutter. Ich kaufte die Lieblingsblumen meiner Mutter, um mich zu trösten, trank abends neuerdings Rotwein, aß zu viel Schokolade und schmiss mit Karlotta eine Flaschenpost »An den Himmel« ins Meer. Ich erlaubte mir einfach alles. Und merkte irgendwann: Es geht voran. Die Verzweiflung wich einem Gefühl von Ich-kann-damit-klarkommen. Und immer öfter schlich sich dann auch Dankbarkeit in meine Gedanken. Ganz natürlich. Nicht auf Bestellung oder durch Zwang. Ich lächelte beim Gedanken an Mamas Tina-Turner-Mähne auf Sylt, an ihre Butter-Schmalz-Sahne-Crème-fraîche-Vorliebe, an ihre spontanen Tanzeinlagen in der Küche, wenn Billie Holiday lief. Aber ich hatte das Tal eben auch durchschritten, ganz natürlich. Organisch. Menschlich. Zerbrechlich. Ist das nicht irgendwie ehrlicher? Wäre jemand gekommen und hätte gesagt »Sei doch mal dankbar. Sieh das Positive!«, ich hätte ihm vermutlich den Kopf abgerissen. Mindestens. Oft denke ich an jene wunderbare Lebensweisheit zurück, die mir eine Freundin meiner Mutter aus Lancaster damals per Mail sandte und die ich heute noch gerne jedem mit auf den Weg gebe: *»I know you are sad, so I won't tell you to have a good day. Instead I advise you to simply have a day. Stay alive, feed yourself well, wear comfortable clothing, and do not give up on yourself yet. It will get better. Until then, have a day.«* Frei übersetzt: »Ich weiß, dass du traurig bist. Deshalb wünsche ich dir keinen schönen Tag. Stattdessen gebe ich dir den Rat, einfach nur irgendwie durch den Tag zu kommen. Bleib am Leben, iss etwas Gutes, trag etwas Bequemes und gib dich nicht auf. Es wird besser werden, aber bis dahin komme einfach irgendwie durch den Tag.« Für mich sagt das alles.

Man stelle sich vor, sie hätte geschrieben, ich solle doch bitte jetzt mal den Mantel der Dankbarkeit überstreifen und alles super finden. Es gibt Momente im Leben, da passt dieser Rat so gut wie schwarze Schuhcreme auf weiße Hipster-Sneaker. Und für jeden Menschen ist sein persönlicher Kummer nun mal der größte. Gilt für den Tod genauso wie für Liebeskummer, aufkommende Nasolabialfalten, Jobverlust, Steuernachzahlungen und Hunde mit Verdauungsproblemen. »Glück ist ein Inside-Job« las ich neulich bei einem Mindset-Coach. Mag sein. Aber wenn wir immer nur glücklich sind, dann sind wir wie das Meer ohne Wind. Es passiert nichts. Wir liegen nur da und glitzern hübsch vor uns hin. Keine Wellen. Keine Action. Will man das? Ich möchte nicht nur flach sein. Ich bin für Tiefgang, Wellenbrechen, Strömungen, Ebbe, Flut, auch mal Windstille, aber bitte nicht ausschließlich. Oder wie Gunilla neulich Goethe zitierte: »Dankbarkeit ist manchmal ein Band, oft aber eine Fessel.« Sicher hat Goethe dabei nicht an den Inside-Job gedacht, aber wenn ich mir selbst die Dauerdankbarkeit auferlege, ist Johann Wolfgang von in diesem Sinne so was von aktuell.

Zurück an die Alster: »Kathrin, schlechte Gefühle sind auch oft ein Navigator. Die wollen dich irgendwohin bringen, die kann man auch einfach mal durchleben, darüber sprechen und dann handeln. Die muss man nicht auf Knopfdruck verdrängen, um dann nur noch an alles zu denken, was toll ist. Es ist sicherlich clever, sich bewusst zu machen, wie viel Glück man hat. Wir sind gesund, haben etwas zu essen, ein Dach über dem Kopf, und keiner wirft Bomben auf uns runter. Grundbedürfnisse des Menschen sichergestellt. Alles fein. Aber: Wenn deine Gedanken irgendetwas an den Pranger stellen, dann möchte deine spirituelle Seele möglicherweise eine Entwicklung vorantreiben. Und dann wäre es bestimmt sinnvoll, hinzusehen und dich nicht abzuwenden. Eigentlich hältst du dir die Augen zu wie ein Kind beim Verstecken spielen, doch statt zu zählen, brüllst du halt ein paar Dankbarkeitsgründe dagegen. Aber du belügst dich ein bisschen. Wenn du dich einfach mal mit deinen

negativen Gedanken konfrontierst, geht die Welt nicht unter –
wer ist schon ewig mies drauf?«

Kathrin lacht. »So kann man es auch sehen. Und es ist
immer noch spirituell!«

## SPIRITUALITÄT TO GO!
## ODER: HABE ICH WAS VERPASST?

Ich sitze mit hochgezogenen Brauen an unserem Küchentisch, vor mir zwei dampfende Kaffeetassen und mein Freund Sascha, der sich die Brille zurechtschiebt und mit der Hand durchs gegelte Haar fährt.

»Du hast *was* gemacht?«, frage ich zum mittlerweile zweiten Mal.

»Na ja, es hat sich halt ergeben.« Sascha nimmt einen Schluck Kaffee.

»Und fährt er sich jetzt anders?«, frage ich. Die Rede ist von Saschas Porsche Boxster S, 3,2 Liter, 267 PS. Dieser Oldtimer wurde nun tatsächlich spirituell gereinigt. Ausgerechnet der Wagen von Sascha, dem Mann, der gerne Sätze prägt wie »Fensterreiniger ist besser als Wahrsagerei, Spiritualität und all der andere Hokuspokus. Nach Ajax sieht man wenigstens klar.«

»Bitte noch mal die ganze Geschichte!«, fordere ich ungläubig und kuschle mich in meine Grobstrickjacke, während ich mir mit meinen Haaren auf dem Kopf einen *messy bun* drehe.

Sascha lehnt sich zurück und grinst. »Der Wagen war bei meinem Freund Olli zur Reparatur. Irgendetwas war ja immer kaputt oder im Argen. Olli hat spontan sein Haus reinigen lassen – von seiner erleuchteten Freundin Tanja mit dem Hahnenkammhund – und die ist irgendwann quasi über mein Auto gestolpert und hat gesagt: »Da sind ja ganz miese Energien in der Karre drin!« Dann hat sie losgelegt mit der Reinigung. Von außen ist er so dreckig wie vorher, aber innen jetzt spirituell rein. Allerdings liegen überall Steine herum.«

»Und was hat es gebracht? Spürst du etwas?«, will ich wissen.

»Na ja, seitdem fährt er. Ohne Probleme. Man muss aber dazusagen, ich habe auch einen neuen Motor drin. Entweder wurden 300 PS von bösen Geistern blockiert – oder vielleicht war es auch nur die kaputte Kurbelwelle. Man weiß es nicht. Vermutlich liegt die Wahrheit irgendwo in der Mitte.«

»Ja, vermutlich«, murmle ich in meine Tasse.

»Was ganz interessant ist: Seit der Hausreinigung bei Olli bleiben bestimmte Menschen weg. Sie betreten das Grundstück nicht mehr. Laut Schamanin Tanja sind das die, die keine echten Freunde sind, die ihm nichts Gutes wollen.«

»Ach …«

»Eine Handvoll Bekannter will sich plötzlich nur noch außerhalb treffen, auf ein Bier irgendwo. Witzig, was?«

Ich weiß nicht, wie ich es anders ausdrücken soll: Ich bin irgendwie angefixt. Fasziniert. Denn tendenziell merke auch ich, dass sich Ende dreißig viel in Freundschaften tut. Menschen verändern sich. Viele Entscheidungen sind bereits getroffen worden. Es stehen nicht mehr alle bei null, wie nach dem Abi. Die einen leben verheiratet mit drei Kindern auf dem Land, die anderen als kinderloses Paar in der Stadt. Die Leben scheinen plötzlich nicht mehr so gut zusammenzupassen, man beäugt sich, zieht Bilanz. Eigentlich ein natürlicher Reflex. Aber manchmal gehen Energien und Gefühle seltsame Wege. Sei es Missgunst, plötzliches Desinteresse, ein Schicksalsschlag. Alles scheint so zerbrechlich. Und plötzlich schaust du dich um und fragst dich, wo deine Freunde aus den Zwanzigern hin sind.

Hat man sie *abgehängt?* Sind sie anders abgebogen? Hat man sich nur temporär aus den Augen verloren oder bewusst den Kontakt langsam einschlafen lassen? Oder waren das im letzten Gespräch irgendwie nur Seitenhiebe aus Neid? Würde ein wenig Spiritualität ein bisschen Ordnung reinbringen und ganz guttun? Das Leben auf natürliche Weise aufräumen? Leichter machen? Je mehr ich mich umhöre, desto mehr interessante Geschichten tun sich auf.

Am späten Nachmittag treffe ich meine stylishe Schuhexpertin Gunilla wieder, und sofort fallen mir ihre Armbänder auf. »Die sind ja süß!«, stelle ich fest.

»Ja, ich pflege mein Wurzelchakra«, ist ihre Antwort.

»Halte mich bitte nicht für weltfremd – aber was ist das?« Offenbar bin ich wieder mal völlig ahnungslos.

»Also was ein Chakra ist, weißt du aber? Oder muss ich ganz von vorne bei 0,00 anfangen?« Gunilla ist bekannt für ihre liebenswürdige Direktheit.

Kurze Stille meinerseits – gerunzelte Stirn ihrerseits. Wir gehen nebeneinander den Eppendorfer Baum entlang.

»Das Wurzelchakra ist eines der sieben Hauptchakren im Körper. Es liegt als erstes Chakra am unteren Ende der Wirbelsäule, in der Nähe des Beckenbodens ungefähr. Schon mal gehört?«

»Und wie pflegst du es und warum genau?«

»Mit Steinen, zum Beispiel in meinen Chakra-Armbändern, die dir so gut gefallen. Oder ich lege meine Steine in ein Glas Wasser und trinke es mit Kräutern, wie Rosmarin. In verschiedenen Kombinationen. Heute hatte ich einen wichtigen Termin vor Gericht. Da nehme ich gerne den Amazonit. Der hilft gegen Aufgeregtheit und fehlende innere Ruhe. Und momentan trage ich dazu noch eine Rosenquarzkette. Meine störrische

Widderseite ist heute extrem ausgeprägt, und ich bin daher sehr aggressiv.«

»Was du nicht sagst!«, entgegne ich grinsend.

Kurz muss ich an meine letzte Abendmoderation denken, bei der ich dachte, die Aufregung frisst mich auf. Hätte mir da ein kleines Armband etwa helfen können? Einerseits weiß ich, sobald der erste Satz auf der Bühne gesprochen ist, bin ich ganz Profi. Die Souveränität durchfährt mich wie eine Welle, und alles ist gut. Aber das Davor kann mörderisch sein. Anstrengend, zehrend. Was, wenn ein bisschen Spiritualität die Antwort wäre? In der Garderobe meditieren ist nicht so meins und unrealistisch. Aber was, wenn Trick 17 ein Stein an einem Armband wäre?

»Und wie bist du dazu gekommen?«, will ich noch wissen.

»Durch eine Gürtelrose. Grund ist da meistens Stress. Eine Bekannte hat mir eine Stein-Kombi empfohlen. Seitdem bin ich Fan, denn das Teufelszeug war in kürzester Zeit weg.«

Lebenspraktischer kann man ja eigentlich nicht testen, denke ich. Vielleicht öffne ich die spirituelle Tür doch ein bisschen weiter und schaue noch mal genauer, was es dahinter zu entdecken gibt. Solange es sich in mein Leben integrieren lässt und mich nicht unter Druck setzt, kann es ja nicht schaden.

Als mein Mann abends mit einem vierzig Zentimeter hohen Rosenquarz nach Hause kommt, denke ich das immer noch, muss aber trotzdem zweimal gucken. Jenz ist weiter mit dem Thema als ich, hatte seine ersten spirituellen Ausflüge in seinen Zwanzigern und mir schon in den Anfängen unserer Beziehung Rosenquarz ganz romantisch aus dem Grand Canyon mitgebracht. Jetzt muss man dazusagen, man sieht es ihm nicht an. Er rennt im Job im Anzug mit sehr erwachsenen Lederschuhen herum, hat einen bayerischen perfekten Teint, ist ursprünglich studierter Architekt und leitet die norddeutsche Niederlassung eines Baugiganten mit ein paar Dutzend Mitarbeitern. Solche

Männer glauben eigentlich an perfekt ausgefeilte Verträge, glänzende Schuhe und ein schönes Auto mit Massagefunktion unterm Hintern. Mag er auch. Ansonsten ist er eher so ein Tausendsassa in Sachen *Leben denken*.

Und so steht der Rosenquarz, den ich nicht mal heben kann, nun vor unserer Haustür, um uns zu beschützen, unsere bedingungslose, nicht bewertende Liebe zu bewahren und für unser aller Harmonie. *Love and peace* in Stein. Irgendwie gefällt es mir. Auch wenn ich nichts gegen ein kleines, hübsches und etwas dezenteres Armband gehabt hätte. Steine, Steine, überall Steine. So sitze ich da mit meinem gigantischen rosaroten Liebesstein, der in fast allen Lebenslagen helfen soll: Er erleichtert das Verzeihen, den guten Schlaf, die Liebesfähigkeit, sogar Streit und Scheidung, die Auflösung von Angst, Missgunst, Hass und Neid, sogar das Loslassen und das Sterben, wobei das nicht so eilt. Stelle übrigens ab sofort meinen Laptop daneben, wenn ich draußen schreibe – heben kann ich den Koloss ja nicht. Grund: Rosenquarz entstrahlt angeblich auch Elektrogeräte und wirkt gegen Augenermüdung und Kopfschmerzen. Mein neuer bester Freund ist echt zum Steinerweichen großartig. Vielleicht kaufe ich mir morgen noch ein paar von den süßen Armbändern.

# Wann hat das mit den Coaches
## eigentlich angefangen?

Wann hat das eigentlich angefangen, dass jeder einen Coach braucht? Es gibt Health-Coaches, Life-Coaches, Art-Coaches, Finanz-Coaches, Aufräum-Coaches. Und jeder will eine der Schubladen aufräumen, die in der Kommode deines Lebens stecken. »Eigentlich fehlt nur noch ein Coach für optimierten Stuhlgang«, bemerkt meine Freundin Gunilla in unserem Video Call und zieht die Brauen nach oben.

»Gibt es doch! Giulia Enders! ›Darm mit Charme‹ ist ein Longseller unter den Bestsellern!«, verkünde ich, während ich Kinderwäsche falte.

»Oh Gott, stimmt ja!« Gunilla hält sich beim Lachen die Hand vor den Mund, so angewidert ist sie.

Inzwischen sind wir schon so weit, dass sogar Coaches sich einen Coach nehmen, um sich coachen zu lassen, wie man am besten coacht. Denn heute geht es ja nicht um Schwächen – nein –, es geht um unsere Stärken. Die soll der Coach bitte entdecken und mit uns entwickeln, damit wir das Beste aus uns herauspulen können wie aus einer Weihnachtsgans. Coaching ist gesellschaftlich akzeptiert, ist ja nicht wie der Seelenklempner in den Achtzigern, wo man offiziell kurz vor der Klapse war. Außerdem geht das heutzutage extrem flexibel. Präsenzcoaching ist oft gar nicht mehr nötig, es geht auch per Skype, per Energiefluss oder bei einem *Walk and Talk*. Da kann auch Bello gleich noch mit um den Block gehen und optimiert den schwarzen Beutel füllen.

»Prinzipiell finde ich es ja gut, wenn man sich Hilfe holt«, stelle ich fest. »Ich frage mich nur immer: Haben wir denn alle keine guten Freunde mehr, so zum Reden?«

»Nein. Das sind nur noch unsere Glücksbuddies, mit denen wir ausschließlich das Schöne zelebrieren, unsere *happy moments*. Unser Higher Self führen wir aus und zeigen allen, wie uns die Sonne aus dem Arsch scheint. Das Lower Self, *sad* und *lonely*, lassen wir lieber zu Hause. Oder schleppen es zum Coach und biegen es zurecht. Übrigens sollte ich neulich auch zum Business-Coaching. Meine Chefs wollten gerne, dass ich meine Weiblichkeit ablege. Bin jetzt schließlich Kanzleipartnerin. Da müssen Rüschenblusen und lange Haare natürlich dran glauben. Nur noch Anzug und Bob, bitte, und ein neues, maskulines Auftreten. Ich hab abgelehnt.«

»Erst befördern, dann umformen? Seltsam. Kathrin ist auch gerade mitten in der Transformation. Sie zieht jetzt auch nicht mit einem Umzugsunternehmen um, sondern mit einem Umzugs-Coach«, sage ich.

»Bin ich froh! Das wird ihr Leben verändern! Ich muss jetzt mal auf die Couch – ohne Coach! Mein Maulfaul-Self ist müde.«

## »DU BIST GENUG!« DER SATZ, DEN MAN SICH AUCH MAL KLEMMEN KANN, DENN GENUG IST GENUG

»Kathrin, ich hab's gemacht!«, rufe ich und falle mit einer Riesentüte in ihre Wohnung.

»Nee! Du hast das Kleid gekauft?« Kathrin reißt die Augen auf. »Zeig!«

Ja, ich habe es getan. Und ein schlechtes Gewissen. In der Tüte liegt ein Hemdblusenkleid, nach dem sich selbst Meghan Markle verzehren würde. In Midi-Länge. 295 Euro kostet der fesche Fetzen. Eigentlich. Wenn man nicht 25 Prozent bekommen hat – so wie ich heute.

»Du Miststück! Zieh mal an!« Kathrin sagt das fast böse.

Als ich aus dem Bad komme und einen Auftritt auf Zehenspitzen hinlege, sieht sie nicht sehr begeistert aus.

»Findest du es doof? Ich hab ohnehin schon ein schlechtes Gewissen – ich hatte gehofft, du redest es mir endgültig weg.«

»Nein, es sieht sehr schön aus und steht dir. Es ist nur …«

»Ja?«, frage ich, und habe so eine böse Vorahnung, die auch gleich bestätigt wird.

»Eigentlich brauchst du es gar nicht. Du hast alles im Leben, was man sich wünschen kann: einen Mann, Kinder, eine

Karriere. Wofür noch ein fünfzehntes Kleid? Eigentlich kaufen wir uns alle zu Tode. Und warum? Weil wir denken, dass wir nicht genug sind! Obwohl wir so reich und beschenkt leben, denken wir im Mangel und dass wir nicht gut genug sind ohne ein weiteres Kleid, das viel zu teuer ist. Eigentlich solltest du über so etwas stehen.«

Spontan will ich wütend werden, bremse mich aber dann und überlege. Kathrin hat ja nicht unrecht, und ihr neues spirituelles Ich tut ihr die meiste Zeit echt gut. Aber es gibt auch Grenzen. Dieses Kleid ist eine Belohnung für mich, da ich gerade ein Manuskript abgeliefert habe, das mich viel Zeit und Nerven gekostet hat, und ich finde, mir muss es gut gehen, auch wenn oder gerade weil ich Mutter von zwei Kindern bin. Du erkennst die Ironie? Gut.

»Weißt du, das stimmt alles. Aber ich habe mir das Kleid gekauft, weil es mir richtig gut gefällt und ich mir sicher bin, dass ich es lange tragen werde. Es hat das Zeug zum Klassiker, und eigentlich redest du es mir gerade ein bisschen madig.«

Später am Abend google ich »Du bist genug!« und werde überflutet mit Treffern. Was ist denn da im Netz los? Offenbar sind Millionen von Menschen damit beschäftigt, sich nicht gut zu finden. Es gibt so viele Seiten zu dem Thema, T-Shirts und Kaffeebecher, dass man sich schon fast fragt, wie wir unser tägliches Überleben hinbekommen und ob womöglich bereits örtliche »Du bist genug«-Selbsthilfegruppen existieren. Kann es so viele Zweifler geben? Ich muss gestehen: Meine Freundinnen finden immer, ich darf mich nicht beschweren. Bin verheiratet, hab mich vermehrt und kenne keine Gewichtsprobleme. Außerdem hab ich *einen von den Guten* als Ehemann erwischt, und wir schlafen auch nicht zwischen fünf Hunden, elf Kindern und vollen Aschenbechern auf Hartz-4-Matratzen in einem Schuppen. Alles schon erlebt als Reporterin. Das Ding ist nur: Es ist vollkommen egal, wo du stehst, es gibt immer jemanden, der noch einen draufsetzen kann. Du bist schön? Es ist immer jemand schöner. Du findest dich besonders eloquent? Irgendwer ist eloquenter. Deine Kinder können mit zwei schon lesen und auf den Händen laufen, dein Gatte hat die schönsten Füße und du fliegst grundsätzlich nur First Class? Irgendwer ist schon längst da gewesen, wo du gerade stehst. So geht die Liste immer weiter. Und das ist der Grund, warum ich mich gerne entspannt zurücklehne. Wo Anna Funck draufsteht, ist Anna Funck drin. Nicht mehr, nicht weniger. Warum sich alle im Mangel fühlen? Keine Ahnung! Ich erinnere mich an eine zufällige Unterhaltung auf einer Gala mit einem Börsenmakler mit einem Mund wie ein Briefkastenschlitz und schmaler Krawatte, der mir gerne das Gefühl *Du bist ja nur ein TV-Sternchen* vermitteln wollte. Vielleicht wollte er seinen eigenen Mangel kompensieren, man weiß es nicht.

Er hielt mir einen Vortrag zum Thema Kursverläufe und Optionshandel und sagte am Ende: »Aber davon verstehen Sie nichts. Das ist sehr fachspezifisch.«

Ich lächelte und sagte: »Ganz genau. Aber das macht nichts. Ist ja Ihre Aufgabe und nicht meine.« Und genau so habe ich es auch gemeint. Jeder hat sein Fachgebiet. Ich kenne meins und meins kennt mich. Wir führen eine sehr ausgeglichene Beziehung und vertrauen einander. Es gibt natürlich auch Grauzonen, die nicht wichtig sind, aber Spaß machen. Zum Beispiel, als ich auf eben erwähnter Gala diesen Biologen traf, mit dem ich völlig auf einer Wellenlänge war, und im Beisein des Briefkastenschlitz-Börsenmaklers kurz den Satz fallen ließ: »Ja, eine wunderbare Atmosphäre. Wäre dieser Abend eine semipermeable Membran, man möchte fast sagen, da sind Teilchen tatsächlich ganz osmotisch hindurchdiffundiert.«

Wenn diese ganzen Mangel-Menschen sich nicht ständig vergleichen würden, hätten die gar keine Probleme. Vermutlich leben drei Viertel von denen in Hamburg, der Hochburg des Sich-Vergleichens. Nicht falsch verstehen, ich liebe Hamburg, aber wenn man nicht gerade Bellevue wohnt und die Alster als seinen Vorgarten betrachtet, sondern hinter Gittern in Billstedt im Souterrain, kann man das natürlich schon als Mangel auffassen. Neulich las ich sogar, dass Hamburg die meisten Depressiven hat. Grund: Die Männer im Reederei-Business müssen alle im Golfclub sein, blonde Frauen mit geraden Zähnen vorzeigen können und die Kinder morgens zu den entsprechenden Schulen chauffieren. Wird das Geld knapp, weil man zu wenig Container verkauft hat und man fliegt aus dem Golfclub, ist das Image hinüber. Der Job geht flöten, die Frau haut plötzlich mit Knirschschiene ab, und die Kinder leben bald »auf Platte« auf der Reeperbahn. Welch Abwärtsspirale! Denen möchte man wirklich zurufen: Ihr seid genug. Aber ich vermute, diese Klientel erschlägt sich lieber selbst mit dem Golfschläger oder erstickt am Siegelring, als spirituell zu werden.

Zurück zu meinem Kleid: Ich nehme es zu Hause aus der Tüte, in der das Seidenpapier knistert, streiche es glatt und flüstere: »Du bist gut genug. Du darfst bleiben.« Denn: Genug ist genug. Was kann das arme Kleid schon dafür, dass sich alle so mangelhaft fühlen?

# DAS SCHUTZSPRAY, DEIN FREUND UND
# HELFER GEGEN MOBBING

Ich drehe die lila Flasche in meinen Händen und bin ratlos. Ist das mein Ernst? »Schutzspray Nummer 1« steht auf dem Etikett einer geheimnisvollen Apotheke, für die mein Mann fast zwei Stunden durch die Walachei gefahren ist. Denn nur diese Apotheke stellt den guten Tropfen mit zwanzig Prozent Alkohol her. Davon soll ich zwei Sprühstöße auf den Kopf geben, zwei in die Handflächen, zwei in den Mund. Geschmacklich eher nicht meins. Der Geruch? Frag mich nicht! Streng, alkoholisch, wie faule Eier, kurz vor Komposthaufen. Das soll ich morgens, mittags, abends wiederholen und je nach Bedarf dazwischen auch noch mal. Wenn mich der Geruch nicht direkt aus dem Leben kegelt, versteht sich. Der soll übrigens mit steigender Energie meinerseits abnehmen. Das macht es ja schon wieder interessant. Aber noch interessanter ist, wie ich dazu kam:

Das Fernsehbusiness ist nicht gerade wie eine Kaffeefahrt mit altersmilden Rentnerfreunden deiner Eltern. Es ist eher die Hochburg der verschrobenen Eitelkeiten: Jeder will vor die Kamera oder zumindest den Ton angeben und sich produzieren. Ich kenne Kolleginnen, die die Besetzungscouch schon fast wie ihr Wohnzimmersofa empfanden, und solche, die nie mit diesem Thema in Berührung gekommen sind. Und dann gibt es mich: den Mobbing-Magneten. Die, die man gerne testet, mit der man Psychospielchen spielt. Egal bei welchem Sender, ob privat oder öffentlich-rechtlich, egal in welchem Alter, egal in welcher Lebensphase, ob schwanger, frisch verheiratet oder frisch geschieden. Es ist mir immer wieder passiert. Mit Männern wie mit Frauen. Auch sexuelle Angebote, die ich aber zum Glück immer dankend ablehnen konnte. Ich muss es irgendwie anziehen.

»Das liegt daran, dass du immer so selbstbewusst auftrittst. Das mögen die Leute nicht. Du wirkst stark und zufrieden – und groß, obwohl du mit 1,65 Meter eher kleiner bist. Und dann kommt bei den anderen der Reflex: Der zeig ich es jetzt. Mal gucken, wie dumm die aus der Wäsche guckt!«, hat Kathrin mal analysiert.

Damit könnte sie nicht ganz falschliegen. Dass ich insgeheim genauso viele Zweifel an mir selbst hege wie jeder normale Mensch ohne überausgeprägten Narzissmus und sie im Berufsalltag in meinen Redaktionen nur nicht so zeige, darauf kommt ja niemand. Mal davon abgesehen, dass man natürlich nach einigen Jahren im Job auch etwas Routine hat und nicht mehr so häufig in Panik verfällt. Seit ich vierundzwanzig bin, mache ich Fernsehen. Da weiß man ja ein bisschen, wie es geht. Mein Redaktionsleiter Peter tut jedenfalls so, als wüsste er das nicht, als wäre ich »auf der Brennsupp'n dahergeschwommen«, wie mein Mann gerne sagt. In jeder Konferenz lässt er mich auflaufen, stellt fest, dass er meine Moderation oder meinen Beitrag »nicht verstanden habe« und bemüht sich, Formulierungen herauszufischen, die er als »unklar, schwammig und neudeutsch« hinstellt. Er unterbricht mich vor allen anderen mitten im Satz und steht wie eine Stechuhr neben meinem Schreibtisch, wenn ich zehn Minuten nach Dienstbeginn erscheine. »Dienstbeginn ist 7.30 Uhr, Anna!«

Dabei weiß kein Mensch, warum das so ist, da die Sendung ohnehin von ihm und dpa durchgeplant wird und erst abends live sendet. Ich habe ja insgeheim schon die These aufgestellt, dass er nur Gesellschaft haben will. Denn wenn ich es nach Schul- und Kindergartenmorgenroutine doch mal früher schaffe, lungert er meist neben der Kaffeemaschine herum und will intime Details aus anderer Kollegen Privatleben serviert bekommen oder selbst davon erzählen.

»Ich halte diesen Idioten nicht mehr aus«, sage ich zu Kathrin ins Smartphone, während ich ins Musikarchiv laufe. »Der nervt so, ist selbst ein mieser Redakteur und gängelt mich, wo es nur geht.«

»Ich glaube, der mag dich ein bisschen zu viel. Wäre das möglich?«

»Ist mir egal, woher die Motivation kommt. Ich will hier nicht mehr mitspielen. Zumindest nicht in dieser Rolle.«

»Verstehe ich gut. Vielleicht ist deine Aura löchrig, und deshalb fiel die Wahl auf dich.«

»Bitte was?«, frage ich und lasse fast mein Telefon fallen.

»Ja, kein Witz! Du solltest mal zum Höhlenmann gehen!«

»Wohin?«

»Du bist reif für den Höhlenmann! Der baut dich auf, und dann flattern alle Energievampire an dir vorbei. Ich schick dir mal seine Kontaktdaten. Muss wieder an den Schreibtisch. Tschau!«

Ich stehe zwischen den Schnittplätzen und sehe imaginäre Fragezeichen um meine Schläfen fliegen wie Möwen über das Meer.

Am Abend liege ich mit Jenz zusammen auf dem Sofa, lamentiere zum neunundvierzigsten Mal über einen weiteren grausamen Arbeitstag und überlege fast, mir nicht aus Genuss, sondern zur Entspannung einen Rotwein einzuschenken.

Mein Mann sagt nur: »Anna, zeig endlich klare Kante. Der braucht das. Dann wird der so klein mit Hut. Ist eine ganz arme

Seele. Und ganz ehrlich: Wenn du das nicht bald machst, darfst du hier nicht mehr jammern. Denn dann bist du selbst schuld, wenn du die Zustände nicht anpackst und änderst.«

»Ich soll klare Kante zeigen? Der ist doch quasi mein Vorgesetzter, wenn auch nur wochenweise. Du hast keine Ahnung, wie das bei uns läuft. Dann ist der Teufel los, und ich muss ja immer wieder mit dem arbeiten. Das wird doch nicht besser.«

»Wenn du meinst. Ich sehe das anders. Es gibt Menschen, die brauchen das, sonst machen die immer weiter.« Der Mann, den ich liebe, zuckt mit den Schultern. »Aber wenn du so weitermachen willst – ich kann mir das nicht mehr jeden Abend anhören. Dann musst du dich bei Kathrin ausheulen. Die macht das bestimmt gerne noch ein paar Jahre mit.«

»Die hat mir heute jemanden empfohlen, der meine Aura stärken soll. Wie das schon klingt! Phhh …« Während ich noch mit den Augen rolle, fängt Jenz an zu lächeln.

»Mach das doch mal. Ruf da gleich morgen an!«

Jetzt bin ich baff. Mein Mann ist eine ulkige Mischung aus Exceltabellen-Liebhaber, Paragrafenreiter und Freigeist. Er berechnet Wahrscheinlichkeiten und verhandelt knallhart Millionenverträge, erklärt mir aber auch gerne im nächsten Atemzug, dass die Aura eines jeden aus verschiedenen Farben besteht, die wir nur verlernt haben zu sehen. Ich liebe das, schon allein, weil es so ungewöhnlich ist, aber als Tochter einer Mehrgenerationenarztfamilie empfinde ich diesen Spagat manchmal fast als so etwas wie einen dreifachen Rittberger.

Ich schlucke Rotwein und Gedanken also erst mal runter und lasse sacken.

Aber am nächsten Morgen google ich dann doch den Höhlenmann, der eigentlich Timotheus Höhlenmann heißt, Schamane und Kinesiologe ist und Traumata und Blockaden behandelt. Na dann. Ich bin ja berufsbedingt chronisch neugierig. Und so sitze ich eine Woche später zwischen sehr vielen Pflanzen teetrinkend auf einem Rattansofa, neben mir räuchernde illuminierte Brunnen – oder was ich mir darunter vorstelle –, und erzähle ein bisschen von mir.

»Brauchst du gar nicht – er ist so fühlig – der weiß alles sofort«, hatte Kathrin mir mit auf den Weg gegeben.

Aber ich wollte jetzt keine Wunder erwarten und lieber gleich gezielt mit dem Höhlenmann in die richtige Richtung laufen.

Tatsächlich stellt der Höhlenmann eines sofort klar: »Deine Aura ist löchrig, Anna. Die müssen wir wiederaufbauen. Dann greift dich auch keiner mehr an. Und: In dir stecken noch deine Ahnen, die müssen wir von dir ablösen. Das belastet dich nur unnötig.«

»Okay, ich bin dabei!«, sage ich grinsend. »Und wie machen wir das?«

»Du legst dich jetzt auf diese Liege und lässt mich mal deine Aura behandeln, und dann bekommst du ein Schutzspray, mit dem du allein weiterarbeitest. Du wirst es schon merken.«

Danach liege ich auf Frottee vor einer grünen Wand und werde ohne Berührung quasi an meiner spirituellen Epidermis repariert. Und beatmet. Das gehört dazu. Es ist ein esoterisches, reinigendes Atmen vom Höhlenmann. Stört mich nicht mal. Irgendwann schlafe ich sogar fast ein, doch das könnte auch einfach daran liegen, dass ich in der Nacht für die Kinder aufgestanden bin. Ich fühle mich irgendwie erfrischt, aber geht das nicht jeder Mutter so, die in den Luxus eines spontanen Kurznickerchens kommt?

Außerdem bekomme ich noch einen Auftrag: »In Zukunft übst du mal, weniger durchlässig zu sein. Du bist zu offen. Das kann von Vorteil sein, wenn du es mit netten Menschen zu tun hast. Gilt aber nicht für Energievampire. Die spüren das und nutzen es aus.«

»Und wie mache ich das?«

»Arbeite an einer Visualisierung deiner Aura. Stell dir vor, du bist ein Igel mit Stacheln. Oder ein Haus, das seine Tür zumacht. Meditiere, lege dich auf dein Bett und vertiefe dieses Bild in deinem Inneren.«

Parallel dazu soll ich mein Schutzspray aufsprühen. Und da schließt sich der Aura-Kreis. Das Sprühen funktioniert natürlich gut im Alltagsstress – nur dass ich mir etwas Sorgen mache, dass vielleicht bald nicht nur miese Aura-Ausnutzer wegbleiben, sondern auch alle anderen, weil ich so nach Misthaufen rieche. Das Witzige ist allerdings: Es nimmt niemand so wahr. Höchstens frisch aufgetragen vielleicht. Auch interessant: An Orten mit vielen Energiedieben soll das Spray mehr stinken als in der Nähe mir wohlgesonnener Personen. Und je häufiger ich es nutze und mich selbst aufbaue, desto geruchsneutraler wird es. Tatsächlich stinkt mein neuer Duft im Sender zum Himmel, riecht daheim aber relativ unspezifisch. Mein Mann mag mich also noch. Die Kinder auch. Ein abartiges Wohlbefinden macht sich auch irgendwie breit. Ich kann es nicht anders sagen.

Als mein Komposthaufennebel, den ja keiner wahrnimmt, und ich in die Redaktion kommen, erwartet mich bereits mein spezieller Freund.

»Du bist zu spät. Nimmst du das hier eigentlich ernst? Weißt du, wie viele Frauen und Männer sich die Finger nach deinem Job lecken?«

Was soll ich sagen? Meine aufgemotzte Aura wird richtig wütend. Gleichzeitig stehe ich so fest auf dem Redaktionsboden wie noch nie. »Peter. Es reicht! Jetzt ist Schluss! Ein für alle Mal!«

Er schaut mich aus kleinen Schweinsäuglein an und fragt nur blöd: »Womit?«

»Stell dich nicht dumm. Deine ewigen Attacken, deine Gängelei, deine lächerliche Kritik an meiner Arbeit, die jeglicher Grundlage entbehrt. Mit allem. Und wenn du es immer noch nicht einsehen willst, werde ich mich über dich beschweren. Dann werden wir sehen, wer am längeren Hebel sitzt. Darüber kannst du ab sofort mal nachdenken. Und jetzt geh mir bitte aus den Augen. Es reicht, wenn wir uns gleich in der Konferenz sehen.«

Peter fällt der Billig-Werbekuli unseres Senders aus der Hand. Er fragt ganz leise: »Wie bitte …?«

Ich unterbreche ihn: »Ich will dazu nichts von dir hören. Es interessiert mich überhaupt nicht. Ändere dich, oder ich ändere mich. Mehr gibt es dazu nicht zu sagen.«

Dann trollt er sich tatsächlich. So baff ist er. Ich auch.

Meine zwei Praktikantinnen am Tisch ebenfalls. »Oh Gott, ist das nicht unser CvD?«, fragt die eine, denn er ist wirklich unser Chef vom Dienst.

»Ja. Und?«, antworte ich und öffne gelangweilt die üblichen Tageszeitungen, während ich den PC hochfahre.

Die beiden Praktis schauen sich nur an und verstehen die Welt nicht mehr. Ich auch nicht. Aber ich bin total ruhig. Wie ein Igel, auf den man einen Apfel geworfen hat. Ha! Aufgespießt! Dabei stehe ich gerade inmitten eines selbst entfachten Orkans. Bin ich irre? Was ist in diesem Spray drin? Werde ich jetzt schlimmer denn je gemobbt? Habe ich gerade mein Job-Leben endgültig ruiniert?

In meinem E-Mail-Postfach macht es fünf Minuten Kopfkino später PLING! Mail von Peter: »Moin, Anna, es tut mir leid. Kommt nicht wieder vor. Ich schätze dich als sehr starkes und extrem kreatives Mitglied der Redaktion. Sorry. Irgendwelche Wunschthemen heute? LG, P.«

PS: Ich habe noch am Abend nach meiner fünfminütigen Igel-Meditation – mehr war nicht drin, die Kinder wollten weder Zähne putzen, noch ins Bett gehen – ein paar neue Flaschen Schutzspray Nummer 1 bestellt. Zur Sicherheit. Man weiß ja nie, was der Aura so einfällt, und wann die aus Versehen wieder löchrig wird.

# Don't mess with me, ich bin nicht so fühlig. Oder: Wie ich lernte, »Bis hierhin und nicht weiter!« zu sagen

Ich oute mich jetzt ganz offiziell: Ich finde Spiritualität super, wenn sie Menschen hilft. Ich möchte mich sogar so weit aus dem Fenster des Alltags lehnen, zu behaupten, ein bisschen mehr Spiritualität würde uns allen mächtig guttun. Wir sind nämlich ziemlich künstlich geworden und leben ein Plastikleben zwischen Google, Kopfschmerztabletten und Dauerberieselung, das so gar nicht unserer Natur entspricht. Aber es muss auch alles im Verhältnis stehen. Als zum Beispiel meine Mama starb, war ich auch offen für Zeichen aller Art. Ein Vogel fliegt täglich mehrfach gegen deine Scheibe? Ganz klar, Mama ist gut angekommen! Plötzlich nimmst du Mamas Entensammlung im ganzen Haus wahr? Google »Krafttier Ente«, und du weißt, warum! Die Glühbirnen explodieren im ganzen Haus? Ganz klar: Mama. Denn Tote kommunizieren über Elektrizität. Diese Gedanken haben mir Kraft gegeben, wärmen mich jetzt noch, wenn ich Mama vermisse, und ich würde sie vor jedem, der mit einer miesmachenden Portion Skepsis daherkommt, verteidigen wie eine feurige Elefantenkuh ihr Junges.

Mit dieser, wie ich finde, sehr gesunden Einstellung bummeln Kathrin, Dennis und ich über eine sehr spirituelle Fachmesse in Hamburg. Man muss schließlich kein komplett emotionaler Klappstuhl werden und alles ablehnen, bevor man es überhaupt kennt.

Auch Halbtagsspirituelle wollen vermutlich an sich arbeiten. Es können ja nicht nur Vollzeit-Erleuchtete in diesen Messehallen unterwegs sein. Denke ich.

»Willkommen unter den Dauerbeseelten und Erwachten!«, raunt mir Dennis ins Ohr, als wir uns unter Neonlicht in Gelb, Orange und Purpurrot an den Ständen vorbeischieben.

Entspannung gibt es an diesem Ort schon mal nicht. Es ist eng, heiß und hektisch, schließlich will jedes Lichtkind hier ein Stück vom Kuchen der Lebensfreude abgreifen. Nicht dass man die neue Bewusstseinsebene noch verpasst! Zwischen Mandala-Ketten und Magnetschmuck, den sich nach Angaben des Verkäufers auch Franzi van Almsick ums Handgelenk des Glücks klemmt, Tees, antioxidativem, basischem, clusterfreiem, reinem Trinkwasser und Büchern über Rebirthing, Hellriechen, Quantenheilung und die Frage, wie man seinem Hund Esoterik näherbringt, biegen wir ein paarmal ab und stärken uns dann mit Vitalkost, die uns in Verbindung mit uns selbst bringen soll: Black-Bean-Spaghetti mit veganer Tomatensoße und Selleriesalat mit viel Knoblauch.

»Ich möchte gar nicht wissen, wie wir jetzt riechen!«, beschwert sich Dennis. »Dass einem dann Engel erscheinen, wundert mich nicht. Normale Menschen gehen da definitiv auf Abstand. Irgendwann hast du nur noch Gesellschaft in Form von Halluzinationen – normal!«

»Ach, komm schon«, sage ich. »Es schmeckt doch echt gut. Jetzt sei mal ein bisschen aufgeschlossen.«

»Genau!«, bestätigt Kathrin.

Mit diesem osmotischen Glaubenssatz im Hinterkopf stolpern wir in die Situation mit der Pyramide. Und spätestens da machen meine Chakren irgendwie dicht. Leider. Wir laufen Rüssel an Schwanz in eine neue Halle, wo stündlich Vorträge gehalten und Mitmachaktionen angeboten werden. Spontanheilung, Fachausdruck »Healing«, ist ebenso ein Thema wie Pendeln, Trommelpower, Shakti Dance oder Hellsicht Compact. In der Mitte des Raumes thront sie auf einer Glasplatte: die Energiepyramide »Modell B«. Ungefähr fünfundachtzig Zentimeter breit, einen Meter hoch. Ein offenes Konstrukt aus Messingrohren, das nach oben spitz zuläuft und im Inneren eine umgedrehte Pyramide beherbergt.

Kurz muss ich an meine Oma Eva denken, die aus Thailand gerne Keksdosen aus Plastik mit hässlichen Tempeltänzerinnen on top als Souvenir mitbrachte. Nicht mal ihr hätte das Ding gefallen. Preis: 1 749 Euro.

Daneben steht Melvin G., wie auf seinem kleinen Schild zu lesen ist, ganz in Weiß wie bei Roy Black, und herrscht mich an: »Greif hinein, mein Kind!«

Vor Schreck mache ich das sofort. Und fühle genau nichts.

»Und?«, fragt mich Dennis.

Ich zucke mit den Schultern.

»Spürst du es? Der Lebenssaft fließt schneller durch deine Adern. Alles ist möglich«, antwortet Roy Black für mich. Offenbar spürt er, dass ich nichts spüre, denn er hat gleich eine andere Besucherin anvisiert. »Möchten Sie vielleicht auch mal?«

»Ja«, antwortet sie. »Das ist ja unglaublich stark. Ich spüre es. Aber ich bin auch sehr fühlig«, sagt sie entschuldigend in meine Richtung.

Das finde ich lieb. Mir fehlt da wohl was.

»Ich konnte die Pyramide vom Ende des Raumes schon spüren. Meine Finger wurden ganz warm, prickelig und dann taub. Es war wie eine Wand, die auf mich zukommt und mich ruft.« Klingt für mich als Orthopädentochter ein bisschen nach Karpaltunnelsyndrom, aber was weiß ich schon?

»Ja, so ist es!«, ruft Roy Black und lacht ein aufgehelltes Lächeln. »Wer das ›Modell B‹ hat, wird erfolgreicher. Macht mehr Umsatz, hat zufriedenere Mitarbeiter. Diese Aura zu fühlen, klappt aber nicht auf Anhieb«, Seitenblick auf mich Anfängerin, »es kann Jahre dauern. Dieses Wunderwerk ist zuständig für das Körper- und Zellbewusstsein, über dem Schwerpunkt im dritten Chakra! Beruflich aktive Menschen können mithilfe dieser Energiepyramide ihre Pläne realisieren und in die Umsetzung kommen! Bei mir hat es ein halbes Jahr intensiver Konzentration gebraucht. Jetzt sehe ich alle ihre Farben!«

»Ja«, bestätigt die Frau mit den tauben Fingern. »Ich sehe sie jetzt auch. Wie ein Regenbogenschleier!«

»Ja, genau«, lächelt Roy Black milde und streicht ihr über den Rücken. »Du bist schon sehr weit. Horus wäre stolz auf dich!«

»Wer ist denn Horus?«, erkundige ich mich.

»Die Lichtgestalt, die dem Erfinder Harald 1990 erschienen ist und ihm den Auftrag gab.«

»Was kostet denn so eine Pyramide?«, will unsere fühlige Interessentin wissen.

»Es geht mit dem ›Modell A‹ und kleinem Geld los. 440 Euro.«

»Oh, da muss ich noch ein paar Coachings geben«, kommt eine kleinlaute Antwort.

»Es geht auch mit Ratenkauf, und ich schenke dir zehn Prozent Messerabatt, weil unsere Begegnung mein Herz erwärmt hat. Außerdem gibt es heute noch eine Unterhose mit Silberfäden gegen Elektrosmog dazu.«

»Gekauft!«, sagt die Taube-Finger-Frau und strahlt vermutlich mehr, als ihr neuer Slip zukünftig abhalten können wird.

Sogar Kathrin ist danach etwas abgeturnt. »Das ist doch alles etwas kommerzialisiert. Was so schade ist. Ich fühle mich hier wie im Hasi & Mausi des Aberglaubens!«

»Herzlich willkommen in der Realität! Anna, sie ist geheilt, lass uns gehen!«, freut sich Dennis.

»Ja, Süße, gehen wir?«, frage ich vorsichtig nach. Ich bin mir nämlich sicher, dass wir Kathrin eher sanft entwöhnen müssen. Sonst geht das nach hinten los.

»Okay, tut mir leid, dass ich euch hergeschleift habe. Aber wie kommen wir hier raus?«

»Immer dem inneren Pendel nach!«, verkündet Dennis, nimmt uns beide an der Hand und geht los.

Leider klappt das nur bedingt, denn nun kommen die Massen. Die Mystiker sind auf der Bühne. Der Vortrag »Animal love – von mir zu Tier« öffnet Tatzenfans für die bedingungslose Liebe und verspricht Engelenergie für Hunde. Ich bin plötzlich allein. Mitgeschwappt in der Menge und orientierungslos. Und die Welt ist schlecht: Überall lauern Gefahren. Erdstrahlen, Wasseradern, Currygitter, Elektrosmog. Das Leben ist lebensgefährlich. Tut doch was! Ich weiß gar nicht, wie ich es bis hierhin geschafft habe. 38-jährig auf diese augenöffnende Messe! Leute, wir bringen uns um und wissen es gar nicht! Zugegeben, vor Handystrahlung habe ich tatsächlich Angst und versuche immer, das Handy möglichst nicht zu nah ans Ohr zu halten und meine Kopfhörer zu benutzen. Hirntumor lässt grüßen, sucht ja ständig ein Netz, dieses Teufelsding. Andererseits las ich: Wer es weit weghält, kriegt mehr Stirnfalten und sieht schneller zerknittert aus. Daraufhin war ich ganz verwirrt. Ohne Smartphone wäre ich mit Sicherheit am gesündesten. Aber dann kann ich ja gleich in den Wald ziehen und mich Öff-Öff nennen? Ich nehme Gitter und Adern wahr, die hier per Lichtinszenierung an die Wand geworfen werden, und sie wirken tatsächlich bedrohlich. Ich sehe überall Pünktchen, dann rauscht es in meinen Ohren – und alles wird schwarz. Als ich wieder zu mir komme, liege ich auf einem speckigen Sofa, ein älterer Mann hält ein Pendel über mich und flüstert: »Es ist alles gut. Die Engel haben dich aufgefangen, komm wieder zu uns!«

»Wie bitte?«, murmle ich.

»Die Engel haben dich aufgefangen, als du gefallen bist, mein Kind. Es ist alles gut. Nimm einen Schluck Edelsteinwasser und ein, zwei Flyer! Es ist sehr warm hier drin – aber es könnte auch ein Zeichen sein, dass du es zu mir geschafft hast.«

Tatsächlich fühlt sich mein Mund viel zu trocken an. Ich bin dehydriert.

»Anna, was machst du denn hier?«, ruft Kathrin. »Wolltest du Reiki ausprobieren?«

Zehn Minuten später stehen wir draußen vor den Messehallen. Kurz überlege ich, auf dem Boden niederzuknien und der Erde zu danken, aber so verzweifelt bin ich dann doch noch nicht.

Und ich stehe immer noch dazu: Ich finde Spiritualität super, wenn sie Menschen hilft. Und ein bisschen mehr Spiritualität würde uns allen mächtig guttun. Zumindest, solange ich dafür nicht in Pyramiden greifen, Engel mit Katzen bekannt machen und mit geschreddertem Bewusstsein Edelsteinwasser trinken muss.

# FRISCH ERWACHT IST HALB NEU GEBOREN, ODER?

Es ist einer dieser Tage, an denen es fast nicht dunkel wird. Eine Gruppe gut gelaunter Menschen sitzt an einem Samstagabend auf einer Terrasse und grillt: Steak, Würstchen, Gemüse und Tofu, alles, was das Herz begehrt, egal, wofür es schlägt.

Jenz steht mit am Grill und kontrolliert gerade die Zucchini, als Ella mit ihrer Freundin Jenni dazukommt.

Jenni ist gerade von einem Workshop gekommen und noch »total geflasht«. Ihre Augen funkeln, während sie sich auf einer Gartenliege die Haare um den Zeigefinger dreht und erzählt: »Ich sehe euch gerade in einem ganz anderen Licht als je zuvor. Das ist so krass.«

»Ach ja? Ich hoffe, in einem guten. Fleisch oder vegan, meine Liebe?«, fragt Gastgeber Philip.

»Ich sehe eure Aura. In allen Farben. Also in verschiedenen. Das ist so unglaublich. Einmal für Pflanzenfresser, bitte!«

»Welche Farbe hat denn meine?«, frage ich zwinkernd. Eine Antwort erwarte ich eigentlich nicht.

»Ganz klar gelb!«, meint Jenni.

»Gelb? Ist das nicht die Farbe des Neids? Das klingt ja nicht so gut …«, murmle ich.

»Nein, im Gegenteil. Gelb steht für hohe Energie, Wissbegierde, Optimismus und Verspieltheit. Ist doch wunderbar.«

»Gerade noch mal gerettet. Auch deinen vollen Teller. Das Gemüse hat Anna nämlich mitgebracht«, erklärt Grillmaster Philip.

»Du bist blau«, stellt Jenni fest und nimmt ihren Teller.

»Nein, noch nicht, die harten Getränke kommen erst noch.«

»Ich meinte deine Aura ...«

Und so werden wir alle in Farben und dazu passende Schubladen gesteckt. Jenni ist ganz beflügelt von ihren neuen Fähigkeiten und ihrer neuen Überlegenheit. Denn sie sieht ja so viel mehr als wir.

»Und wie haben sie euch das im Workshop beigebracht?«, frage ich, aufgeschlossen wie immer, während ich das Grinsen meines Mannes im Rücken spüre.

»Also, das hat echt gedauert. Zuerst muss man sich energetisch reinigen. Das hat allerdings unser *spiritual leader* Timo gemacht. Dann haben wir ein Augentraining absolviert. Du musst vorm Sport ja auch die Muskeln dehnen – das gilt natürlich auch fürs Auge. Dann haben wir defokussieren geübt, also ein Objekt anschauen, es aber nicht fixieren. Es quasi passiv angucken, wie eine unscharfe Kamera. Kennst du dieses Buch ›Das magische Auge‹, wo man die Bilder erst dann sieht, wenn man sie nicht direkt anvisiert? So in etwa. Und dann haben wir versucht, einander zu sehen – geht natürlich auch nicht von heute auf morgen. Du musst dafür Weiß tragen und am besten vor Weiß oder in der Morgensonne stehen. Und irgendwann – wenn du weit genug bist – siehst du einen ersten Farbschleier um die Person herum. So fängt es an.«

Kurz ist es still, nur der Grill zischt ein bisschen vor sich hin, als wollte er die Pause überbrücken.

Ich weiß nicht, was ich sagen soll, dafür aber der Gastgeber: »Und was kostet so ein Kurs?«

»418 Euro, aber ich habe den *End of Summer*-Rabatt bekommen«, verteidigt sich unsere Aura-Seherin. »Und das Wissen kann dir ja niemand mehr nehmen.«

»Wer möchte einen Gin Tonic?«, fragt Philip und beendet damit das Schweigen.

Eine Weile plätschern die Gespräche wieder vor sich hin. Man muss vielleicht dazusagen, dass sich an diesem lauschigen Abend Journalisten, Anwälte und Ärzte versammelt haben und keiner von ihnen auf die Idee käme, 418 Euro für einen Kurs im Aura-Sehen auszugeben. Wir hängen die Füße in den Pool, freuen uns an der freien Zeit und darüber, dass die Kinder alle schlafen und auch sonst gerade bei keinem größere Katastrophen drohen.

Womit niemand gerechnet hat, ist der letzte Gast, der noch kommt: Annette, heimliche Hexe und somit auch ein spirituelles Wesen. Allerdings nur in ihrer Freizeit, ansonsten Anwältin für Scheidungsrecht. Übrigens ungeschlagen bei den meisten ihrer Fälle. Ich glaube, sie bastelt alle Antragsgegner als Voodoopüppchen nach und sticht sie vor Gericht mit tausend Nadeln kaputt. Aber das ist nur eine Theorie. Annette kann eine Härte an den Tag legen, vor der vermutlich selbst Edelstahl und Platin kapitulieren würden.

Jenni weiß davon allerdings nichts, und so muss sie ihre neuen Fähigkeiten auch gleich demonstrieren: »Hi, deine Aura ist ja interessant. Gleich mehrfarbig«, begrüßt sie den späten Gast.

»Meinst du?«, fragt Annette spitz, und jeder ahnt es schon: Jetzt besser keinen draufsetzen. Jenni hätte vielleicht lieber einen Kurs in Sachen »Vorahnung« belegen sollen. »Ja, um dich herum flimmert es blau und lila zugleich. Ich habe gerade Aura-Sehen gelernt.«

»Seltsam. Ich beherrsche diese Kunst seit Jahren. Und ich sehe bei dir nur Dunkelheit. Und Unvermögen. Sicher, dass dein Kurs etwas gebracht hat?« Mit just *Erwachten* macht Annette kurzen Prozess. Da gibt es nichts. Das frisch erblühte spirituelle Pflänzchen knickt auch sofort ein.

Jenni murmelt etwas und läuft mit glänzenden Augen ins Haus und Richtung Bad.

»War das nötig, Annette? Die glaubt das doch wirklich!« Ella ist sauer.

»Sie war so stolz auf sich. Auf ihre neue Gabe.«

»Sie wird dir gleich erklären, warum sie es doch nicht ist«, sagt Annette nur, gefolgt von: »Gibt es für normale Menschen auch Fleisch?«

Ella und ich gehen mit einer Kleenexbox in Richtung Gästetoilette. Auch ohne Kurs in Empathie. Auch wenn wir nicht wirklich an Jennis neue Sehfähigkeiten glauben können. Während wir klopfen, denke ich, dass es schon verrückt ist, was dieser Trend *moderne Spiritualität* mit uns macht. Machen kann. Experten sehen darin die Antwort auf die zunehmende Komplexität unserer Welt, unseres Alltags. Alle sind vernetzt, immer und ständig sind Informationen verfügbar, ob wir wollen oder nicht, wir sind überreizt, überinformiert, überfrachtet mit Sinneseindrücken. Wir können überallhin fliegen, alles werden, alles ausprobieren, zumindest wenn das nötige Kleingeld da ist. Aber all diese Wahlmöglichkeiten, diese Dauerberieselung zwingt uns auch irgendwie in die Knie. Wir schalten nicht mehr ab, glotzen in blaues Smartphone- und PC-Licht, reden weniger, surfen mehr, kriegen Schlafprobleme, werden immer gereizter und selbst in Gesellschaft einsamer. Die spirituelle Bewegung ist ein Gegenpol zu all dem. Einfachheit. Klarheit. Gemeinsamkeit. Rituale. Selbstliebe. Zufriedenheit. Übersinnlichkeit. Und ein bisschen Abgeben an etwas Höheres. Oder vielleicht nur das pure Vertrauen ins Leben? Meditieren, abschalten, bei sich sein, gegen das permanente Grundrauschen. Ich kenne einige Menschen, denen würde eine Schippe Spiritualität hier und da wirklich nicht schaden. Vielleicht wären wir als spirituellere Wesen auch alle netter zueinander. Vielleicht würden weniger Menschen für das perfekte Selfie sterben, weil sie erkennen würden, dass es darum eigentlich gar nicht geht. Oder einander nicht gleich anschreien bei der Frage, wer schuld am Auffahrunfall ist, sondern sich freuen, dass nur Blech gepresst wurde. Wenn das Ergebnis von spiritueller Gesinnung ist, dass man wie in Kaschmir gewickelt mit einem gütigen Herzen durchs Leben geht und sich selbst so gut leiden kann, dass man das auch bei anderen hinkriegt, kann ich nur nicken. Ist okay. Nur was, wenn das Ganze ausartet, zum Zwang wird, zur Cashcow für Dritte, wenn das Universum zum spirituellen Amazon mutiert, das aber nicht immer mit garantierter Zustellung arbeitet?

Die Badezimmertür geht auf. Dahinter ein Häuflein Elend, die personifizierten Zweifel namens Jenni. »Sie hat so recht, die alte Hexe. Ich sehe nichts. Gar nichts. Dieser ganze gottverdammte Kurs war vollkommen verschwendete Zeit. Und ich kann es nicht mal beweisen und mein Geld zurückverlangen. Oder ich bin eben einfach so blöd, dass ich es nicht gelernt habe, und gehöre nicht zu den *happy few*, die geistig mit sich im Reinen sind.«

Und da fängt das Problem an: Während Spiritualität im Prinzip eine Geisteshaltung meint, die jedem zugänglich ist, sind die Esoteriker etwas anders drauf: Da fanden die alten Griechen, dass es sich um eine Lehre handelt, die nur für einen begrenzten *inneren Personenkreis* gedacht ist. Der Rest kann büffeln, Bücher lesen und Seminare buchen. Wie Jenni. Verdienen ja auch ein paar Leutchen dran. Erst kam der Wellness-Trend, dann die Nachhaltigkeit, jetzt die nebulöse Spiritualität, zu der sich alle möglichen anderen Trends gesellen. Die Grenzen verschwimmen irgendwie. Yoga. Achtsamkeit. Feng Shui.

Aurareinigung. Öffnung des dritten Auges. Teufelsaustreibung. Irgendwann treibt das Ganze dann seltsame Blüten.

»Dafür gehörst du zu uns! Und wir sagen: Es ist Zeit fürs Dessert!«, erkläre ich und rupfe ihr zwei Kleenex aus der Box. »Und jetzt trockne deine Tränen, scheiß auf die Aura-Farben und iss mit uns gegrillte Ananas mit veganem Zimt-Vanille-Eis.«

# ATME EIN. ATME AUS. WENN DU DEINEN SPIRITUAL COACH TRIFFST

Hamburg. Ein kühler Spätsommertag. Eine Buchhandlung platzt aus allen Nähten. Mittendrin Kathrin, Gunilla und ich. Oder anders ausgedrückt: Ein Fan, eine Skeptische und eine Aufgeschlossene sind zusammen zu einer Buchpräsentation gegangen.

Motivation Kathrin: Endlich treffe ich meinen Lebenshilfe-Coach Nummer 1.

Motivation Gunilla: Danach gehen wir aber richtig dekadent essen und anschließend ein paar gute Drinks kippen.

Meine Motivation: Mal gucken, was kommt und was ich heute mitnehmen kann.

So in der Art haben vermutlich noch vierhundert andere Frauen aus Hamburg gedacht, denn wir trampeln uns fast eine Kleidergröße kleiner. Die Luft ist dünn, die Stimmung angespannt. Passt so gar nicht zu dem Buch, um das es hier geht. Geschrieben von einer jungen Frau Mitte dreißig, kinderlos, »die denkt, sie hat die Weisheit mit Löffeln gefressen oder die Anleitung zum Glücklichsein gefunden«, wie Gunilla es ausdrückte.

Bevor es losgeht, springt eine noch jüngere Assistentin, die aussieht, als wäre sie irgendwo aus dem Nest gefallen, auf die Bühne und schreit uns alle an, wir sollen uns jetzt entspannen, die (nennen wir sie mal) »Marlene« stehe im Stau, und sie würde uns bitten, alle mal zu atmen. Ganz tief. Ein. Und aus. Und ein. Und aus.

Kathrin atmet sofort drauflos, während Gunilla leise anfängt zu lachen.

Sofort drehen sich mehrere Köpfe um.

»Gunilla, wenn wir bleiben wollen, müssen wir entweder mitmachen oder unauffällig bleiben«, flüstere ich und drücke ihr strategisch eine Wasserflasche in die Hand, um sie abzulenken.

»Ist das auch Mondscheinwasser? Sonst trinke ich das nicht!«, setzt Gunilla noch einen obendrauf.

Kathrin zischt zwischen zwei Atemzügen nur: »Ruhe jetzt! Macht mit!«

Also atmen wir brav und unauffällig. Ich mustere das Publikum. Von Anfang zwanzig bis Mitte sechzig vielleicht. Wahnsinn. Was für eine Zielgruppe. Und warum ist die hier? Sind so viele Frauen in der Krise? Oder auf der Suche? Im Prozess des spirituellen Erwachens? Was ist da los? Oder ist daran gar nichts neu? Und wieso steht hier kein einziger Mann?

»Neulich habe ich im Abendblatt gelesen, sie spreche mehr ›die Eierstöcke‹ an«, flüstert mir Kathrin zu.

Es wird immer heißer und riecht nun sogar leicht verkokelt.

Dann ist sie da: Marlene trägt ein langes, enges Kleid, hat die wallenden Fusselhaare hinter die Ohren geklemmt und sagt: »Schön, dass ihr da seid! Ich bin ja so voller Dankbarkeit!«

Die Menge jubelt. Und dann macht es PENG! Kabelbrand. Licht aus. Mikro tot.

»Egal!«, meint Marlene, die ja weiß, wie das Leben funktioniert. »Das stört uns nicht. Wir meditieren jetzt erst mal zusammen!«

Alle klatschen wie verrückt.

Tatsächlich meditieren wir nicht einfach so vor uns hin – jetzt geht es nicht mehr nur um den Atem, sondern auch um Vergebung. Denn: »Das Geheimnis des Empfangens liegt im Loslassen. Gilt auch für Vorwürfe und Schuldzuweisungen.«

Finde ich gar nicht so unwahr und nicke innerlich. Nur mit Hunderten wildfremden Geschlechtsgenossinnen auf dem Teppich einer Buchhandlung macht mich das nicht so an.

Wir atmen und brummen und sagen: »Es tut mir leid. Verzeih mir. Ich liebe dich. Danke.«

Mir fällt zwar niemand ein, dem ich vergeben könnte, weil ich schon immer so lebe – ich muss also instinktiv total spirituell sein –, aber ich schaffe es ohne Platzangst. Kurz widme ich meine Meditation der Frau, die mich immer wieder touchiert. Die Gute geht so ab und erlebt alles so intensiv mit – also verzeihe ich ihr, anstatt ihr zu sagen, dass ich bald Plattfüße durch Dauerbetrommelung habe.

Dann kommt der Teil, bei dem gelesen wird. Inzwischen ist auch die Technik wiedererwacht. Die Masse lauscht.

Wie man glücklich wird. Und dass alles eine Frage des Mindsets ist. Das Leben ist nicht übel, es kann so bleiben, denn es ist nur deine Sicht darauf, die es schwierig macht.

Komisch. Habe ich schon mal gehört. So bahnbrechend finde ich diese Erkenntnis jetzt nicht. Byron Katie. Louise Hay. Joe Dispenza. Deepak Chopra. Gabrielle Bernstein. Sagen die nicht alle irgendwie das Gleiche? Oder bin ich nicht fähig, die Nuancen herauszuhören?

Bei dem monotonen Gelese könnte man eine Stecknadel fallen hören, würde da nicht eine Endvierzigerin relativ weit vorne plötzlich schluchzen: »Ich habe alle Bücher gelesen und alle Podcasts gehört und alle Anleitungen befolgt, aber es funktioniert bei mir nicht.«

Marlene holt sie auf die Bühne und fragt: »Wie heißt du?«

»Gaby.«

»Okay, Gaby, woran könnte das liegen?«

»Weiß ich nicht.« Gaby ist ratlos. Ihr blonder Bob wippt, während sie den Kopf schüttelt, und ihr Dekolleté bebt unter einer etwas zu engen Bluse.

»Denk nach. Fühle. Könnte es sein, dass die große Gaby die kleine Gaby nicht genug liebt?«

»Ja, vielleicht«, heult Gaby und wird mit Taschentüchern beworfen, als wollten alle anderen sie steinigen. Dabei ist es doch nur zu Zellulose gewordene Nächstenliebe.

»Du musst die kleine Gaby in dein Herz lassen. Sonst geht es nicht«, weiß Marlene. »Nur dann hast du eine Chance auf Heilung. Vergib ihr oder anderen, die ihr wehgetan haben.«

»Ja, vergib ihr!«, ruft eine andere Frau von hinten.

Allgemeine Zustimmung. »Ja!«, jubelt die Masse.

»Ich versuche es«, sagt Gaby zuversichtlich. »Jetzt noch mehr!«

»Gut! Das ist der richtige Weg! Umarme dein inneres Kind!«, schließt Marlene. »Sag: Ich liebe dich, kleine Gaby! Und was sagt ihr?«

Das Publikum johlt: »Wir lieben dich, kleine Gaby!« Tosender Applaus.

Gaby weint noch mehr, die Nase läuft, das Kinn zittert, sie reißt Marlene fast das Mikro aus der Hand. »Jetzt werde ich es schaffen – ich weiß es!« Die Faust gen Buchhandlungshimmel gereckt, erinnert sie mich für einen Moment an einen der Avengers.

»Yay!«, jubeln alle mitfühlenden Eierstöcke um uns herum.

Gunilla meint nur: »Wo bin ich hier gelandet? Mir ist schlecht, und ich habe Hunger. Wann gehen wir? Die sind doch alle nicht ganz dicht!«

»Gunilla! Das war ja nun wirklich ein Erlebnis! Und wie ist denn das für Gaby, wenn jetzt manche einfach gehen? Also, bitte!«, zischt Kathrin und sieht richtig böse aus.

Gunilla guckt mich an, als wären wir freiwillig in die Klapse gegangen, um uns einen schönen Abend zu machen, und formt lautlos den Satz: »Wie lange noch?«

»Ist eh gleich vorbei. Nur noch die Abschlussmeditation. Q&A ist durch.« Dachte ich jedenfalls.

Währenddessen geht die Küken-Assistentin rum und fragt nach E-Mail-Adressen und wer Interesse an Workshops, Newslettern, Rabatten und Online-Seminaren habe.

Gunilla sagt nur: »Und jetzt noch schnell den E-Mail-Verteiler auffüllen und alle Daten abgreifen. Ihr seid ja echt die letzten Kommerz-Affen. Von wegen Erleuchtung. Von mir kriegt ihr gar nichts!«

Zum Glück ist Kathrin schon wieder in ihre Atmung versunken und bekommt das nicht mit. Wir lernen jetzt, was wir tun können, wenn uns das Leben überfordert. Kommt ja in den besten Familien vor. Ich frage mich nur, wie man das gesund, jung, ohne Kinder, dafür mit großem kommerziellem Erfolg, zehn Mitarbeitern und ordentlichen Honoraren so genau wissen kann. Aber es gibt ja immer Erleuchtete. Und Phasen. Wir lernen, dass wir nicht gegen unsere Wahrheit leben sollen. Denn dann leben wir in Disbalance. Das Wort gefällt mir. Klingt ironischerweise so ausbalanciert. Aber zurück zur Disharmonie: Ist dieser Zustand erreicht, haben wir uns selbst vergessen. Wenn alles zu schwer erscheint, dann haben wir uns selbst vernachlässigt. Dabei ist es unsere wichtigste Aufgabe, unsere Beziehung zu uns selbst zu stärken. Marlene spricht fast, als wäre sie in Trance: »Du musst dich lieben, sonst kannst du das Leben nicht lieben. Denn du *bist* ja dein Leben. Also schau, wo warst du zu sehr im Außen und wolltest es allen anderen recht machen? Erinnere dich an die wichtigste Beziehung in deinem Leben – nämlich die zu dir selbst! Nimm das alles nicht zu ernst! Und akzeptiere den Ist-Zustand. Du bist der Kapitän. Stürme sind normal. Das Leben ist immer für dich. Es will dich nur aufwecken. Damit du nicht gegen deine Natur lebst. Deine Seele will nur eine Erfahrung machen. Die von Frieden vielleicht. Und ganz wichtig: Rede drüber. Such dir einen Coach. Erinnere dich an deine Ressourcen: Was du schon geschafft hast! Das gilt auch für die Zukunft! Die Stärke und das Licht aus deiner Vergangenheit sind immer da – auch wenn du es gerade nicht fühlen kannst. Verbinde dich mit der göttlichen Kraft, öffne dein drittes Auge und geh in Verbindung mit der dich umgebenden Göttlichkeit!«

»Ich verdau mich gleich selbst, wenn ich mir das noch länger anhören muss!«, stellt Gunilla fest, als wir uns nach draußen auf die Straße schieben, und erntet böse Blicke.

Kathrins Augen dagegen glänzen. »Du hast die Botschaft einfach nicht verstanden, Gunilla. Sie hat dich nicht erreicht. Ich fand es total inspirierend. Und du, Anna?«

Ich knote meinen Mantel und überlege: »Na ja, vieles, was sie gesagt hat, war nicht falsch. Hätte man aber auch in fünf Sätze zusammenfassen können. Das Verrückte ist, dass ich ganz genau so lebe – ohne ihre Bücher, ohne Online-Seminare und ohne Podcasts. Kostet mich keinen Cent. Bin ich jetzt per se spirituell? Oder einfach lebensklug?«

»Oh ja! Das bist du!«, ruft Gunilla. »Die nächste Anleitung zum Glücklichsein kannst du schreiben. Aber dann bitte mit dem Tipp von mir: Ein guter Drink macht auch glücklich! Einatmen – austrinken. Fertig. Wir lieben dich, kleiner Gin Tonic. Diese Botschaft erreicht garantiert jeden.«

# DAS DRAMA MIT DEM EGO UND DER INNEREN WAHRHEIT. ODER: WIE KATHRIN IHREN EIGENEN WEG FAND

Kathrin ist nicht gut drauf. Sieht man sofort an dieser kleinen Zornesfalte zwischen ihren akkurat gezupften Brauen. Sascha wirft mir den Ich-sehe-es-auch-Blick zu, als wir uns zufällig vor dem »Kaufrausch« über den Weg laufen. Sascha und ich sitzen über warmen Sandwiches, Kaffee und Möhrensaft, Kathrin will eigentlich zum Yoga und vorher noch schnell einen Chai Latte holen.

»Welche Laus ist dir denn über die Yogaleber getrippelt?«, fragt Sascha und streicht ihr väterlich über den Rücken.

»Das würdet ihr nicht verstehen«, antwortet Kathrin tonlos.

»Aber, Häschen, vielleicht ja doch! Tz, tz!«, stellt Sascha entrüstet fest.

Als sein Handy klingelt, was ihn immer dazu veranlasst, eine zu rauchen und spazieren zu gehen, fasst sie sich ein Herz und setzt sich.

Kurz guckt sie sein Gluten-Serrano-Erzeugnis an, das verführerisch duftet, und beißt hinein. Um dann mit vollen Backen loszulegen: »Anna, mir ist gestern eins klar geworden: Ich bin total fake!«

»Wie kommst du jetzt darauf?«, frage ich vorsichtig.

»Das ist so offensichtlich: Ich lebe nach der Wahrheit meines Egos …«

»… ist das denn so falsch?«, unterbreche ich sie kurzerhand. Was soll man denn als Single auch anderes machen? Ist doch völlig normal.

»Nein, das ist falsch, einfach nur falsch. Ich lebe die Wahrheit meines Egos und nicht meine innere Wahrheit, verstehst du?«

»Noch nicht so ganz. Könntest du das konkretisieren?«, frage ich und beiße ebenfalls in mein Sandwich.

»Also, wenn wir klein sind, also Kinder, dann sind wir wie ein Eimer. Da tut jeder was rein. Unsere Eltern, unsere Geschwister, unsere Freunde, unsere Erzieher, Lehrer, Großeltern, jeder, der uns eben prägt. Und so entsteht unser Ego, das denkt, es wolle dies und das, und es sei jenes. Aber in Wirklichkeit ist das nur das, was andere von uns wollen, was andere uns in den Eimer geworfen haben. Gedanken, Handlungsmuster, Wünsche, Regeln, Normen, Werte, die sie in uns gepflanzt haben. Unsere innere Wahrheit kann eine ganz andere sein. Aber den meisten ist das gar nicht bewusst. Und so leben wir ein Leben, das gar nicht unseres ist, das gar nicht uns entspricht.«

Ich sage: »Hmmm«. Und: »Interessant.«

»Mein Ego ist also gar nicht mein Ich. Das ist etwas, was andere in Form gemeißelt haben, von außen. Solange mein Ego mein Leben bestimmt, bestimmt mein Nicht-Ich. Das ist die pure Fremdenergie, mit der ich mich aber identifiziere. Nur dass das Blödsinn ist, was ich aber gar nicht merke. Absurd, oder?«

»Ich verstehe! Und was willst du jetzt tun? Wie kommst du an die verbuddelte innere Wahrheit ran?«

»Daran arbeite ich jetzt. Ich muss los. Bussi!«

Wir umarmen uns, und dann ist sie weg.

Sascha ist gerade fertig mit telefonieren und fragt mich nur über die Schulter: »Die ist ja schon wieder *totally confused, le petit oiseau*, oder? Welchen Film fahren wir denn heute?«

Später am Abend muss ich wieder an Kathrin denken. Vielleicht rennen tatsächlich unzählige Erwachsene mit projizierten Wünschen und Ideen durchs Leben und merken nicht mal, dass es gar nicht ihre sind. Meine Eltern haben mich immer nach den Sternen greifen lassen. Als ich mit sechs sagte »Ich will Fernsehmoderatorin werden« und vor dem Spiegel – mit der Rundbürste meiner Mutter als Mikrofon – übte, fanden sie das völlig okay. Als ich nach dem Abi immer noch nicht damit aufhörte, war das immer noch so. Mein Vater sagte lediglich: »Ich kann dir da nur leider nicht helfen. Wir kennen niemanden in der Branche. Da musst du dich allein durchkämpfen.« Was ich dann auch gemacht habe. Studium. Praktikum. Volontariat. RTL. MDR Fernsehen. Hat alles geklappt. Wäre es nicht so gewesen, dann hätte ich es zumindest probiert gehabt und gewusst: Ist nichts für dich. Und genau das werde ich auch meinen Töchtern beibringen: Greift immer nach den Sternen. Zumindest die ganzen Zwanziger lang. Wenn sie mit Anfang dreißig dann doch unerreichbar sein sollten, kann man immer noch bodenständig werden. Ich dagegen bin etwas gierig geworden. Habe immer weiter nach oben gegriffen. Aber irgendwie bin ich auf diese Weise von einer Galaxie in die nächste gekommen. Vermutlich lagen die Sterne auch nicht mehr so weit auseinander. Jedes Risiko und jede Veränderung wurden immer belohnt auf meiner beruflichen Milchstraße. Kathrin hat solche Sätze zu Hause nicht gehört. Ich nehme auch stark an, sie sind eher die Ausnahme. Die meisten Eltern polen ihre Kinder auf Sicherheit – und grundsätzlich ergibt das ja auch Sinn. Aber hätte man mich zu einer Banklehre gezwungen, ich hätte die Bank selbst am Schalter effektiver ruiniert als jeder

Bankmanager in einem der Frankfurter Geldtürme. Und während ich all das denke, klingelt mein Smartphone. Kathrin.

»Witzig. Hab gerade an dich gedacht«, sage ich statt Hallo.

»Ja, wie kommt's?«

»Ach, ich denke gerade über das nach, was du mir erzählt hast.«

»Und?«

»Na ja, eigentlich ist das doch super, wenn du das alles für dich erkannt hast. Betrachte es einfach als Chance. Du kannst dich jetzt ganz bewusst damit auseinandersetzen. Und dich fragen: Wer bin ich? Was kann ich? Wo liegen meine Talente? All die Antworten kennst du. Die sind in dir. Du musst dir nur dein gelebtes Leben mal anschauen, und sofort wirst du an die Momente denken, in denen du mit einer Aufgabe happy warst, darin aufgegangen bist oder total absorbiert warst vom Flow. Du musst dich mit dir selbst konfrontieren, überprüfen, was dir wirklich Spaß macht, und ob das mit deinem aktuellen Leben zusammenpasst – oder was du tun kannst, um es mehr in die richtige Bahn zu lenken.«

»Wow. Genau so – nur spiritueller – hat das mein Coach auch gesagt. Die nächste Sitzung buche ich bei dir. Ist billiger. Ich muss mal auflegen und meine Vergangenheit besuchen gehen.«

# Die Geister, die ich rief. Und: Wie wir sie wieder loswurden

Geister gibt es ja in jeder Form: Ex-Freunde, Steuernachzahlungen oder eben Albträume, die sich einem so richtig auf die Brust setzen. Meine große Tochter Karlotta, 10, und ich hocken vor Opas Kamin neben den antiken Miniatur-Reitkutschen und knüllen einen Zettel zusammen. Auf dem Papier: ihr skizzierter Albtraum. Den gilt es jetzt zu killen. Wie wir das machen? Wir zünden ihn an. Dazu gibt's noch ein Räucherstäbchen!

»Darf ich das anzünden, Mama?«

»Ja, klar, ist doch dein Albtraum, und wenn ich dabei bin, kann nichts passieren.«

Langsam verkohlt die Monsterskizze, während das nächste Gespenst ins Haus flattert: eine Vorladung der örtlichen Polizei für mich. Ja, tatsächlich eine Vorladung mit Tatbestand und Androhung von Gefängnisstrafe. Am liebsten möchte ich den Wisch auch gleich abfackeln, aber irgendwas sagt mir, dass das nicht helfen würde. Bin schließlich kurz vor dicker Fisch und Großkriminelle. Grund: Ich habe ein fast schwarzes Blitzerfoto falsch gedeutet und meinen Vater statt meines Mannes als Fahrer angegeben, der selbst dachte, er sei's gewesen. Ganz klar: Hier liegt ein Verbrechen vor. Muss sich die Staatsanwaltschaft gedacht haben. Oder da hat jemand gerade neu angefangen und muss sich mal richtig profilieren. In jedem Fall quillt mir die negative Energie schon durch den Briefkasten und den Öko-Briefumschlag entgegen. Nachdem ich den Paragrafen 164, »falsche Verdächtigung«, gegoogelt habe, ist mir richtig schlecht.

Ein bis zehn Jahre Gefängnis kann das bedeuten. Ernsthaft? Wegen ein paar Kilometern pro Stunde auf einem Autobahnabschnitt zu viel und einem miesen Foto, auf dem jeder zu sehen hätte sein können? Das so lebensecht aussieht wie »Der Schrei« von Edvard Munch? Ich möchte auch kurz schreien. Immerhin darf ich mich nach Paragraf 163a Strafprozessordnung zu der Sache äußern, beim Polizeibeamten Müller-Schmidt. Bin ich froh. Einziger Haken: Müller-Schmidt ist vorübergehend nicht im Dienst. Und so quäle ich mich die ganze Woche mit meinen Geistern. Selbst Gunillas Rat, »Das wird sowieso eingestellt. Ist ja fast wie eine Übung für Staatsanwälte im Studium. Schlimmstenfalls gibt es eine Geldstrafe. Beruhige dich!«, beruhigt mich nicht.

Dennis findet das besonders lustig: »Also, wenn sie dich in den Knast stecken, backe ich persönlich einen Kuchen mit Feile drin und komme vorbei. Allein die Vorstellung ist so niedlich, wie du kleine Person mit lauter tätowierten Gestalten hinter Gittern herumhockst.«

Wäre das Bild nicht so nett, die Realität hingegen so grausam – ich würde vielleicht auch schmunzeln. Aber irgendwie komme ich aus dem Sorgental nicht mehr raus. Schließlich sitzen an Beamtenschreibtischen oft Menschen ohne Menschlichkeit. Weiß ja jeder. Die küssen morgens ihre Kinder und geben dann jede Empathie an der Türklinke ab.

»Du musst mit dem Kopfkino aufhören!«, stellt meine Cousine Britta in Kanada fest. »*Paint your nails and stop thinking!*« Sogar Kathrin sieht das ähnlich: »Die Angst und die Sorge sind doch nur Ausdruck deiner Fantasie. Es ist eine

Projektion. Noch ist nichts passiert. Wie oft denkt man: Oh Gott, es wird alles so schlimm werden. Ich verliere meinen Job, sitze bald unter der Brücke, die Kinder gehen anschaffen, und ich werde irgendwann allein sterben und von Nachbars Katze auf der Straße angefressen.«

»So was denkst du?«

»Na ja, ohne die Kinder halt. Das ist ja dein Part. Aber so oder so: Es gibt im Außen nichts, was wir fürchten müssen. Alles Gruselige sitzt nur in uns.«

Irgendwie beruhigt mich das nicht. Mit Behörden habe ich einfach zu schlechte Erfahrungen gemacht. Die mögen mich meistens nicht. Keine Ahnung, warum. Bin nicht so behördenkompatibel. Das fängt schon im Kleinen an: Ich ziehe in einer Behörde eine Nummer, sagen wir die 105, und vor mir ist die 104 bereits aufgerufen, dann wird hundertprozentig die 106 angezeigt, und bei der 105 hat es irgendwie geklemmt.

Als ich zur Polizei gegangen bin, um einen Internetbetrug zu melden, wurde die Beamtin sehr merkwürdig, als sie den Fall zusammenfasste: »Sie haben einen kopierten Kinder-Designer-Stuhl im Internet bestellt und wollen jetzt monieren, dass er nur gegen Aufpreis von dem vermutlich illegalen Unternehmen geliefert wird?«

Und als das Finanzamt mich aus Versehen in die Steuerklasse für Supersingles mit fünfzig Prozent Abgaben steckte, musste ich erst persönlich hinfahren und mit den Herren Kaffee trinken, um sie zu überzeugen, dass ich auch ein paar meiner Einnahmen gerne in mein Kind und nicht ausschließlich in überdachte E-Autobahnen an der Ostsee und Schokoladengrüße fürs richtige Parken vom Ordnungsamt in Berlin-Mitte investieren würde.

So viel dazu. Die Angst lähmt mich, mir fallen schon die Kochtöpfe aus der Hand beim Gedanken an mein Vorsprechen.

Bis mich plötzlich der ultimative Rat trifft wie ein Blitzschlag. Er kommt von meiner Nachbarin Hanne, und ist so simpel wie anwendbar: »Gib es ab!«, sagt sie. »Wohin ist egal. Ans Universum. Eine höhere Macht. Ans Schicksal. Gott. Oder ersetze es. Durch etwas anderes.«

Spontan muss ich an das Fabergé-Ei aus »Ocean's Twelve« denken. Einfach mal eine virtuelle Kopie hinsetzen. Oder wie Britta sagen würde: »Mach einfach deine Nägel.« Denn der Mensch kann nicht zwei Dinge auf einmal denken. Okay, mein Mann denkt, er kann das – lassen wir ihn in dem Glauben. Und so übe ich mich in gesunder Verdrängung dessen, was noch nicht ist, und Konzentration auf den Moment: Nägel lackieren. Kaffee trinken. Windel wechseln. Nichts denken. Oder an den nächsten Besenstrich. Schon Sorgenprofi Dale Carnegie wusste: »Ein Mensch, der sich Sorgen macht, muss sich beschäftigen, oder er stirbt an Verzweiflung.« Schließlich ist noch nichts verhandelt. Im Zweifel für den Angeklagten. Was, wenn ich alt, gram und grau über diese Gedanken werde, und dann stellen sie sich als vollkommen unnütz heraus? Kann ich ja gleich meine Grabsteininschrift ins Testament aufnehmen lassen: »Unnötig über Sorgen hässlich geworden. Vor Wut darüber früher gestorben.« Außerdem bestelle ich beim Universum etwas Sonne für meinen Vorladungstermin. Besonders im Herzen von Müller-Schmidt. Kann ja nicht schaden.

Kaum zu glauben, aber wahr: Am Tag meiner mündlichen Anhörung bin ich tatsächlich entspannt. Müller-Schmidt ist es verrückterweise auch und streicht sich schmunzelnd durch den Tom-Selleck-Schnurres: »Na, Frau Funck, da muss irgendwas schiefgelaufen sein bei der übereifrigen Staatsanwaltschaft. Ich habe zwar schon mal gehört, dass es Menschen geben soll, die den Schwiegervater hinhängen, weil der nicht so viele Punkte wie der rasende Ehemann hat, aber das würden Sie ja nicht machen. Das beenden wir gleich ganz fix. Erzählen Sie mal, wie das jetzt wirklich war. Ich bin heute Ihr persönlicher Sekretär.«

Später am Abend sitzen Karlotta und ich wieder vor dem Kamin.

»Was brennt da eigentlich so schön, Mama?«

»Meine persönlichen Geister, mein Schatz«, antworte ich und gucke auf die glimmende Vorladung. Auch wenn ich es ohne Feueraktion geschafft habe, länger aufheben möchte ich dieses Papier nicht. Asche kann doch so schön sein. Ab ins Universum damit!

# BESUCH IM HEXENLADEN. ODER: MEHR POWER DURCH SELTSAM NORMALEN UND WUNDERBAR MENSCHLICHEN HOKUSPOKUS

Ja, tatsächlich im Hexenladen. Es duftet einfach unglaublich gut. Nach Kräutern und Weihrauch, Minze und Salbei. Unser Familienausflug riecht ein bisschen wie spirituelle Sauna. Der Hexenladen residiert mitten in Hamburg-Eppendorf, quetscht sich klein, kuschelig und lichtdurchflutet zwischen einen Klamottenladen und einen Italiener. Draußen fetzen Schulkinder auf ihren E-Scootern und Mütter mit Lastenfahrrädern vorbei. Die Hexerei ist in der urbanen Mittelschicht angekommen. Zuerst sind wir allein, dann fragt eine ältere Frau im hanseatisch-dunkelblauen Blazer nach Wunschpulver, damit »die Schwiegertochter doch bitte endlich schwanger wird«.

Für Hexe und Inhaberin Maja, 45, komplett in Schwarz gekleidet, kein Ding: »Wir haben schon zwölf Frauen geschwängert. Gar kein Problem.« Sie lacht ein sympathisches Lachen und wird nicht müde, uns jeden Stein, jedes Räucherset und jede Kerze einzeln zu erklären.

Besonders Karlotta hat viele Fragen, während Theresa mit den Steinen spielt und Jenz ganz gezielt nach Bergkristallen sucht. Gerade hält Karlotta einen Rauchquarz in der Hand, und Maja erklärt ihr mit einer Engelsgeduld und voller Begeisterung alle seine Eigenschaften. Ich stöbere mich mit anderen Fragen quer durchs Sortiment. Was verkauft denn eine moderne Hexe mit Geschäftssinn? Warum kommen die Menschen hierher? Und wer genau? Eins ist sicher: Diese Art von Hokuspokus ist irgendwie süß, weil so aufmerksam. Es scheint sehr um Rituale, das Selbstbewusstsein und gute Gefühle zu gehen. Und bezahlbar ist das Ganze auch: Die große Liebe kostet fünfzehn Euro. Das ist günstiger als ein Parship-Abo. Und hübsch eingepackt ist sie auch, in Form eines Ritualsets. Eigentlich Liebe in Tüten. Braucht jemand ein bisschen mehr auf dem Konto? Der Kerzenzauber »Get money« soll Sicherheit und Wohlstand anziehen. Das Rezept ist eigentlich logisch: Die handgefertigte Kerze wurde mit Pyrit und Aventurin energetisiert. Der Pyrit ist ein wunderschöner, goldglänzender Stein, der schon aussieht, als wäre er ein Goldnugget. Holt Fülle und Wohlstand in dein Leben, hilft, finanzielle Entscheidungen umsichtig zu treffen, begünstigt materiellen Zuwachs und ist der perfekte Helfer für alle, die vor lauter Ideen gar nicht erst anfangen zu handeln, um nur mal einige Eigenschaften zu nennen. Also der Komm-aus-dem-Quark-bald-klingelt-die-Kasse-Stein. Kann ja nie schaden – ich nehme gleich einen mit. Sicher ist sicher. Zu der Wohlstandskerze gibt's ein Ritualöl, einen Holzstift und eine Gebrauchsanweisung. Ist ja nicht jeder auf dem Blocksberg und bei Vollmond geboren. Daneben duften Wohnenergie-Räuchersets zur energetischen Reinigung und indianischer weißer Salbei, um gute Geister anzuziehen.

Kurz bleibe ich vor einer Spellbox stehen, die Ängste und belastende Emotionen vertreiben soll, bevor es mich zu den Steinen weiterzieht. Ich greife spontan nach einem hellgrünen, weichen Amazonit und muss schmunzeln. Denn dieser Stein »befreit von alten Glaubenssätzen und festigt das Vertrauen in das eigene Urteilsvermögen«. Offenbar überarbeite ich gerade mein Mindset.

»Wie läuft das denn mit den Steinen?«, frage ich Maja. »Muss ich die nur anfassen, immer bei mir tragen oder unter mein Kopfkissen legen?«

»Ich stecke sie immer in meinen BH. Und je nach Tagesform und je nachdem, was ich brauche, wechsle ich den Stein. Es gibt aber auch welche zum Trinken. Die lässt man etwas ziehen und trinkt dann das energetisierte Wasser.«

»Ich glaube, dann bin ich eher haptisch«, stelle ich fest. »Wie kommt man eigentlich zu einem Hexenladen?«

»Ich bin so aufgewachsen. Und die Neigung zur Hexerei habe ich von meiner Großmutter geerbt. Die hat im Zweiten Weltkrieg Soldaten mit psychischen Problemen geholfen und ihr Wissen über Kräuter und Düfte dann an mich weitergegeben. Es war aber einfach nur ein nettes Hobby. Ich bin eigentlich Multimediadesignerin und erst wieder auf den Trichter gekommen, als ich dachte, ich muss an Liebeskummer sterben. Da habe ich mich an Omis Ratschläge erinnert, habe Kerzen selbst gezogen, aus Kräutern Badezusätze gebastelt und mich mit Steinen gestärkt. Irgendwie war mein ganzer Freundeskreis plötzlich Feuer und Flamme dafür. Dann habe ich mich in einer Schnapslaune mit einer Freundin zusammen selbstständig gemacht. Das ist jetzt über zwölf Jahre her.«

Und das Geschäft scheint zu laufen. Ständig strömt neue Kundschaft in den kleinen Verkaufsraum, und demnächst wird der Hexenladen umziehen und sich vergrößern, wie Majas Mann, der ebenfalls hinter dem Ladentisch steht, uns erzählt. »Den habe ich mir übrigens auch hergezaubert.« Die Chefin grinst. »Ich habe bei dem Liebeszauber nur einen kleinen Fehler gemacht. Ich habe ihn tierlieb bestellt – und jetzt habe ich einen Veganer an meiner Seite. Aber halb so wild: bin jetzt auch

Veganerin geworden. Dafür habe ich die große Liebe gefunden. Und nicht nur ich.«

»Ach ja? Gibt es so viele positive Rückmeldungen?«, erkundige ich mich.

»Oh ja. Das ist das Schönste. Es klappt tatsächlich immer. Auch mit dem Schwangerwerden. Da freue ich mich besonders. Wir haben schon zwölf Hexenbabys auf die Welt gebracht.«

Eine Frau fragt, ob es nicht einen Ritualstein zur Stärkung bei der Einschulung für ihren Enkel Leonhard-Alexander gäbe. Der Kleine sei immer so aufgeregt, solle nicht an der Privatschule die neue Krawatte vollkotzen und brauche etwas Erdung. Sie verlässt den Laden fröhlich mit einem ganzen Beutel Steine. Hat sich selbst auch gleich noch einen schwarzen Turmalin gekauft, der wie ein Schwamm negative Energien anziehen und diese dann in sich einschließen soll. Nach ihr kommt ein junger Mann, der unter Prüfungsangst leidet und mal vorbauen will. Wieso habe ich nur gedacht, wir würden hier ausschließlich auf Esoterikfreaks in selbst genähten Schuhen treffen?

Zugegeben, die Batikfraktion guckt auch kurz rein, aber ansonsten ist wirklich alles dabei: Männer wie Frauen, Jung und Alt, Modisch wie Alternativ, Selbstdarsteller neben durchsichtigen Gestalten. Vielleicht ist unsere Welt auch zu unübersichtlich geworden: zu viel Globalisierung. Zu viel Internet. Zu viele Möglichkeiten. Zu viel Anonymität. Vielleicht sehnen wir uns tatsächlich nach mehr Erdung. Nach mehr Sicherheit. Nach dem Einssein mit der Natur. Denn so fühlt es sich gerade für mich an: ich inmitten von Kräutern, Düften und Steinen. Selten so *down to earth* gefühlt in letzter Zeit. Ob das jetzt Magie ist oder einfach ein Ritual, das mir guttut, ist mir eigentlich Wurstbanane. Vielleicht ist Hexerei eigentlich Psychologie. Ohne Spinnenbeine und Kröteneier. Einfach Energie. Intuition. Feinstoffliche *good vibes*. Und die können ja nie schaden. Wenn Hexen einfach nur selbstbestimmte, lässige Frauen sind, die ihr

Leben anpacken, dann finde ich sie ziemlich cool. Und wenn ich jemandem mit Prüfungsangst einen schönen Stein mit einer Bedeutung und einer Geschichte dazu schenke, ist das einfach nur Aufmerksamkeit und Liebe. Wenn's auch noch wirkt, umso besser.

Wir gehen mit einem Haufen Steine, einem indianischen weißen Salbei und jeder Menge bunter Geschichten nach Hause. Die Sonne scheint uns hinterher, und Karlotta stellt fest: »Die Steine wirken tatsächlich. Ich fühle mich so stark.«

# SPACE CLEARING. ODER: GEISTERERLÖSUNG AM HELLLICHTEN TAG. ODER: WIE SASCHA SEIN HAUS OPTIMIERTE

Sascha ist total aufgeregt am Telefon: »Anna, du musst sofort vorbeikommen. Er ist wahnsinnig, und er arbeitet sich quer durch meine Wohnung.«

»Wer denn?«, frage ich, an meinem Schreibtisch sitzend, während mein Kaffee dampft und mein Laptop wartet.

»Erkläre ich dir, wenn du da bist. Bitte komm!«

Fünfzehn Minuten später stehe ich in Saschas Stadthaus in Eppendorf. Es riecht nach Kräutern, und überall liegt Salz. Im Hintergrund rennt ein kleiner, alter Mann von rechts nach links und spricht lautstark das Vaterunser, als wären wir gar nicht anwesend. Überall stehen Scheinwerfer, eine TV-Kamera auf einem Stativ, Kabeltrommeln.

Sascha steht rauchend in seiner Wohnungstür und zuckt nur mit den Schultern: »Eigentlich wollte ich einen Film zum Thema ›Interior‹ drehen und dafür eine bekannte Hamburger Feng-Shui-Expertin interviewen. Einziger Haken: Madame hat einen Wasserschaden von oben serviert bekommen, und die halbe Designerbude ist abgesoffen. Deshalb dachte ich, ich stelle mein

Haus zur Verfügung. Und die ist hier rein, hat auf dem Absatz kehrtgemacht und mir den Heinzi da geschickt, ›um aufzuräumen‹, bevor sie wieder einen Fuß in mein Haus setzt.«

»Dann stimmt hier wohl etwas nicht?«, frage ich stirnrunzelnd.

»Ja, also, das ist so …«, will Sascha anfangen, da kommt der Vaterunser-Heinzi und sagt mit tiefer Stimme: »Bitte geht jetzt und kommt erst in einer Stunde wieder. Dann sind die Geister fort.«

»Die was?«, entfährt es mir, doch Sascha schiebt mich auf die Straße.

»Der ist nicht ganz klar im Kopf! Komm, wir gehen mit Louis Quatorze um den Block.«

Fast wäre ich über seine französische Bulldogge gestolpert, die immer wie Deko auf der Fußmatte liegt. Wir laufen an einem Fleetarm entlang, und jetzt erfahre ich endlich genau, was passiert ist: »Also, Vaterunser-Heinzi heißt in Hamburger Societykreisen eigentlich nur ›der Geisterbeschwörer‹. Immer, wenn Altadelige oder Neureiche eine Villa an der Alster oder eine Kleinklein-Eigentumsbutze für den Nachwuchs in Toplage erstehen, kommt er zum Einsatz. Sein Job: Bude säubern. Denn er sieht die Welt nicht wie du und ich, er sieht astral. Sprich: auf einer anderen Ebene. Er sieht Geister, wo gar keine sind. Also, wo du und ich denken, da sind keine. Da sind aber natürlich welche. Die hängen fest oder kommen aus einer Aura geschlüpft und wollen Aufmerksamkeit, die ihnen niemand gibt. Nichtfühlige Menschen wie ich merken das alles nur nicht. Sie spüren nur, dass sie sich in bestimmten Räumen unwohl fühlen, vielleicht Kopfschmerzen bekommen oder Juckreiz oder Husten, und am liebsten wollen sie die Räume gar nicht mehr betreten. Das alles macht der wütende Geist, der an ihnen zerrt, sie würgt oder sonst wie angeht. Und so einer hockt in meinem roten Salon und schimpft und zetert, sagt der Geisterexperte.

Ich halte das natürlich alles für Kokolores, aber so richtig gerne bin ich tatsächlich nicht im roten Salon. Also habe ich meine Einwilligung gegeben, dass er da mal machen darf. Aber das ist total *spooky* geworden. Das Kamerateam musste gehen, meine Protagonistin sowieso, alle, weil er jetzt alles reinigen muss, der Ghost-Depp. Wahrscheinlich hängt nachher eine ›Nachricht von Sam‹ an meinem Kühlschrank – er wollte doch nur mit mir töpfern.«

Ich muss lachen. Sogar Louis scheint die Schnute zu einem Grinsen zu verziehen, während er an einen Baum pinkelt. »Und was macht der Geisterflüsterer jetzt genau mit dem Salz?«

»Das wird in jede Ecke gestreut, an allen Wänden entlang und am Boden. Das Vaterunser-Gemurmel soll dazu dienen, dass alle negativen Energien an das Salz gebunden werden. Und dann sollen alle Wesen und alle Astralkörper, die da nicht hingehören, freiwillig die Räume verlassen.«

»Was bitte ist ein Astralkörper?«

»Gute Frage. Habe ich auch gestellt. Ist zum Beispiel die Wut, die jemand auf dich hatte, in verdichteter Form, sozusagen ein Wutkörper, der dich besuchen kommen kann. Laut Ghost-Heinzi. Und der wütet bei dir dann immer weiter. Über Jahre.«

»Letzte Frage: Was kostet der Spaß?«

»Fünfzig Euro pro Stunde. Fragt sich nur, wie hartnäckig mein Geist ist. Komm, wir gehen mal langsam retour.«

Vor Saschas Haus ist mittlerweile auch das Kamerateam wieder eingetroffen. Darf aber noch nicht wieder rein. Mindestens eine Stunde muss das Salz ziehen.

Sascha zündet sich gleich die nächste Zigarette an.

»Sascha! Wenn du hier das Miefzeug inhalierst, gehen die Geister gleich wieder rein«, foppt ihn sein Kameramann.

Aber das hätte er lieber nicht tun sollen. Sascha versteht heute keinen Spaß! »Kann mal jemand diesen Ghost-Heinzi an die Luft setzen? Der hält mich auf, meine Zeit kostet nämlich

Geld. Und ich zahle euch jetzt, ohne dass gedreht wird. Und alles nur, weil Madame denkt, da säße ein Geist auf meinem Wohnzimmersofa. Das gibt's doch alles gar nicht!«

In diesem Moment kommt besagter Geisterexperte aus dem Haus und erklärt uns den Plan: Wir sollen bitte alle von der Tür wegtreten, denn jetzt wird gelüftet und das Salz weggesaugt. Den Staubsaugerbeutel solle Sascha dann aber bitte ganz weit weg entsorgen. Da säßen ja schließlich die miesen Energien drin.

Logisch.

Als er die Tür öffnet, riecht es tatsächlich ziemlich muffig. Ein bisschen wie faule Eier. Können Geister miefen? Der kleine Mann reißt alle Fenster auf, rennt von Salzspur zu Salzspur und saugt, was das Zeug hält. Danach bittet er Sascha um Feuer.

»Raucht der jetzt etwa?«, fragt mich Sascha, der offenbar der Ansicht ist, dass zu einem Geisterexperten definitiv kein Nikotin passt.

Dann sehen wir Rauchschwaden aus dem Wohnzimmer aufsteigen.

»Oh Gott, der Irre zündet mein Haus an. Ich wusste, der ist eher ein Fall für die Klapse.« So schnell ihn seine Budapester tragen, sprintet er ins Wohnzimmer – ich habe ihn noch nie laufen sehen, weil er findet, Adelige sehen in Sportbekleidung und joggend generell lächerlich aus – und steht vor einer Schüssel mit qualmendem Weihrauch und Kräutern.

»Spürt ihr das frische Chi?«, fragt der Geisterbeschwörer und grinst von einem Ohr zum anderen. »Der Geist war ganz selig, dass er endlich gehen konnte. Ich habe ihn gesehen, es war ihm eine Wohltat nach all den Jahren der Ignoranz. Jetzt ist er fort. Aber ich wollte gleich noch mal mit meiner Klangschale durch die Räume gehen …«

»Tut mir leid, nein, dafür haben wir keine Zeit mehr. Ich zahle hier die ganze Zeit einen Kameramann und einen

Tonassistenten, die nichts tun. Und muss heute Abend einen sendefertigen Beitrag abliefern. Seien Sie mir nicht böse, aber ich muss weitermachen.«

»Das verstehe ich. Das Wichtigste ist ja geschafft.«

»Gut. Was bekommen Sie?«

»Oh, das war umsonst. Madame zahlt das. Genießen Sie Ihre gereinigte Behausung.«

Und so schnell, wie er gekommen ist, verschwindet er wieder. Und mit ihm der Nebel, die Kräuter, das ganze Besondere.

Sascha schaut mich an, als wollte er sagen: »Was war das bloß?«

Ich sehe mich um und denke: »Alles wie immer«. Doch je länger wir in den Geweihstühlen am Esstisch sitzen, desto heller und irgendwie großzügiger erscheint mir Saschas Wohnzimmer. Aber vielleicht bilde ich mir das auch nur ein. Der Duft von Weihrauch hängt noch in der Luft, als Madame fröhlich in Saschas Linse plaudert und ich leise die schwere Haustür hinter mir zuziehe.

Am nächsten Morgen klingelt mein Smartphone. »Anna, ich sag's ungern, aber ich habe das erste Mal seit Jahren wie ein Baby geschlafen. Ich bin aufgestanden wie Dornröschen. Als wäre ich aus einem hundertjährigen Schlaf erwacht. Ich fühle mich frischer denn je. Louis ist auch total ausgeglichen. Keine Sabberflecken mit eingetrockneten Haaren an der Wand vom üblichen Schlafwandeln. Das ist natürlich alles Humbug. Oder der Weihrauch hat uns einfach müde gemacht. Oder da war doch irgendeine Energie? Ach egal, so übel war's jedenfalls möglicherweise nicht. Vielleicht lasse ich ihn noch mal mit der Klangschale vorbeikommen.«

# Die Nummer mit der Schwitzhütte

Die Steine glühen und zischen, und es ist unendlich heiß. Zumindest kommt es mir so vor. Salbei, Süßgras und Zeder hängen noch in meiner Nase und vermutlich auch in meinen feuchten Haaren. Es ist stockfinster. Die Erde fühlt sich kühl an. Neben mir schwitzt Kathrin ihren Haaransatz nass. Vor uns summt jetzt jemand uralte, heilige Indianerlieder vom Lakotastamm. Was mache ich hier eigentlich?

Aber der Reihe nach:

Der Fluss, an dem wir entlangfahren, ist ziemlich wild. River Rafting wäre da vermutlich verboten. Die Straße wird immer schmaler, das Tal tiefer. Mensch, lass uns bitte bloß nicht hier stranden, denke ich. Das ist ja völliges Niemandsland. Immer höher schraubt sich die Straße den Berg hinauf.

»Sag mal, welches Wellnesshotel war das genau, wo wir hinwollten?«, frage ich.

Kathrin hat mich für ein Wochenende losgeeist von meiner Familie, und Jenz ausdrücklich um eine Auszeit für mich gebeten. Da er gerade im Homeoffice arbeitet und unsere Hausrenovierung inklusive Dachbodenausbau endlich fertig ist, war das ausnahmsweise mal kein Problem. Und die Aussicht auf eine Mädelsauszeit mit Kosmetik, beheiztem Jacuzzi, Sauna und gutem Essen ist ja nun mehr als verlockend. Allein das Gefühl, sich mal um niemanden kümmern, kein Essen kochen, keine Nase putzen und niemanden zum zehntausendsten Mal ermahnen zu müssen, seine Schuhe bitte richtig herum anzuziehen. Kurz: Ich war sofort dabei!

Nur irgendwie kann ich mir im Moment kaum vorstellen, dass hinter der nächsten Ecke ein Fünf-Sterne-Wellness-Tempel auf uns warten soll.

»Wir sind goldrichtig. Müssten gleich da sein«, meint Kathrin und guckt kurz auf ihr Handy, das allerdings keinen Empfang fürs Navi hat.

Irgendwie verdächtig. Aber wer weiß? Es gibt ja die entlegensten Orte, an denen sich plötzlich Hochburgen größter Behaglichkeit auftun.

Wir sind irgendwo in Bayern, da werden Wurstsalat und Brotzeit großgeschrieben, da kann es ja nur schön sein. Ich liebe Bayern. Schon allein, weil Jenz Bayer ist. Die bayerischen Männer sind die besten, weiß ja jedes Kind. Und während ich all das denke und mich auf einen Kaiserschmarren freue, sehe ich es: das Schild, das alle meine Träume zerplatzen lässt und mir klarmacht, dass wir hier keine Pediküre und keine Gesichtsbehandlung bekommen werden.

»Die Feuertanztrommler – Inipi-Camp«.

»Kathrin!«, sage ich nur, in einem Tonfall, der alles zum Ausdruck bringt: Die Wahrheit, bitte. Jetzt. Unverpackt. Ohne Blümchen und Gedöns!

»Ja, okay.« Kathrin reibt sich den Nacken, was kein gutes Zeichen ist. »Also, Jenz wusste es nicht. Es ist keine klassische Wellness. Es ist ein Ort, der schamanische Schwitzhütten anbietet. Ich weiß, du hast an etwas anderes gedacht. Aber du kommst mindestens so erfrischt nach Hause, wie du es dir erträumt hast. Nur nicht mit lackierten Nägeln, sondern eher geerdet und wie neu geboren. Das ist doch auch toll. Und es wird eine ganz neue Erfahrung!«

»Und da musst du mir den Wellnessbären aufbinden und mich so aufs Glatteis führen?«

»Na ja, wärst du sonst mitgekommen?«

»Mit Sicherheit nicht.«

Ich sitze da und möchte meinen Kopf aufs Lenkrad fallen lassen.

»Ich gehe mal und melde uns an«, verkündet Kathrin und steigt aus.

Ich atme ein und aus und versuche, mich irgendwie zu beruhigen. Holzstockbetten statt Doppelbett. Schamanen statt Kosmetikerinnen. Erde unter den Nägeln statt Nagellack. Ich schreibe Jenz eine Nachricht: »Bin im Schamanen-Camp gelandet – und flippe gleich aus!«

Er schickt einen heulenden Lachsmiley und schreibt: »*Whaaaat?!* Tut mir leid, mein Schatz. Aber vielleicht tut dir das ja auch ganz gut, hm? Mach mal mit. Soll 'ne Erfahrung sein.«

»Der Mann, den ich geheiratet habe, hätte mich zur Wellness geschickt«, tickere ich zurück.

Und er: »Ich hatte keine Ahnung. Kathrin ist mit allen Wassern gewaschen. Aber wenn du schon mal da bist …?«

So sitze ich da wie ein Veganer mit Bulette. Und nun? Wollte ich nicht, aber vielleicht kann man ja was damit anstellen. Ich steige auch aus.

Kathrin kommt lächelnd auf mich zu: »Ich habe eine entzückende Hütte für uns.«

Ich schneide eine Grimasse, lasse mich aber mitziehen. Und muss feststellen: So übel ist die Holzbude gar nicht. Das Raumklima ist angenehm, es duftet nach den Lavendelsäckchen, die im Schrank liegen, und die Betten sind mit der bayerischsten Bettwäsche bezogen, die ich mir vorstellen kann. In einer kleinen Essecke mit Bank liegen dicke Schafsfelle, und nach außen verdunkeln moosgrüne Rollläden unser Zimmer. Eigentlich ganz urig.

»Servus, ich bin der Dominik«, stellt sich der gutgebaute, dunkelhaarige Schamane vor, der unsere Schwitzhüttenzeremonie leiten wird. Nur eben mit Dialekt und Wadelwärmern.

»Na dann, ich bin Anna!«, sage ich.

»Woit's no wos essn?«, fragt Schamanen-Dominik. »Es gibt veganen Kuchen und Tee oder Golden Milk, wenn ihr wollt.«

»Danke, nein«, sagt Kathrin und ich: »Danke, gern!«

Schließlich sitzen wir mit zehn weiteren Teilnehmern an einer Kaffeetafel und lassen uns erklären, was da auf uns zukommt. So langsam werde ich etwas nervös. Sich hier und da mal einen Stein kaufen, ein Horoskop erstellen oder sich seine Aura reinigen lassen, scheint mir doch eher harmlos zu sein im Gegensatz zu dem, was heute Abend passieren soll. Für alle Schwitzneulinge wie mich: Wir werden leicht bekleidet, Gott sei Dank nicht nackt, in eine Hütte mit heißen Steinen, die immer wieder mit Wasser begossen werden, gehen. Im Prinzip ähnlich einer Dampfsauna. Dazu wird fleißig geräuchert. Der Feuermann, Wadelwärmer-Dominiks anderer Job neben dem des Zeremonienmeisters, wird immer wieder neue Steine bringen, vier Runden wird es insgesamt geben. Und wir werden gereinigt, werden uns selbst finden, singen und summen und unsere Wünsche, Ängste und unser Leid dem kühlen Waldboden klagen. Wellness für Seele und Geist sozusagen.

»Jetzt geht ihr aber erst mal an den Fluss und sammelt jeder drei Steine«, erklärt Dominik. »Die legen wir dann nachher nach keltischer Tradition ins Feuer, und sobald sie glühen, kommen sie zu uns in die Hütte. Sucht euch nur Steine aus, zu denen ihr euch hingezogen fühlt. Bis später.«

»Steine, zu denen wir uns hingezogen fühlen? Ernsthaft?«, frage ich Kathrin.

Die schmunzelt. »Er ist heiß, oder?«

»Ja, warte mal ab, wie du ihn nachher findest.«

Und so stehen zwölf suchende Menschen, die sich gar nicht kennen, in Gummistiefeln in einem Flusslauf und suchen nach Steinen, zu denen sie eine Beziehung aufnehmen wollen. Die Bäume rauschen im Wind, die Luft ist unendlich klar, und irgendwie stelle ich fest, dass ich nicht mehr böse bin auf Kathrin. Es gibt schlechtere Orte, und vielleicht kann man hier tatsächlich entspannen. Wir kommen sogar ins Gespräch mit den anderen Teilnehmern, die gar nicht so irre sind, wie ich dachte. Da ist Klaus, der Sportlehrer, der bald Papa wird und das unbedingt so richtig gut machen will. Also vorher noch mal alles rausschwitzen. Oder Elena, Physiotherapeutin, die endlich ihren bekloppten Mann verlassen hat und wieder sie selbst werden möchte. Oder Heide, die Rentnerin, die gerade die Spiritualität für sich entdeckt hat und daheim ihrem Gatten Karsten davon erzählen will, der als pensionierter Zahnarzt zwar nicht offen dafür ist, aber Heides Aufgeschlossenheit liebt. Oder Student Philipp, der nicht weiß, ob er das Richtige studiert und wohin er überhaupt gehört.

Irgendwie alles ganz normale Menschen auf der Suche nach dem Glück. Ok, eher Hirsebrei als Burger. Eher vegan als Vegetarier. Aber alle ganz süß und sehr offen. Keiner versteckt sich oder spielt den anderen etwas vor. Wir finden alle schöne Steine, richtige vom Wasser geschliffene bayerische Handschmeichler. Schamanen-Dominik ist zufrieden mit uns.

Dann ist es so weit, und Kathrin und ich werfen uns in unsere Schwitz-Outfits. Badeanzüge mit Knotenhandtuch. Andere kommen im Bademantel, im Pyjama, im Radlerhöschen mit T-Shirt. Hinter mir ruft ein Käuzchen, als ich im Halbdunkel über eine Baumwurzel stolpere. Mein Herz klopft etwas schneller als sonst. Ja, ich bin tatsächlich aufgeregt. Während die Steine im Feuer warm werden, bereiten wir uns in der Schwitzhütte vor. Bedeutet: Wir denken über unsere Wünsche und Ziele nach, die wir mit in die Zeremonie nehmen. Neben mir liegt mein Tabakwunschsäckchen, das bei mir bleibt während der Zeremonie, danach aber wieder eingesammelt wird. Vor der nächsten Schwitzhüttenrunde mit den nächsten Teilnehmern wird es dann dem Feuer übergeben, um den Wunsch zu bekräftigen. Wir verbrennen heute die Wünsche der letzten Schwitztouristen. Wie ein Generationenpakt. Hat was.

Dann geht es los: Unser Feuermann hat unsere Steine auf Temperatur gebracht, die nun in einem Erdloch in der Schwitzhütte platziert werden. Sie zischen und ächzen, als müssten sie sich anstrengen dabei. Jetzt duftet es auch noch nach Rosmarin. Sehen kann ich niemanden. Zu dunkel. Ich fühle nur Kathrin, die neben mir kurz seufzt. Langsam fange ich an zu schwitzen, und ich meine so richtig: Ein Rinnsal läuft mir den Rücken runter, kleine Tropfen bilden sich in den Armbeugen. Ich muss gestehen: Ich schwitze nicht gerne, ist nicht so meins, bin lieber trocken und dufte gut. War schon als Kind im Sportunterricht so. Ich war lieber die Letzte, die beim Völkerball gewählt wurde (»Ihr nehmt Anna!« – »Nee, ihr nehmt Anna!«), als mich verschwitzt zu fühlen. Aber heute Abend gehört es ja zum guten Ton und passt. Und Ende dreißig weiß man zum Glück auch, dass man gar nicht so schnell nach Iltis riecht, wie man als *Twenty-Something* befürchtet hat. Meine Augen gewöhnen sich irgendwie nicht an die Dunkelheit. Es ist einfach zu finster.

Meine elf Mitstreiter sind ruhig, aber Dominik hat uns gewarnt: Alle Gefühle können hochkommen, alles ist normal und erwünscht. Weinen, tönen, stöhnen. Ist wie ein Date mit Kind Nummer eins, ohne geplanten Kaiserschnitt. Alles ist möglich. Nur dass ich Kontrollfreak mich damit nicht auskenne. Hier und heute kann ich mal wieder Abgeben üben. Ich atme ein und lange aus und versuche mich im Fühlen des Moments. Denke an das halbkugelige Gerüst aus Weidenzweigen über mir, über das diverse Leinendecken gespannt sind und das auf einer Wiese unter dicken Eichen steht. Irgendwo neben uns rauscht der Fluss. Ob die Eulen und Käuzchen auf den Bäumen sitzen und grübeln: diese Menschen! Wird man nicht schlau draus! Und während ich das alles denke, merke ich: Mein Hintern ist eingeschlafen. Ernsthaft? In einer Hütte, in der man nicht aufstehen kann, weil viel zu niedrig?

Kathrin neben mir scheint vollkommen in Trance. Zuerst wimmert sie, dann lacht sie.

»Alles okay?«, frage ich.

»Ja, ist nur so intensiv, aber alles gut!«, flüstert sie zurück.

Dominik trommelt nun vor uns und zwitschert zwischendurch wie ein Vogel. Klingt etwas absurd, aber es hat irgendwie gar nichts Komisches, wenn man halb nackt und schwitzend auf der Erde hockt und den Boden streichelt. Und eins muss man auch feststellen: Allein die Nichtpräsenz aller üblichen Störquellen erdet ja per se schon mal. Internet? Instagram? Sprachnachricht? Interessiert mich in diesem Moment nicht. Wann können wir Kommunikationssklaven das heutzutage schon sagen? Wann sind wir eigentlich zu diesen Wesen geworden, die nicht mal ohne WhatsApp urinieren oder an einer Ampel warten können? Hätte man das Erwachsenen in den Achtzigern erzählt, die hätten sich totgelacht. Dass man sich ohne ein Smartphone gar nicht mehr findet, wenn man sich verabredet, weil man Zeit und Ort nicht verbindlich vereinbart hat, selbstsüchtig Likes zählt und es ohne den 24-Stunden-Strom an Infos, News und Überreizung gar nicht mehr aushält. Weil wir ständig online und viel zu wenig offline sind. Und so hocke ich hier mit eingeschlafenem Po, der inzwischen auch nicht mehr kitzelt, schwitze und schwitze und denke plötzlich an meine Familie. Wie Theresa neulich das erste Mal sagte: »Mama, ich hab dich liiiieb!« Oder Karlotta: »Du bist die beste Mama der Welt!« Oder Jenz: »Ich habe so ein Glück mit dir!«

Ich denke an meine verstorbene Mutter, die kurz vor ihrem Tod noch sagte: »Es war so schön, so schön, dass du noch mal da warst.« Bevor sie in einen Schlaf fiel, der sie erst für Stunden, dann tageweise und schließlich für immer gehen ließ. Wie ich in ihr schlafendes Ohr noch flüsterte: »Mama, wenn du gehen willst, dann ist das okay. Wenn das dein Wunsch ist, dann mache dir keine Sorgen um uns, wir bekommen das hin. Wir lieben dich, aber wir lassen dich gehen, wenn du möchtest.« Die Tränen laufen meine nassen Wangen hinunter. Lange habe ich nicht mehr daran gedacht. Mama! Meine Mama! Viel zu lange ist sie schon nicht mehr da. Einige Jahre dauert das »Danach« jetzt schon. Nach ihrem Tod dachte ich, ich muss selbst sterben. Ich musste erst ein Buch über die Trauer schreiben und jede nur mögliche Strategie testen, um wieder den Boden unter den Füßen zu fühlen. Der Boden! Da war doch was! Ich stelle fest, dass ich Gras ausgerupft habe. Egal. Dominik spricht jetzt vom Loslassen, von der Mutter Erde und singt Dinge, die ich nicht verstehe. Ich bin bei meiner Mutter, und das ist wunderbar. Denke an Sommer auf Sylt mit viel Wind im Haar, an Eierkuchen für Karlotta mit viel ungesunder Kuhmilch und Weizenmehl und an Omi schlafend vor dem Fernseher. Immer wenn sie einschlief und leise schnarchte, küsste ich sie wach. Und wir lachten dann. Selbst mit 35 fand ich das noch wunderbar, wenn ich Karlotta schon ins Bett gebracht hatte und wir anschließend zu zweit im Fernsehzimmer meiner Eltern saßen. Du fehlst so, denke ich. Und dann: Aber du hast alles richtig und so gut gemacht, dass ich das dankbarste Kind bin, das man sich vorstellen kann.

Kathrin sitzt ganz relaxed neben mir, einige von uns liegen oder wirken wie zusammengefallen. Alle Blicke richten sich auf die Steine, doch die verschwitzten Gesichter, die ich erahnen kann, wirken ganz entspannt. Frischluft! Das Zelt öffnet sich! Es geht raus, und wir inhalieren wie nikotinsüchtige

RTL-Dschungelcamper. Die Tabakbeutel brennen nun. Ich glimme noch. Erschöpft, etwas schwindelig, aber so was von lebendig, Freunde! Wiedergeboren bin ich vielleicht nicht, das wäre jetzt *too much*, aber ich habe mich auf dem Boden an meine Wurzeln erinnert. Die liebe ich, auf die bin ich verdammt stolz, die will ich pflegen und in meinem Alltag mal wieder gedeihen und Knospen treiben lassen. Durch Rituale, durch Gedanken, die ich an meine Mädels weitergebe. Das alles hatte ich fast vergessen. Oder sagen wir: Die Absicht war irgendwie etwas unter Job-Wäsche-Hausaufgaben-Abendbrot verschüttet. Sicher kann man sich auch anders daran erinnern, aber warum nicht neben ein paar heißen Steinen? Und wann hätte ich mir schon die Zeit genommen, um mal wieder ein bisschen zu mir selbst zu reisen? Nein, ich habe meinen Frieden mit der Spontan-Schwitzhütte gemacht. Wenn du mich fragst, ob du zur Verhaltenstherapie gehen oder lieber in der »Gebärmutter der Erde«, wie die Schamanen es nennen, dem Gras danken sollst, dann würde ich mich jetzt ganz klar für Letzteres aussprechen. Bis Dominik uns am nächsten Tag bei der Abschlussrunde erklärt, dass ihm oft Rezepte, Lebenslösungen und fremde Sprachen von Geistern eingeflüstert werden. Da denke ich dann wieder: Er hat doch 'nen Vogel, der alte Schamane, was zum Teufel mache ich hier bloß? Aber in dieser Nacht habe ich in meiner Holzhütte unter den bayerischen Sternen wie ein Baby geschlafen, weil ich so bei mir war.

## UMARME EINEN BAUM. GRÜNSTES DETOX.
## ODER: WAS IST EIGENTLICH MIT WALDBADEN?

Hollywood-Hottie Jared Leto macht's regelmäßig, Schauspielerin Vanessa Hudgens outete sich erst kürzlich: Sie umarmen gerne Bäume. Und auch wenn sich das halbe Internet darüber lustig machte und Montagen davon bastelte, auf denen anstelle des Baumes Barack Obama, andere Frauen oder Bushaltestellen zu sehen waren, muss man den beiden Hollywood-Sternchen zugestehen: Möglicherweise sind sie nur Vorreiter, und bald machen's wieder alle. Denn das Ganze ist nicht nur was für Naturfreunde, sondern auch ein Trend aus Japan. Name: »Waldbaden«. Und wer ist wieder mittendrin? Genau. Heute allerdings mal beruflich. Und ohne Schuhe. Die mussten wir nämlich für Angela, unsere Kursleiterin und Waldtherapeutin, ausgebildet an der Deutschen Akademie für Waldbaden – ja, die gibt es wirklich –, ausziehen. Sogar Kameramann und Tonassistent müssen barfuß über Stock und Stein. Angela, um die 50, Typ robust, graue Naturkrause in rustikaler Boblänge, Holzfällerhemd zu roten Gummistiefeln, die sie jetzt unter dem Arm trägt, stapft entschlossen voran: »Es gibt tatsächlich Menschen, die denken, wir schwimmen beim Waldbaden. Das ist natürlich Unsinn. Wir wollen zwar eintauchen in die Welt des Waldes und seiner Bewohner, aber wir werden nicht nass. Es sei denn, es regnet. Es geht auch nicht darum, eine bestimmte Wegstrecke zurückzulegen; es geht um Achtsamkeit, Wahrnehmung, erleben, fühlen, schmecken, riechen, atmen.«

»Wie lange müssen wir uns das antun?«, fragt mein Ton-Assi, ein zartes Kerlchen so ganz ohne Hornhaut.

»So lange, bis wir die nötigen Bilder im Kasten haben – ich tippe auf noch zwei Stunden!«, flüstere ich. Mir persönlich gefällt der Dreh ganz gut. Es gibt wesentlich schlimmere, die Luft ist ein Traum, und Angela ist vielleicht speziell, aber wahrlich keine Schlaftablette.

»Keine Müdigkeit, ihr Lieben! Ihr seid im Wald, und der gibt Energie!«, ruft sie, schon wieder ein paar Meter voraus.

Manchmal muss man Protagonisten alles aus der Nase ziehen und im Schnitt zusammenmontieren. Das ist hier nicht der Fall. Außerdem gilt: So wie man in den Wald hineinruft, ... du weißt schon. Gute Stimmung ist beim Dreh wichtig. Dann entstehen auch die besseren Geschichten, die spannenden O-Töne.

»Sag mal, Angela, was für Menschen buchen denn deine Waldbadenkurse?«, frage ich.

»Och, jeder eigentlich. Schulen, Kindergärten, Studenten, spirituelle Erwachsene, Eltern, die in der Stadt wohnen, und Rentner. Quer durch den Wald, möchte ich sagen.«

»Und was motiviert die?«

»Na ja, oft ist es eine Art Rückbesinnung. Ein pädagogischer Ansatz. Ein Hunger nach der Natur. Manchmal denke ich, die meisten Menschen wissen gar nicht mehr, was gute Luft ist. Die sitzen dann in Hamburg-Poppenbüttel unter der Einflugschneise, grillen am Wochenende im Kerosindunst ihre Würstchen, gehen von Montag bis Freitag in einer Smogwolke zur Arbeit und finden das alles ganz normal. Und dann wundern sie sich, dass sie so oft krank sind, nicht mehr wirklich bei sich sind und eine miese Haut haben oder schnell Falten bekommen. Manchmal merken sie dann was. Irgendwer oder irgendwas weckt sie auf. Ein Ausflug aufs Land. Ein Artikel. Oder die Begegnung mit mir. Oft suchen junge Familien nach meinen Kursen ein Haus am Stadtrand, pflanzen Bäume oder verkaufen ein Auto und steigen aufs Lastenrad um.«

Wir laufen über leicht feuchtes Moos, vorbei an riesigen Ameisenhaufen.

»Manche umarmen Bäume danach regelmäßig und berichten mir auch davon. Willst du mal, Anna?« Sie streichelt über die Rinde einer dicken, alten Eiche.

»Die nenn ich Ursel. Hat schon viel gesehen. Sehr beliebt. Meine spirituellen Kursteilnehmer schwören auf ihre Energie.«

»Da kommt Anna doch gar nicht rum!« Mein Zwei-Meter-Kameramann lacht.

»Mal gucken!«, verkünde ich und umarme Ursel. Es geht ganz knapp. Ursel ist vermutlich ein paar hundert Jahre alt, hat etwas Moos angesetzt und lehnt sich gemütlich und beschützend in Gesellschaft von ein paar Buchen über einen breiten Waldweg. Sie riecht erdig, ihre Blätter sind weich und rascheln im Wind, und irgendwie kann ich mir vorstellen, dass sie Trost spenden kann. Oder dass man in ihrer Gegenwart gesunde Demut empfindet, wie in den Bergen.

»Beim Waldbaden holt man am besten das innere Kind raus«, empfiehlt unser Waldprofi und gibt Beispiele: »Grab deine Hände ruhig in den Boden, zerbrösle ein bisschen Totholz, iss eine Ameise.« Sie grinst.

Okay, das war Spaß. Und wieder kreuzt das innere Kind meinen Weg. Kommt auch nicht zur Ruhe. Wird immer wieder rausgekramt. Damit muss man sich offenbar auseinandersetzen. Hat noch jemand das Mädchen aus dem Brunnen in »The Ring« vor Augen? Einer der wenigen Gruselfilme, die ich gesehen habe in meinem Leben. Hoffentlich sieht das innere Kind bei den meisten netter aus.

Mein Ton-Assi ist inzwischen schon total absorbiert, lässt sich völlig auf das Spiel ein, was ich eigentlich gut finde, solange er seinen Job dabei nicht vergisst. Staunend steht er vor Spinnennetzen, Pilzen und Baumstümpfen und schnuppert an Rinden. Fakt ist: Sogar Wissenschaftler sagen, dass bei so einem Waldbesuch wie unserem heute der Blutdruck sinkt, die Stresshormone reduziert und verstärkt Endorphine ausgeschüttet werden. Das Immunsystem jubelt, produziert angeblich mehr Krebskillerzellen, und wir sind plötzlich glücklich.

Und da kommen wieder die Bäume ins Spiel, wie Angela uns im Interview vor Ursel dann wissen lässt: »Als in Japan Professor Qing Li in den Achtzigerjahren den Forschungszweig ›Forest Medicine‹ gründete, hat man herausgefunden, dass Bäume über chemische Botenstoffe, so genannte Terpene, miteinander kommunizieren. Sprich: Sie teilen sich gegenseitig mit, wo der nächste Schädling angreift, und produzieren dann ganz flott ungenießbare Substanzen in den Blättern. Und genau diese Terpene atmen wir auch ein, wenn wir mit den Bäumen auf Kuschelkurs gehen. Die Nummer ist also nachweislich gesund.«

Kurz: Wir sprechen eigentlich alle *Waldisch*. Kommunikation mit Bäumen ist in unserer DNA verankert. Die breite Masse hat's nur vergessen. In Japan wird übrigens jährlich fünf Millionen gestressten Japanern *Shinrin Yoku,* so nennen sie das Waldbaden, als Therapie verordnet – die sind mal wieder weiter als wir Deutschen. Die Franzosen nennen es *sylvothérapie,* und die Engländer gehen mal eben zum *tree hugging.*

Ich glaube, ich müsste mir einen Hund zulegen, um mich regelmäßig zum Waldspaziergang zu zwingen, aber eigentlich kann man den »Tree huggern« kein extremes Spinnertum unterstellen. Ich bin nur irgendwie eher ein urbanes Wesen, und wenn ich draußen bin, dann auf Spielplätzen, Reitbahnen, in

Fußgängerzonen oder im Biomarkt. Aber vielleicht geht es auch einfacher: Ein Grund, warum es uns im Wald so gut geht, sollen die ätherischen Öle sein, die die Bäume verströmen. Ich starte mal mit frischer Hausbeduftung in Form von Biolärchenöl und einer Elfenwald-Aromamischung. Es muss ja umsetzbar bleiben. Aber wenn die Kinder schlafen, kann ich ja auch schnell rausgehen und unsere Eichen im Vorgarten kuscheln. Die Vorteile sind einfach zu groß. Frag mal Jared Leto!

# ZEIT FÜR EINE FAMILIENAUFSTELLUNG

»Und jetzt nehmen Sie mal die Kissen und legen sie stellvertretend für jedes Familienmitglied auf den Boden!«, sagt Heide Dünnbrot, 75, Lichtarbeiterin, Heilerin, spiritueller Name Abinash Jeet. Heide ist irgendwie einfacher.

Ich stehe in einem hellen Wohnzimmer mit einem sehr flauschigen Teppich, habe eben noch Edelsteinwasser getrunken und soll nun schwere, runde Kissen, die mich an Medizinbälle erinnern, vor meinen Füßen anordnen. Auf jedem klebt ein Post-it, auf dem steht, um wen es sich handelt: mich, Jenz, Karlotta, Theresa, meinen Vater, meine verstorbene Mutter. Fast ein bisschen gruselig, wäre ich nicht freiwillig hier.

»Du musst das mal machen, da erfährst du so einiges über dich!«, hat meine Freundin Judith gesagt und mich zu Heide-Abinash Jeet geschickt. Zwar weiß ich, wie umstritten die Methode ist, aber richtig große, schwere Fragen habe ich ohnehin nicht im Gepäck. Eher so: Wie zähme ich Wildfang Theresa besser, die zurzeit immer so anti ist? Zähneputzen, anziehen, anschnallen – alles ist ein Kampf. Und ich bin es ein bisschen leid. Karlotta dagegen quält sich oftmals mit viel zu komplizierten Gedanken – vielleicht kann man das ja abstellen oder besser damit umgehen? Und: Wie kann ich mir selbst helfen? Oft mache ich mich klein vor anderen und spiele meine Erfolge herunter. Warum tue ich das eigentlich? Gibt's da ein Gegenmittel? Sollte ich etwas für meine Ehe tun oder läuft das gut und kann so bleiben? Alles Fragen, vor denen ich keine Angst habe, sondern bei denen ich auf die Antworten neugierig bin.

Ex-Heide-Abinash Jeet ist eine ruhige Frau, warmherzig, aufmerksam, geduldig, Typ Leih-Omi wie von der Weihnachtswunschliste. Kurze graue Haare, strahlend blaue Augen, lebt mit einem Schutzengel im Rücken, der ihr mal flüsterte, dass er Uwe heißt. Klingt ein bisschen nach Lkw-Fahrer; dachte immer, Engel heißen eher Markus, Alexander oder Johannes, aber eigentlich auch wumpe, wer jetzt seine Flügel über dir ausklappt. Schützende Hände kann man nie genug haben. Hätte ich auch gerne, würde gerne dran glauben, klappt nur nicht. (Falls da doch wer ist, der beflügelt und ein bisschen genervt hinter mir hockt, entschuldige ich mich in aller Form.)

Ich sitze auf dem Flauschflokati und überlege, wo ich welches Kissen platzieren soll. Ich soll dabei ganz intuitiv handeln. Kein Problem. Mich lege ich in die Mitte. Geht schließlich um mich. »Bin das faule Ei in der Mitte!«, sage ich schmunzelnd-erklärend.

»Vollkommen in Ordnung!« Abinash Jeet nickt und reicht mir weitere Kissen.

Eigentlich erwarte ich nicht viel Negatives von der Aufstellung, aber meinen weniger spirituellen Freundinnen habe ich erst mal nichts von meinem neuesten Experiment erzählt. Vielleicht, weil die Familienaufstellung nicht den besten Ruf hat: Sie ist ziemlich umstritten. Ziel ist es immer, Familiendynamiken zu erkennen, um negative Muster, Konflikte oder Gründe für Blockaden aufzuspüren. Klingt im

Prinzip ganz gut, nur irgendwie scheiden sich an der Nummer die Geister: Die einen finden's super, andere gefährlich, wenn man psychisch nicht ganz auf der Höhe ist, und wiederum andere zu hokuspokussig.

Ziemlich bekannt geworden ist die Familienaufstellung übrigens durch den Buchautor, Familientherapeuten und katholischen Priester Bert Hellinger. Der hat seine »Lebenshilfemethode« in den Achtziger- und Neunzigerjahren nicht mit Kissen, sondern mit fremden Stellvertretern auf Bühnen demonstriert, die dann angeblich die Gefühle der Familienmitglieder nachempfanden, die sie darstellten.

Vorstellen kann ich mir das nicht, und ich möchte auch nicht jemand Wildfremdes mein Kind oder meinen Mann spielen lassen. Außerdem drehte es sich bei dem Herrn auch häufig um Schuldzuweisungen, und so mancher Patient ging als Wrack oder gar mit Selbstmordgedanken nach Hause, was ja nicht so positiv ist. Deshalb sind mir Heide-Abinash Jeets harmlose Kissen ganz recht. Wären wir zwei nicht allein, ich hätte mich nicht darauf eingelassen. Irgendwann stelle ich fest, ich bin ganz gut beschützt: Jenz habe ich neben mir platziert, meine verstorbene Mutter hinter mir, etwas versetzt daneben meinen Vater, vor mir meine Mädels.

»Ihnen geht's gut da, wo Sie sind!«, stellt Heide-Abinash Jeet fest und lächelt. »Ich empfinde nur Gutes und Geborgenheit.«

Stimmt auch.

Dann setzt sie sich nach und nach auf die Kissen und erzählt mir, was sie fühlt, wie das jeweilige Kissen fluffig, hart oder sperrig unter ihr wird, und was da so mit mir und der jeweiligen Person läuft. »Ihr Mann hat ordentlich zu tun. Er liebt Sie sehr und will Sie und Ihre Familie beschützen und für alle sorgen. Das nimmt er sehr ernst, er gibt sein Bestes. Hin und wieder könnte er etwas mehr Ruhe gebrauchen.«

»Von mir?«, frage ich schuldbewusst und denke daran, wie oft Jenz mir zuhören muss.

»Ja, vielleicht darf er sich öfter mal zurückziehen. Das wird ihm guttun. Sie fordern ja auch viel.«

Okay, ertappt. Kriege ich hin, denke ich, während mein Coach den Platz wechselt und sich auf das Kissen mit dem Post-it »Theresa«, unserer kleinen Rebellin, setzt.

»Theresa ist gerade unglücklich in ihrem Kindergarten. Sie wird dort nicht gesehen. Sie wäre lieber bei Ihnen oder in einem Waldkindergarten. Gehen Sie mehr auf sie ein. Fragen Sie sie, was sie gern essen möchte oder wie ihr Tag war. Am besten wechseln Sie den Kindergarten – es ist der falsche –, sie wird dort ein unglückliches Kind werden.«

Und haste nicht gesehen, sitzt sie auf Karlottas Kissen. »Dieses Mädchen ist sehr kreativ, eine alte Seele, grübelt viel. Macht sich zu viele Gedanken. Und die anderen Mädchen ärgern sie dann gerne. Sie rechtfertigt sich viel zu häufig. Bestärken Sie sie darin, anderen ihre Persönlichkeit mal mehr vor den Latz zu knallen.«

Dann sitzt sie in der Mitte, also quasi auf mir. »Sie müssen etwas mehr für sich tun. Typisches Mutterthema. Tanken Sie mehr auf. Dann geht es allen anderen auch noch besser. Und machen Sie sich vor anderen nicht unnötig klein. Die Menschen sind neidisch, wenn bei anderen kaum Haare in der Suppe schwimmen, das können Sie nicht beeinflussen. Das ist deren Problem. Nicht Ihres. Insgesamt bin ich ganz zufrieden mit Ihnen. Schönes Leben führen Sie da. Wenn Sie mal Hilfe brauchen, bitten Sie Ihren Schutzengel darum. Aber Sie müssen es auch aktiv tun, sonst sind dem die Hände gebunden. Er steht immer hinter Ihnen. Er heißt übrigens Raffael.«

Nicht Manfred? Ach.

»Und wie mache ich das genau?«

»Denken Sie an ihn, sprechen Sie in Gedanken mit ihm.«

Als ich aus der Tür gehe, muss ich doch etwas über mich schmunzeln. Nichts war wirklich neu, aber ich fühle mich bestärkt in so manchem Gefühl. Und die Ratschläge mal auszutesten, tut mir ja nicht weh. Nur der Waldkindergarten stresst mich etwas – der nächste ist nämlich ziemlich weit weg und beinhaltete beim ersten gescheiterten Versuch mit Kind eins tägliches Zeckenziehen. Auch wenn ich die Idee, den Tag draußen zu verbringen, gut finde – es ist einfach nicht für jeden Zwerg etwas.

Eine halbe Stunde später stehe ich vor meinem Kindergartenkind, das begeistert »Mamaaa!!« ruft.

»Heute geht es früher nach Hause, Hase!«, erkläre ich vergnügt und ziehe ihr die Hausschuhe aus. »Wie war dein Tag?«

»Nich' dud, Mama, Timo hat mich mit Schaufel gehaut. Ich musste ihm Gummistiefel auf den Kopf hauen!«, stellt Theresa mit ernster Miene fest. »Will bei Mama bleiben.«

»Das geht nicht immer, weil Mama arbeitet, mein Schatz, aber ich verstehe, dass du dich geärgert hast. Morgen machen wir frei und Mama-Theresa-Tag, okay?«, schlage ich vor.

Meine Zweijährige strahlt, fällt mir um den Hals und sagt: »Ich hab dich sooo lieb!«

Zu Hause wünscht sie sich Nudeln, die auch Karlotta jubeln lassen.

»Kein gesundes Gemüse-Wok! Großartig!«, freut sich meine Große, die gerade aus der Schule kommt.

Jenz lasse ich abends in Ruhe sein Ding machen, und Karlotta geben wir den Tipp, mal die grüblerischen Gedanken wegzuschieben oder sie zumindest nach einmal Durchdenken abzuhaken und gegenüber ihren Freundinnen einen auf »Ich brauche euch Kackbratzen nicht, wenn ihr so herumzickt!« zu machen und sich nicht dafür zu entschuldigen.

Was soll ich sagen? Irgendwie ist die Stimmung gut. Theresa zickt plötzlich fast gar nicht mehr, macht stattdessen überall super mit und stellt immer wieder fest: »Ich mach das schon, Mama. Ich bin ja schon so droß!«

Nur den Waldkindergarten nehme ich nicht in Angriff. Bis plötzlich etwas anderes passiert: Die Gruppe wird neu zusammengestellt. Einige Kinder ziehen weg, andere gehen in die Gruppe für ältere Kinder – und plötzlich geht meine kleine *Droße* richtig gerne hin. Manche Dinge muss man vielleicht tatsächlich einfach dem Universum überlassen. Karlotta laufen die zuvor zickigen Freundinnen jetzt hinterher und fragen täglich, ob sie heute denn nicht endlich mal Zeit zum Spielen habe. Und mein Mann? Der sagt, wenn ich ihn denn mal sehe und ihn nicht gerade seine Excel-Tabellen absorbieren, so Sätze wie: »Ich habe die beste Frau geheiratet, die ich mir vorstellen kann.«

Aber wenn ich tief in mich hineinhöre, war das eigentlich alles nichts grundsätzlich Neues. Es war mehr ein Bewusstmachen dessen, was ich ohnehin schon auf dem Zettel hatte. Ob ich so eine Symbolaufstellung empfehlen kann? Wenn man an jemanden wie Abinash Jeet gerät, sich nicht sofort übereifrig unter Druck setzt und nicht gerade Fragen nach der verstorbenen Seele des miesen Großonkels oder in Richtung todbringende Krankheiten, Schuld und Sühne stellt – *why not?* In seelischer Not, unausgeschlafen oder depressiv eher nicht. Natürlich brechen die guten Vorsätze auch wieder ein, aber manchmal kann man ja auch kurzfristig auf neuen Pfaden wandeln und kleine Ausflüge auf neues Terrain unternehmen. Apropos, ich glaube, ich hätte morgen gerne etwas Schutzengelunterstützung. Ich glaube, ich sage mal Raffi Bescheid, vielleicht hilft er mir ja ganz pragmatisch, ohne Mittagstief, durch den randvollen To-do-Listen-Tag?

## DIE ZWEIFEL DER ENDDREISSIGER. ODER: WARUM WIR UNS IMMER WIEDER SELBST VERURTEILEN UND WIE MAN DAMIT AUFHÖRT

Kathrin und ich fahren vor Victorias Haus vor. Victoria ist glückliche Physiotherapeutin, Mama von drei süßen blonden Mädels im klassischen Zweijahresabstand und hat in ihre gemütliche Altbauwohnung zum privaten Kinderklamottenflohmarkt eingeladen.

»Hoffentlich bereue ich das nicht«, scherzt Kathrin, als wir vor dem Haus parken.

»Keine Ahnung. Ich kenne auch nur dich und unsere Gastgeberin. Aber: DU wolltest doch selbst hin.«

»Ja, für meine Cousine. Die sagt, Victoria hat immer Kaschmirteile und Luxusstrick für die kleinen Mäuse. Ich soll was für ihre Tochter angeln.«

»Na dann. Erfüllen wir deinen Auftrag. Und vielleicht finde ich ja auch etwas für Theresa«, sage ich und hebe sie aus dem Kindersitz, während sie protestiert: »Mama, ich mach das selbaaa!«

Eigentlich mag ich Secondhand nicht, aber Menschen, die ich appetitlich finde, gepflegte Sachen abkaufen – damit habe ich kein Problem. Und Kinderkleidung wird ja in der Regel nicht jahrelang getragen, selbst wenn sie durch drei geht. Eine schwangere, große Blondine öffnet uns die Tür, aus der Waffel- und Kaffeeduft strömt, und lacht: »Ich stand gerade hier. Hereinspaziert!«

Schon stehen wir im Flur, der sich ins Wohnzimmer erstreckt. Überall liegen, hängen und stapeln sich Kinderoutfits in allen Größen. Dazwischen Spielzeug, Steckenpferde und sogar größere Spielmöbel, die bereits bespielt werden. Theresa ist auch gleich Feuer und Flamme für eine kleine Kinderküche, in der sie mit ganzen Geschirrbergen hantieren kann.

Verrückterweise sind alle Frauen blond und reden mit sehr hellen Stimmchen durcheinander. Manchmal frage ich mich, ob blonde Frauen auch blonde Frauen anziehen? Vielleicht gibt es einen geheimen Blondkodex, den Kathrin und ich, schwarzhaarig und brünett, nicht kennen?

Die Stimmung ist jedenfalls wuselig-beschwingt, und Kathrin und ich werden gleich mit Kaffee versorgt. »Ihr kommt genau richtig!« Victorias Mann Alex steht vor einer silbrigglitzernden, sehr komplizierten Maschine mit tausend Hebeln und Gerätschaften und hat sichtlich Spaß daran, uns damit zu beeindrucken.

Während er alle mit Koffein betankt, betankt er gleichzeitig sein Ego. Denn schließlich »kann Vicki damit nicht umgehen. Ist schon eine Wissenschaft für sich.« Es ist sein Moment, inmitten der dauerschnatternden Frauen, die sein Wohnzimmer und seine Küche belagern. Selten so viele Utensilien gesehen, die man für eine Maschine zu brauchen scheint. Erst wird lautstark gemahlen, stört ja niemanden, denn dann wird einfach lauter geschnattert, dann gepresst und Milch geschäumt.

»Achtung, Ladys, die Tassen sind vorgewärmt!«

Das beeindruckt mich nun wirklich. Wir stehen mit unseren dampfenden Tassen in der Küche, während Alex den

Inhalt schlürfend-gurgelnd-kauend wie bei einer Weinprobe verkostet. »So einen hattest du noch nie, oder?«

»Noch nie!«, bestätige ich, und das stimmt. Der Kaffee ist samtweich und besonders lecker, wie eine Zeitinsel. Ich gönne ihm seine Show, Männer haben es nicht leicht heutzutage, und deshalb bleibe ich noch, während Kathrin ausschwärmt, um alles Brauchbare in Größe 116 zu sichern. Sie kommt nach zehn Minuten mit einem ansehnlichen Stapel wieder und drängt mich, ebenfalls loszulegen. Also laufe ich auch durch das weißblusige, dauerlächelnde Blondinenmeer mit den Mandala-Ketten und den Chakra-Armbändern und organisiere uns ein paar hübsche Strickjacken.

Neben mir überlegt eine Frau im neunten Monat gerade laut, was sie machen soll, damit es endlich losgeht.

Ihre Gesprächspartnerin wiegt ein winzig kleines Bündel auf dem Arm hin und her, ein paar Wochen alt, ganz goldig. Sind die am Anfang echt so klein, denke ich. Man vergisst es ja, sobald sie anfangen zu wachsen. Spätestens, wenn sie einen dann anbrüllen, dass sie sich selbst verkehrt herum die Schuhe anziehen können, weiß man nicht mehr, wie winzig so ein neugeborenes Würmchen ist.

Plötzlich kommt Kathrin auf mich zu, zieht mich auf die Veranda und platziert mich neben sich in einer Hängeschaukel. »Was ist denn los?«, frage ich, etwas überrumpelt.

»Die gucken mich alle so an! Ich bin die einzige Kinderlose hier. Ich kann überhaupt nicht mitreden. Die sprechen nur über Entbindung, Schlafentzug, Schule und Kindererziehung. Ich bin ein Alien.«

»Wie kommst du denn darauf? Die kennen dich doch gar nicht. Ist ja nicht auf deiner Stirn eintätowiert, dass du keine Kinder hast. Und ich habe auch welche und würde dich nie dafür verurteilen, dass du keine hast. Warum sollten die da drinnen es tun?«

»Ja. Nein. Aber ich bin neununddreißig und habe keine Familie. Soll das mein Leben sein? Habe ich es verpasst? Ich bin hier der Loser unter lauter Dauerglücklichen, die in einer Welt leben, die ich sehr wahrscheinlich nie kennenlernen werde. Die reden über wunde Brustwarzen, Gebärmütter und Kita-Probleme.«

»Weil sie es müssen. Weil sie auch Hilfe brauchen. Mütter haben immer den Drang, sich auszutauschen und sich zu vergewissern, dass sie nicht allein mit ihren Problemen dastehen. Das macht niemand, um dich zu ärgern. Und deine Sicht auf dich, ich versprech's dir, hat keine der Frauen. Die rennen auch alle zum Yoga und hängen sich Mandala-Ketten um, auf der Suche nach ihrer inneren Mitte, und sie haben Angst, dass ihr Kind niemals durchschläft, die Kita pädagogisch nicht ausreichend wertvoll ist und dass sie als Mutter vielleicht nicht gut genug sind. Dass du keine Kinder hast, ist für die völlig okay. Nur aufgrund deiner eigenen Meinung geht's dir so, wie es dir jetzt gerade geht. Du wertest dein Leben ab. Solltest du nicht machen.«

Kathrin verpasst uns einen Schaukelschwung, murmelt leise »Hmmm« und guckt geradeaus.

Ihre typische Reaktion, wenn sie mir eigentlich zustimmt, es aber nicht sofort zugeben kann. Verrückt, was mit uns Frauen Ende dreißig passiert. Manchmal denke ich, es gibt zwei Phasen, in denen wir uns selbst keinen Gefallen tun: Eine ist Ende zwanzig, Anfang dreißig, wenn eine Hochzeit die nächste jagt, und dann noch mal Ende dreißig. Herzlich willkommen in Phase zwei: die Zweifel der Enddreißiger. Einige Entscheidungen sind bereits getroffen, andere nicht und dadurch aber eben doch getroffen, nur passiv. Dazu gehören meistens der Job, der Partner und eben Kinder, keine Kinder oder ein Hund. Die einen, bei denen das Timing anscheinend nicht gepasst hat, sitzen da und fragen sich, ob sie nicht normal sind, was da schiefgelaufen ist, ob das Leben bei ihnen gedacht hat: »Och, ich bleibe mal stehen, die lasse ich aus.« Die anderen hocken inmitten von Windeln, Wäschebergen und Hausaufgaben und fragen sich, wann endlich mal wieder *Me time* dran ist und ob sie sich selbst schon zu sehr vergessen haben, wenn das Highlight des Tages der Film in Jogginghose auf der Couch mit dem ebenfalls müden Gatten ist. Aber Fragen haben irgendwie fast alle. Manchmal verraten wir uns auch: Durch ein zu hohes, künstliches Lachen, durch Anpassungsfähigkeit bis zur Selbstaufgabe oder verzweifelte Kosmetikkäufe, wie Ella mir neulich berichtete.

»Da komme ich in die Parfümerie und wollte nur Parfüm kaufen. Und dann sagt so eine in den Tuschkasten Gefallene zu mir: ›Also gegen Ihre Falten würde ich Ihnen ja auch etwas empfehlen.‹«

Ella, leicht geschockt: »Welche Falten meinen Sie denn jetzt?«

»Na ja, alle. Stirn, Nasolabial und Augen, wenn Sie mich so fragen. Was benutzen Sie denn jetzt?«

»Eigentlich … nichts. Eine Biofeuchtigkeitscreme.«

»Dann ist es ja fast schon zu spät«, tadelte die Fachverkäuferin mit Clownsmund.

Ella war sauer, gedemütigt und kaufte als Konsequenz den halben Laden leer. Gefühl danach: trotzdem beschissen. Und die Tiegel landeten nach gelungener Selbstreflexion dann doch im Müll. »Weiß ja jeder, dass Dermatologen empfehlen, die Haut nicht zu überpflegen. Das Beste, was man tun kann, ist nicht zu rauchen und nicht übermäßig in die Sonne zu gehen. Die Make-up-Bitch hat mich einfach an einem Selbstzweifeltag erwischt.«

Kurz: Ende dreißig kann man durchaus mal schwanken. Mitte zwanzig ist das unwahrscheinlicher, denn man hält sich ja in der Regel für unsterblich, und alle Fragen des Lebenwollens liegen ja noch vor einem. Ende dreißig trennt dich augenscheinlich mindestens eine große Entscheidung von den anderen:

Kinder. Die einen haben sie, die anderen nicht. Und diese Minimenschen rocken dein Leben anders durch. Das Kind macht uns Frauen scheinbar gleich oder entzweit uns. Denkt man zumindest am Anfang. Gibt ja auch diese Frauen, die sich erst wichtig finden, wenn sie einen kleinen Parasiten im Bauch beherbergen und darin total aufgehen. Das sind natürlich die schlimmsten. Kinder werden größer, das Einzige, was ich als anders empfinde, ist das Abendbrot-Korsett oder manchmal die etwas kurz geratene Zeit für mich, im Vergleich zu meinen kinderlosen Freundinnen. Nur in den Freundinnen wie Kathrin sieht es offenbar ganz anders aus.

»Ich muss netter zu mir sein. Da ist was dran«, sagt Kathrin in die Stille meiner Gedanken hinein. »Aber das Schlimme am Kindergedanken ist, dass er ein Arschloch ist, er taucht immer wieder auf, wenn du ihn wegdrückst, er gibt niemals Ruhe, nur phasenweise, und es hängt halt ein ganzes Leben dran. Manchmal warte ich darauf, dass wir alle zu alt sind für dieses Thema, damit es endlich aufhört. Mit fünfzig werde ich ja nicht mehr Mutter – bin schließlich nicht Caroline Beil. In jedem Fall muss ich meine eigenen Glaubenssätze überarbeiten. Ich muss wieder mehr meditieren.«

»Oder so«, sage ich.

»Gehen wir rein? Wir können Alex helfen, seine männlichen Unterzahlzweifel mit zwei weiteren Espressi zu beseitigen.«

## Wie man mit sich selbst klarkommt. Oder: Kennst du schon dein inneres Kind?

Stolpert man immer wieder drüber. Oder tritt einem öfters vors Schienbein, das innere Kind. Ist übrigens total angesagt. Quasi die Universalbegründung für alles. Womit ich nicht sagen will, dass der Grundgedanke dahinter nicht durchaus spannend und logisch ist.

Die Theorie in Kurzform?

Gerne: Wir sind persönlichkeitstechnisch nicht nur unser Erwachsenen-Ich, sondern auch unser inneres Kind. Im Prinzip sind wir also mindestens zwei. Und das innere Kind spielt immer mit, auch wenn der Erwachsene eigentlich laut »Spielstopp!« oder »Stille Treppe für dich jetzt, verdammt!« brüllt. Grund: Wir haben keine Kontrolle über unser Kind-Ich, bis wir uns damit konfrontieren und es heilen. Psychologen differenzieren da ganz gerne in Schatten- und Sonnenkind. Der Schattenanteil ist voll mit negativen Gedanken wie »Ich bin nicht gut genug«, »Ich muss brav und artig sein und funktionieren!« oder »Ich bin nix wert, unerwünscht und kann nix«. Das ist per se natürlich nicht so ideal. Aber tröste dich, die

Sonnenkinder haben es dafür auch nicht immer leicht. Denn wer nur mit den Glaubenssätzen »Ich bin so großartig!«, »Alle lieben mich!« und »Ich kriege immer alles, was ich will!« groß wird, kann auch ganz schön auf die Fresse fallen und muss erst mal einen Realitätsschock verkraften. Das Leben ist ja leider nicht immer Wunschkonzert, und irgendwie hungern wir doch alle nach Bestätigung, Anerkennung und Dazugehören. Schuld sind natürlich unsere Eltern – die haben Fehler gemacht, wie alle Eltern. Und wenn gewisse Verhaltensmuster, die zu diesen Überzeugungen passen, getriggert werden, werden wir wieder zum Kind und verhalten uns bockig, werden hilflos oder schwingen je nach Typ die Machtkeule. Bemerkbar im Job, in der Beziehung mit dem Partner oder in Freundschaften. In Seelenklempner-Fachkreisen heißt das dann »Rückzug«, »Flucht« oder »übertriebene Anpassung«.

So weit, so gut. Weiß ja inzwischen jeder Hobbypsychologe, dass alle Probleme ihren Ursprung in der Kindheit haben. Und weil's so schön ist, haben auch die spirituellen Anhänger diese Botschaft für sich entdeckt.

Wie ich damit Bekanntschaft machte? Es fing damit an, dass ich kein Eis holte. Unsere Lieblingseisdiele war einfach zu voll und die Schlange davor, die sich über mehrere Schaufenster diverser Ladengeschäfte erstreckte, einfach jenseits von Gut und Böse. Also fuhr ich weiter und stellte mich keine Eine-Stunde-fünfzehn-Minuten-Durchschnittswartezeit für zwei große und zwei kleine Spaghettieis an. Es war heiß, einer dieser Sommertage, an denen man nur Weintrauben, Melone oder eben Eis runterkriegt, und mein Mann war maßlos enttäuscht. »Du hast kein Eis von Venezia mitgebracht? Warum nicht?« Fast schien er nicht nur enttäuscht, sondern richtig wütend zu sein und schmollte noch eine ganze Weile.

Ein paar Tage später sitze ich dann mit Ella und Gunilla im Garten. Kaffee. Zitronenwasser. Glutenfreier

Mousse-au-Chocolat-Kuchen. Und irgendwie kommen wir vom Thema Beziehung auf den Eis-Vorfall. »Da war Jenz' inneres Kind wohl enttäuscht«, stellt Gunilla fachmännisch fest.

Ich frage: »Bitte wer?«

»Sein inneres Kind. Habe gerade wieder darüber gelesen.«

Ella rollt mit den Augen und lacht. »Alle reden vom inneren Kind. In mir lebt nur eine alte Frau, die zu viel Rotwein trinkt und alle anpöbeln will!«

»Und was genau hat es jetzt damit auf sich?«, will ich wissen.

»Na ja, das innere Kind wird – ob du willst oder nicht – ein Leben lang getriggert. Sagen wir Person A rastet aus, weil B ihr nicht ihre Lieblingsschokolade aus dem Supermarkt mitgebracht hat. Dann kann die Ursache das innere Schattenkind sein. Weil A als Kind immer das Gefühl hatte, wertlos zu sein und übergangen zu werden. Vielleicht hat ihre Mutter auch ständig die Schokolade vergessen oder absichtlich nicht mitgebracht. Durch die vergessene Schokolade werden diese Gefühle wieder ausgelöst, und A rastet aus und pöbelt B vollkommen unverhältnismäßig an.«

»Ich glaube, Jenz wollte einfach nur ein Eis. Mit seiner Mutter hatte das nichts zu tun, eher mit der Hitze. Aber spannende These.« Ich grinse. »Möchte eigentlich jemand Eis?«

»Mein inneres Kind will lieber Prosecco. Sonst dürft ihr gleich nicht mehr mitspielen!«, blödelt Ella.

»Kommt sofort!«

Während ich vor dem Getränkekühlschrank hocke – es ist wirklich heiß und drückend – und die Flasche hole, denke ich über diese Theorie nach. Da ist bestimmt etwas dran, nur wurde der Begriff in letzter Zeit doch etwas überstrapaziert. Ohne die Hintergründe zu kennen, läuft mir das innere Kind ständig über den Weg. Jeder spirituelle Coach redet auf YouTube oder bei Instagram vom kleinen inneren Rotzlöffel, der uns von innen heraus, und ohne dass wir es wahrnehmen, sabotiert. Psychologen, Heiler, Engelsbotschafter. Einfach alle.

Es wird wohl Zeit, sich dem Thema mal zu widmen, denn unsere sogenannten Glaubenssätze und inneren Überzeugungen sollen ja quasi unser psychisches Betriebssystem sein. Dein Chef bringt dich ständig in Rage? Vielleicht ist er auf deinem inneren Kind rumgetrampelt, hat es gedisst oder ignoriert. Du empfindest irgendwie keine Sympathie gegenüber der Freundin deiner Freundin? Vielleicht spricht sie mit ihrem Verhalten dein inneres Kind an und erinnert dich unterbewusst an ein Miststück aus deiner Kindergartenzeit, das dir immer die Puppen vor den Kopf gehauen oder deine Bastelarbeiten zerschnitten hat! Dein Partner lässt dich die Wände hochgehen, weil er dir kein Mandelhörnchen vom Bäcker mitgebracht hat? Na, die Theorie kennen wir ja schon. Siehe oben. Das Fiese an der Nummer: Eltern können es eigentlich gar nicht richtig machen. Denn selbst wenn sie dem Kind immer nur Liebe, *peace* und Eierkuchen servieren, triggern sie etwas. Nur dann eben was anderes. Dann ist es vielleicht der Heile-Welt-Anspruch, der erst mal durch ein Schockerlebnis der Realität angepasst werden muss. Denn leider sind die lieben Kollegen, der Alltag oder das Leben generell mit seinen Schicksalsschlägen, durch die wir ja alle durchmüssen, nicht immer nur Backerzeugnisse mit Zimt und Zucker.

Ich erinnere mich noch genau daran, wie die Omi meines *best buddy* Timm uns mal während eines Waldspaziergangs sagte: »Es gibt nicht nur gute Menschen auf der Welt – es gibt auch böse.« Ich war vier, wir gingen mit einem Eis in der Hand am Riesebusch, einem Park, vorbei, und meine Welt zerbrach. Als Mutter denke ich mir, sie wollte uns nur schon mal vorsichtig vorbereiten auf die perverse »Komm doch mal mit, ich hab Hundewelpen und Schokolade im Auto!«-Kinderfänger-Fraktion. Vollkommen richtig eigentlich. Aber der Moment hat sich mir ins Gedächtnis eingebrannt, ich wirke mittlerweile zwar alles andere als schüchtern, und bis heute glaubt mir das keiner, aber ich war ein eher ängstliches und stilles Kind. Oder sagen wir: ein übervorsichtiges. Und nach der Ansage noch ein bisschen mehr, weshalb ich sie vermutlich nie vergessen habe.

Selbst heute als extrovertierte Fernsehtante, die sich live vor 10 000 Zuschauer stellt, habe ich diese Momente, wenn ich ganz tief in mich hineinfühle. Sie äußern sich nur anders. Etwa, wenn ich eingeladen bin zu einer kleinen 20-Mann-Geburtstagsrunde, alle sind schon da, und ich grüble die ganze Zeit, ob ich jetzt jedem einzelnen die Hand gebe, nur leger in die Runde winke oder lieber still und heimlich mit einem Kaltgetränk in die Gesellschaft eintauche, mich dazustelle und einfach so da bin. War das jetzt das innere Kind, das von der Timmi-Omi quasi emotional gebrandmarkt wurde? Oder ist das alles Bullshit? Vielleicht war ich als Kind auch einfach leicht zu gruseln, weil zu viel Fantasie – und jeder von uns kennt diesen Moment, wenn man als Letzter an einen Tisch kommt. Die einen sagen so, die anderen so. Die Mehrheit der spirituellen Leader denkt, man muss den inneren Balg dringend heilen, andere Stimmen sagen: Der heilt von ganz allein. Sei einfach gut zu dir. Reflektier dich ein bisschen. Lerne aus deinen Fehlern. Fertig. Wie? Na ja. Du hast den falschen Typ Mann geheiratet? Ein extrem klammeraffiges, eifersüchtiges Exemplar? Einen dauernörgelnden Narzissten? Einen Hippie, obwohl du auf Geld und Luxus stehst? Dann trenne dich und lass dich nicht wieder auf so einen ein. Klingt fast einfach. Du fühlst dich wertlos und unerwünscht? Dann vielleicht mal den Freundeskreis austauschen. Manche Menschen sind nun mal wie Teflon für andere – da bleibt nichts haften. Da hilft nur auf Gusseisen umsteigen oder an den Inhalten feilen. Soll ja für jeden den Mikrokosmos geben, in dem er willkommen ist. Gilt für Außenseiter über Paradiesvögel bis zu den Normalos. Psychologen sehen das natürlich wieder anders. Die finden, wir müssen ans innere Kind ran, ihm auf die Pelle rücken, es bearbeiten und heilen.

»Und? Heilst du dein inneres Kind jetzt?«, frage ich Gunilla, als wir auf uns und das Leben anstoßen.

»Quatsch, nein, aber ich fand die Theorie ganz spannend und habe mir überlegt, dass das der Grund sein könnte, warum ich mit einem Kollegen nicht klarkomme. Wir triggern vermutlich gegenseitig unsere inneren Kinder. Und irgendwie finde ich das ganz beruhigend. Ich gehe jetzt anders damit um.«

»Was wären denn die Heilstrategien?«, bohre ich weiter. Ich will's ja immer ganz genau wissen.

»Psychologen haben da ein ganzes Potpourri an Ansätzen. Du sollst Kontakt aufnehmen zu deinem Schattenkind, es begrüßen, in Dialog mit ihm treten, ihm zum Beispiel einen Brief schreiben, es einfach annehmen.«

»Hallo Schattenbalg, noch ein Schlückchen, oder wie?« (Erwähnte ich schon, dass ich Ellas Humor liebe?)

»Durch Akzeptanz lebt es sich mit so manchem leichter. Und angeblich kann man schlechte Erfahrungen und negative Erlebnisse auch überschreiben, indem man sich die Situation noch einmal vor Augen ruft und eine imaginäre Hilfsperson integriert. Die muss nicht mal existieren oder kann schon verstorben sein.«

Spontan muss ich an meine Mutter denken. Offenbar ist die Hobbypsychologin in mir gar nicht so schlecht ausgebildet, denn ich habe meine Mutter immer dabei. Das kann man verrückt finden oder clever. Wenn ich nervös bin oder ängstlich, denke ich an sie, denn wenn sie noch lebte, würde ich sie vorher anrufen und sie würde lachen und sagen: »Denk dran, alle kochen nur mit Wasser!« Diese Rückbesinnung gibt mir Kraft. Außerdem war sie eine stolze und elegante Frau, und immer, wenn die Nacht kurz ist und das Kopfkino lang und ich mich innerlich wie ein ausgepumpter Boxer fühle, der in den Seilen hängt, habe ich ihr Bild vor Augen. Selbst als sie in ihren letzten Tagen klein und zart in ihrem Krankenhausbett saß, stärkte sie sich durch ihre Rituale, ihr ureigenes Beisichsein, ihr Lieblingsparfüm, ihren Schmuck. Stehe ich auf einer Bühne und sterbe zu Beginn fast vor Lampenfieber – nach den ersten Sätzen ist es ja immer vorbei –, ist sie hinter mir. Ich bin dann mehr. Ich hätte Psychologin werden sollen.

Als sie starb, sagte ich zu meiner Cousine Beatrice: »Es klingt bescheuert und absurd, aber ich habe irgendwie das Gefühl, als sei all ihre Kraft in mich geflossen.«

»Oh, das Gefühl hätte ich auch gerne gehabt!«, sagte meine Cousine nur.

Und selbst wenn das ein Trugschluss meines Unterbewusstseins sein sollte – ist mir wumpe. Wenn es mir damit besser geht – *why not?*

Außerdem folgt diese Strategie noch einem weiteren Psychologentipp, wie uns Gunilla erklärt: »Eigentlich machst du es genau richtig. Denn das Gesündeste, was der Mensch tun kann, ist, sich an höheren Werten zu orientieren. Sich nach dem persönlichen Sinn auszurichten! In dem Fall dem Wert der Familie! Wer seinem Leben Sinn gibt, verzweifelt nicht am inneren Kind, wenn es mal abdreht – weil er es in Relation zum großen Ganzen setzen kann. Das kann auch in einem kleineren Rahmen stattfinden: Sagen wir, du liebst Hunde, schmeißt deinen Job an der Supermarktkasse hin und wirst Hundesitter! Oder: Du bist Christ und knabberst jeden Sonntag deine Oblate weg – wenn dir das etwas bedeutet, tanzt dein inneres Kind Samba. Oder du lebst im Ruhrpott im $CO_2$-Nebel, hast aber eine Schwäche für Heidi und den Almöhi und ziehst spontan nach Graubünden!«

»Okay, wir haben's verstanden. Sehr bildhaft.« Ella gießt allen den letzten Schluck ein und hebt ihr Glas. »Ich hab's auch gelesen, das Buch war ja auf der Bestseller-Liste, und mein inneres Kind findet mich nur dufte, wenn ich mitreden kann. Aber: Einen Tipp hast du vergessen, meine Liebe! Es gibt einen Punkt, der auf der Wellnessliste des inneren Kindes ganz oben steht: Genuss! Prost!«

# DAS ACCESSOIRE ANGST. KOMMT LEIDER NIE AUS DER MODE. ODER: WIE MAN DAS AUCH OHNE INNEREN GEISTFÜHRER GANZ FIX AUSRANGIERT

Die Spätsommersonne scheint über die U-Bahn-Brücke auf den Hamburger Isemarkt, auch als »Notting Hill« der Hansestadt bekannt. Über einen halben Kilometer lang, findet unter der U3 einer der größten Wochenmärkte Deutschlands statt. Blumen, Schmuck, Gemüse, fangfrischer Fisch, Käse aus Tirol oder eben Lunch gibt es hier. Einen Bäcker findet man hier nicht – aber eine Boulangerie. Wir sind in Eppendorf, bitte schön. Und manchmal sind die Dinge einfach schöner, wenn man ihnen hübschere Namen und schickere Stände verpasst. Ich mag's. Und wer Gebrüll und Zeitungspapier vorzieht, kann ja immer noch um fünf Uhr morgens zu Aale-Dieter, Bananen-Fred oder Käse-Rudi auf den Altonaer Fischmarkt gehen. Auch ein Erlebnis.

»Lust auf Quiche? Ich bin für Quiche!«, schlage ich vor.

Und Kathrin sagt: »Ich bin es so leid!«

»Quiche?«, frage ich.

»Nein, meine Angst.«

»Okay, setz dich. Wovor hast du Angst?« Ich schiebe die blasse Kathrin auf einen Stuhl vor dem Quiche-Stand. Zum Glück ist es noch früh, daher sitzen wir relativ allein dort.

»Vor allem. Die setzt sich neuerdings ständig auf meine Brust. Morgens beim Zähneputzen, abends beim Zubettgehen. In bester Gesellschaft von lauter Fragen: Hast du alles richtig gemacht? Lebst du das richtige Leben? Geht es jetzt ewig so weiter? Nur ich und mein Ich? Nur wir zwei?«

»Ich glaube, es ist okay, dass du dir diese Fragen stellst und noch mal die Stellschrauben nachziehst. Nur belasten sollte dich das nicht.«

»Genau!«, ruft Kathrin und guckt, als hätte sie in eine der Zitronen vom Marktstand neben uns gebissen.

Fakt ist: Ende dreißig zu sein und das Gefühl zu haben, es ist irgendwie noch nichts in trockenen Tüchern – wobei: Ist es das jemals? – fühlt sich nicht so rasend gut an. Zumindest die Familienplanung müsste man doch mal eintüten. Oder allein angehen. Oder abhaken. Oder Eizellen einfrieren – ich kenne allerdings keine Frau, die das gut findet und sich lächelnd sagt: Dann eben Kinder mit 66, da fängt das Leben doch erst an.

»Ich habe sogar ein spirituelles Angstseminar hinter mir. Da ging es um das richtige Atmen, meditieren, im Hier und Jetzt bleiben, und wir haben geübt, unseren Geistführer anzurufen und um Hilfe zu bitten, um unser göttliches Licht wieder zu spüren. Aber irgendwie bin ich in den Momenten, wo diese Gefühle alle über mich schwappen, wieder genau am Ausgangspunkt. Angst. Allein. Hilfe.«

Ich lege meine Hand auf Kathrins. »Du weißt, ich bin immer da. Wenn die Kinder mich nicht gerade auffressen.«

»Ja, weiß ich. Aber du kannst mir nicht helfen. Du hast die Basisgarderobe des Glücks. Oder was viele Frauen dafür halten. Dein Blazer ist Jenz, dein kleines Schwarzes dein Job, und die Mädels sind das weiße T-Shirt zu den perfekt sitzenden Jeans.

Und ich renne in Lumpen herum, nichts passt zusammen, alles ist unfertig, und ich weiß nicht mal, ob ich den Blazer noch irgendwie im Schlussverkauf bekomme.«

Und so sitzen wir da, die Quiche wird kalt, während Kathrin ihre Ängste auf den Tisch malt, aber es ist ein inniger Freundschaftsmoment, und ich fühle, wie gut es ihr tut, alles auszusprechen. Um uns herum rauschen die Marktbesucher mit ihren Einkaufslisten in den Köpfen und ihrem Obst und Gemüse in den Taschen vorbei, und wir befinden uns auf einer einsamen Insel des Hosenrunterlassens. Aber das macht Freundschaft für mich aus.

Später am Abend sitzen Jenz und ich mit Dennis und Frau am Grill und überlegen bei Bioradler, Fenchelsalsiccia, Herrensteak und griechischem Salat, warum Männer und Frauen sich ab einem bestimmten Alter so unterschiedlich fühlen.

»Ihr denkt, ihr habt ein Verfallsdatum fürs Glück – deshalb steht ihr mehr unter Druck und nervt irgendwann die Männer!«, sinniert Dennis lachend.

»Aber biologisch betrachtet gibt es ja auch ein Verfallsdatum!«, bemerke ich. »Dafür können wir ja nichts!«

»Okay, ja, aber nur, wenn Kinder zu deinem Glück unbedingt dazugehören, oder? Ansonsten ist es doch alles eine Frage der Perspektive. Kathrin hat mir gestern auch ihr Leid geklagt, aber sie vergisst, dass sie eine tolle Frau ist, die sich nur zu lange die falschen Typen ausgesucht hat. Und jetzt ärgert sie sich darüber und fällt in die Krise. Aber je mehr sie diesen spirituellen Trip fährt, desto unattraktiver wird das für manchen Kerl! ›Sorry, aber ich muss noch kurz mit meinem Higher Self abstimmen, ob ich noch meditiere oder Zeit fürs Kino habe‹ – kommt nicht so gut! Ich würde die Beine in die Hand nehmen. Ich will morgens mein Müsli und die News, und keine Chakrenaktivierung und ›Goal lists‹ schreiben.«

»Das muss man ja nicht jedem Aspiranten sofort auf die Nase binden, und das macht sie auch nicht – glaube ich jedenfalls«, antworte ich.

»Man kann sich auch ohne den ganzen Krempel ordnen und instand setzen, glaube ich. Und vor allem, ohne ein Vermögen hinzulegen. Manchmal – so banal das klingt – sollte man das Geld lieber in ein sexy Kleid stecken und einfach mal ausgehen!«

Das klingt jetzt machomäßig, aber ich kenne Dennis gut und weiß es daher besser. Er mag Kathrin; lange Zeit waren wir im Sender wie die drei Musketiere. Aber eine kluge Frau mit toller Ausstrahlung wie sie, die sich weiß Gott nicht verstecken muss, kann sich seiner Meinung nach durch zu viel Grübeln und Insichgehen auch mal verlieren.

Doch was tun, wenn die Angst wie ein gut trainierter Sparringspartner im Ring auf dich wartet? Es muss doch auch anders gehen. Ich denke an meine Flugangst, die mich früher immer überwältigt hat. Heute steige ich in einen Flieger wie in ein Taxi. Es ist mir egal – ich habe ein Ziel, da will ich hin. Die Angst, dachte ich oft, ist wie ein Muskel. Er erschlafft, wenn man ihn vernachlässigt. Und beruflich musste, wollte, nein, durfte ich mehrere Jahre lang um die Welt fliegen. Ich wurde plötzlich Moderatorin für ein Format, für das ich um die ganze Welt reiste, und bekam so adrenalinaufgeladene Anrufe wie: »Anna, kannst du morgen nach Dubai, J.Lo und ein paar Scheichs treffen? Und nächste Woche nach Istanbul?«, »Neu-Delhi?«, »Valencia?«, »Bologna?«, »Kitzbühel, live auf die Streif?«

Ich wollte natürlich überall hin. Flugmeilen-Shaming war da auch noch kein Thema. Zudem lebte meine Mutter noch, der beste Babysitter der Welt, und ich arbeitete nur ein paar Tage im Monat. Ich fühlte mich wie James Bond. Immer gut angezogen, immer ein Auftrag – leider nicht die dazugehörigen Nerven, was das Fliegen anging. Aber die wollte ich haben! Ich setzte mich manchmal wöchentlich mit Todesangst in Flugzeuge. Oft lenkte ich mich mit Text lernen ab, was sehr half, denn der Druck, fünf DIN-A4-Seiten lang über Doppelhybrid-Motoren erzählen zu können, als hätte man Ingenieurwissenschaft studiert, war hoch. Und wenn man eine Sache denkt, kann man keine zweite denken. Wenn ich dachte, dann also an meine Texte. Wenn es zu schnell ging im Kopf, fing ich Gespräche mit den Flugbegleitern an, die immer sehr nett und witzig waren. Irgendwann stellte ich fest, dass ich mittlerweile jedes Geräusch und jede Bewegung kannte: wenn das Fahrgestell einfährt, wenn die Klappen auf den Flügeln aus- und eingefahren werden, wenn es durch die Wolkendecke ruckelt, wenn der Pilot beim Landeanflug noch einmal justiert. Das Fliegen war wie Autofahren geworden. Und ich hatte ein gewisses Vertrauen aufgebaut, aufgrund der Tatsache, dass es noch nie schiefgelaufen war. Die Macht der Wiederholung. Fazit: Meine Angst war weg. Ohne den Anruf beim inneren Geistführer.

Anruf bei meiner Cousine Britta in Montreal, die immer sagt: »Wenn ich ein Problem habe, denke ich darüber auf keinen Fall auf Deutsch nach. Viel zu anstrengend, viel zu komplex. Dann lieber auf Englisch – dann ist die Lösung auch gleich da. Denn die Sprache ist einfacher, also ist auch das Problem einfacher zu beseitigen.«

Britta spielt gerade Taxi für ihre drei Kinder, die sie von der Schule abgeholt hat: »*I'm in the car and I don't have much time. What's the topic?*«

Zeitmangel kann auch ein Segen sein, denn er zwingt dich manchmal zur Kompaktheit. Britta hat ein paar Erste-Hilfe-Sätze gegen übermäßige Angst auf Lager, die ich richtig gut finde:

1. Entspann dich – es ist außerhalb deiner Kontrolle. Also kannst du dich auch gleich zurücklehnen, statt dich kaputt zu grübeln.

2. Mal dir aus, wie du unter der Brücke hockst mit deinen Kindern, kein Kühlschrank, kein Geld, dein Leben ist vorbei.

Wird nie passieren. Oder kennst du ernsthaft jemanden in deinem Freundeskreis, der auf Platte lebt? Musst jetzt selbst lachen, oder?

3. Angst macht dich zum Mittelpunkt deines Denkens. Relativier dich doch mal. Fahr ans Meer, kletter auf Berge oder stell dich unter eine alte Eiche. Du bist ziemlich endlich. Und wer will sein ganzes Leben mit doofen Gedanken verbringen?

4. Erste Hilfe to go im Alltag: Immer einen Schritt nach dem anderen. Finde Ruhe in den sogenannten Mikro-Habits, wie Wäsche aufhängen, Nägel lackieren oder Butterbrote schmieren. Entdecke den guten Ort in dir. Dann hast du deinen SOS-Seelenklempner immer dabei. Noch bevor du deine engsten Freundinnen anrufen kannst, was ja nicht immer geht.

Ich finde die SOS-Liste super und beschließe, sie gleich mal Kathrin zu morsen. Es muss auch mal ohne Meditation und Higher-Self-Kommunikation gehen. Oder vielleicht ist meine Cousine ja heimlich-spirituell und weiß es nur nicht? In jedem Fall ist die Angst der einzige Muskel, der untrainiert so richtig schick ist. Einfach links liegen lassen. Irgendwann ist er dann ein Rudiment. Findet sicher auch der innere Geistführer ganz gut.

# UND WAS SAGT DER THEOLOGE DAZU?

Im Hotel Orphée duftet es nach Frühstück. Geschirr klappert, die Kellnerin balanciert kleine Tabletts von Tisch zu Tisch und stellt uns Croissants, französische *confiture* und zwei riesige *bols café crème* auf den Tisch. Draußen in der Unteren Bachgasse regnet es. Wir sind in Regensburg, der viertgrößten Stadt Bayerns, mittelalterlich, kulturaffin, autofrei, romantisch durchzogen mit vielen Gässchen und charmanten Geschäften. Wenn man sich an irgendeinem Ort wie eine Schriftstellerin fühlen kann, dann hier im Orphée. Regisseur Wim Wenders verglich diesen Ort mal mit den großen Kaffeehäusern der Welt, dem *Deux Magots* in Paris oder dem *Caffè Roma* in San Francisco. Vielleicht weil es sich eher international als bayerisch anfühlt und einem sofort vertraut erscheint – und selbst wenn man das erste Mal dort sitzt, fühlt man sich schon als Stammgast. Spiegel. Holzvertäfelte Wände. Tageszeitungen in hölzernen Klemmkonstrukten. Mir gegenüber auf einem abgerockten Kaffeehausstuhl sitzt Roland Preußl, Pastoralreferent der katholischen Kirche, 38, ursprünglich gelernter Meister der Elektrotechnik, studierter Philosoph und ungeweihter Theologe mit Priesterausbildung, der dann aber doch lieber heiraten und deshalb kein Pastorenleben im

Zölibat führen wollte. Der vermutlich lockerste Katholik, den ich kenne. Hochgekrempelte Hemdsärmel und Jeans. Offenes Lachen. Motto: »Du bist Atheist? Ist okay für mich, aber mich kannst du ja glauben lassen, denn ich hab' echt gute Gründe dafür.«

Eigentlich wollen wir meine Lesungen besprechen, die ab morgen anstehen, aber irgendwie kommen wir vom Thema ab und landen – genau – beim Modetrend Spiritualität. Ich war doch zu neugierig auf Rolands Meinung, und irgendwie interviewe ich ihn jetzt regelrecht.

»Prinzipiell finde ich es ja gut, dass da ein neues Bewusstsein entsteht. Ich will das gar nicht verurteilen. Es beunruhigt mich nur, dass manche Menschen in ihrer Not dann schamlos abgezockt und in spirituelle Abhängigkeiten getrieben werden«, erklärt er mir, während ich in mein Croissant beiße. (Hier in diesem Etablissement ist immer *Cheat Day*, du verstehst?)

Er fährt fort: »Jesus hat für seine Lehren vor 2 000 Jahren ja auch kein Geld genommen. Dieser ganze Trend hat für mich etwas von einem oberflächlichen Museumsbesuch. Da rennt man dann durch und sammelt sich aus allen Religionen etwas zusammen: Hier etwas buddhistische Achtsamkeit, da etwas jüdisch inspirierte Dankbarkeit und ein bisschen Höheres Selbst aus dem Hinduismus, alles nicht falsch, aber wenn ich mir die Bilder nur oberflächlich anschaue und nur durchs Museum hindurchschlendere, werde ich ja nie die Feinheiten und wahren Kostbarkeiten der Kunstwerke entdecken. Da fehlt mir die Tiefe.«

»So betrachtet hat es fast was von einem religiösen Supermarkt: Ich nehm mir hier ein bisschen was vom Angebot, und da was vom Biostand und bastele mir meine Alltagsreligion. Da muss die Kirche doch eigentlich sauer sein, oder?«, hake ich nach.

»Ach nein, dort liegt ja der Ursprung des Wortes Spiritualität. Als Christen glauben wir, dass der Heilige Geist in jedem Menschen wirkt und ihm ganz besondere Gaben und Charismen schenkt. Und irgendwann merken die Menschen ja, dass vieles, was heute auf dem Markt der spirituellen Möglichkeiten angeboten wird, eigentlich spirituelles Fast Food ohne Nährstoffe ist. Wer es genauer wissen will, der steigt dann tiefer ein. Der Rest schwappt mit der nächsten Facebook-Welle weiter. Kennt man ja: Erst war es der SUV, dann der Thermomix, danach wurden sie alle achtsam, und jetzt haben wir hier die Absplitterung von der Selbstoptimierung. Schon Philosoph Martin Heidegger hat gesagt: Der Mensch ist ein ›Geworfener‹, der herausgefordert ist, sich in die Welt hinein zu entwerfen. Die spirituellen Likes sind halt gerade hoch im Kurs. Wer es ernst meint, der kann es ja mal mit christlicher Spiritualität, den geistlichen Exerzitien oder der Unterscheidung der Geister versuchen, aber Vorsicht, das ist nichts für Softies und auch keine Wellness. Und mit Kommerz hat das rein gar nichts zu tun. Da verbringt man vierzig Tage in Schweigen, stellt sich die Sinnfragen mit seinem geistlichen Begleiter – und sich selbst mal so richtig auf den Kopf. Das ist existentielle Spiritualität, die trägt.«

Ich muss kurz lachen und an den Moment denken, als Crocodile Dundee überfallen wird, der Dieb ein Messer zückt, Dundees Begleitung ihm zuraunt: »Nick, geben Sie ihm das Geld, er hat ein Messer!« Worauf Nick den Straßengangster anlacht und sagt: »Haha! Das ist doch kein Messer!« Um dann sein Riesenbuschmesser zu ziehen. Auch wenn Roland sein Buschmesser gar nicht ziehen würde – ich vermute, so mancher Coach würde sich in diesem Moment mit seinem spirituellen Zahnstocher ganz schön klein fühlen.

»Noch ein Café crème?«, fragt die Kellnerin im kleinen Schwarzen mit Dutt.

»Unbedingt!«, erwidere ich und schmunzle. Diese so ganz andere Sichtweise ist einfach zu spannend.

»Was glaubst du, warum die Menschen das alles gerade jetzt so brauchen?«, will ich wissen.

»Na ja, ohne Ewigkeit lebt es sich schwerer. Früher dachten die Menschen, wenn sie tugendhaft und fromm leben, so ihre dreißig, vierzig Jahre, dann steht ihnen die Ewigkeit offen. Ein Grund, warum die Trümmerfrauen nach dem Krieg trotz schwerster Schicksalsschläge – Mann gefallen, Kinder vielleicht auch umgekommen, Leben in Ruinen – ihr Leben annehmen konnten. In ihrer Hoffnung stand ihnen der Himmel offen, auch wenn die Erde zerbombt war. Heute fehlt uns diese Perspektive. Da hat man zwar ein Vielfaches an Lebenszeit, aber da muss dann alles reingepackt werden. Das erzeugt Stress. Der Glaube an die Ewigkeit war dann doch noch stressmindernder als Yoga.«

Eigentlich absurd, denke ich. Da sind wir so viel fortschrittlicher, das Leben ist im Kontrast zu dem genannten Beispiel so viel einfacher, wir haben so viel mehr Jahre geschenkt bekommen und hetzen und stressen uns bei dem Versuch, uns in emotionalen Kaschmir zu wickeln. Andererseits: Ist unser Leben wirklich einfacher? Gut, wir sitzen nicht traumatisiert in Ruinen und haben Männermangel. Aber unsere Welt ist komplexer, vernetzter, bedrohter. Nicht vergleichbar. Das erklärt, warum wir auf der Suche sind und wie getriebene Kühe Workshops buchen, unsere Zirbeldrüse entkalken und bitte jetzt mal flott innerlich wachsen wollen. Jede Bewegung löst ja auch immer eine Gegenbewegung aus. Zunehmende Spiritualität im Inneren als Antwort auf die immer größer werdende Komplexität im Außen?

»Wenn die Mode-Coaches sagen: ›Du bist ein Geschenk für die Welt!‹, was sagt denn dann die Kirche?«, erkundige ich mich.

»Gott findet, du kannst ein Geschenk für die Welt sein – musst du aber nicht. Was ich an der Kirche schätze, sind zwei

Dinge: Einmal die radikale Freiheit des Einzelnen und dass Gott alle Menschen aus Liebe geschaffen hat – jeder Mensch ist so gewollt, wie er ist. Christliche Spiritualität achtet also den Einzelnen, vergisst aber die Gemeinschaft nicht.«

»Wow! Ich kann so bleiben, wie ich bin! Ohne meine Komfortzone zu verlassen!«, rufe ich und lache. Allein über diesen Begriff könnte ich mich stundenlang auslassen – die Komfortzone, völlig abgenutzt in meinen Augen, hat schon mehr Pilling als ein zehn Jahre alter Winterpulli vorzuweisen. Abgetragen, abgewetzt, setzt bereits Rost an. Ständig sollen wir sie verlassen. Als Mutter kann ich da nur sagen: Manchmal ist es auch absolut richtig, die Komfortzone einfach mit ein paar Kissen auszustopfen und abzuwarten.

»Ich kenne auch ein paar Menschen, die regelmäßig zum Schamanenseminar gehen«, berichtet Roland. »Ärzte, Anwälte, vernünftige Leute, die finden das richtig gut. Ich freue mich ja für jeden, der sich gut fühlt, aber was kann das für eine Religion oder Fähigkeit sein, die man mal eben im Wochenendseminar erlernen kann? Und wer ist der Anbieter? Was ist seine Kompetenz? Welche Ausbildung hat er? Wenn ich dir sage, du kannst an Gott glauben, dann kannst du mir vertrauen, dass das nicht unvernünftig ist. Aber worauf fußt das Vertrauen in der spirituellen Szene?«

»Okay, ich vertraue dir. Wie kann ich an Gott glauben? Oder: Warum glaubst du an ihn?« Jetzt will ich es ganz genau wissen, ist ja klar.

»Glaubst du deinem Mann, wenn er dir sagt, er hat Geld überwiesen, oder willst du dann BIC und IBAN kontrollieren?«

»Nein, natürlich nicht«, antworte ich.

»Und so ist das auch mit mir.« Roland lacht.

»Okay, aber erklär mir trotzdem noch mal, warum du an Gott glaubst. Wie erklärst du dir das? Ich krieg's nicht hin. Für mich ist das ein Hilfskonstrukt, um das Leben zu vereinfachen. Was machst du anders?«

»Es gibt dazu keine einfache Erklärung. Sagen wir so: Als Elektrotechnikexperte, der naturwissenschaftlich geerdet ist, muss mein Glaube auch immer mit der Vernunft und der Physik übereinstimmen. Sagt übrigens auch die Kirche, dass Glaube und Vernunft vereinbar sein müssen. Ich durchdenke mit der Vernunft, und dann gesellt sich der Glaube dazu, und aus dem Glauben heraus hinterfrage ich viele Dinge. Einsteins Relativitätstheorie passt beispielsweise mit der biblischen Schöpfungsgeschichte perfekt zusammen. Klar, die Welt ist nicht in sieben Tagen entstanden, das glaubt ja niemand, aber am Anfang werden hell und dunkel, also Tag und Nacht, geschieden – es entsteht die Zeit. Und Einstein sagt: Zeit gibt es erst durch die Ausbreitung von Raum. Und wenn ein Mensch stirbt und in der Erde verrottet, was passiert dann mit dem pneumatischen, dem geistlichen Leib? Ohne Körper – keine Zeit. Unser Körper ist aber in den Raum des Universums der Erde eingebettet. Deshalb glaube ich, dass der geistliche Leib dann zeitlos bei Gott existiert.«

Ich bin etwas sprachlos, mein Kopf schwirrt, aber ich bin mitgekommen. Denke ich.

»Okay, letzte Frage: Findest du dich spirituell?«

»Ja, klar, beten ist spirituell. Und Gott zeigt mir im Gebet so vieles auf. Wer glaubt, ist nicht allein. Gott eröffnet mir manchmal im Gebet den wahren Menschen und seinen Charakter, weil ich ihn in eine Schublade gesteckt habe und ihn da wieder rausholen muss. Im Positiven wie im Negativen. Mit Gott ringen, in Kontakt stehen – das ist sehr spirituell, und es trägt auch, wenn das Leben echt schwer wird.«

Und während ich meinen *bol* an die Lippen setze und der Regen aufs Dach trommelt, überlege ich, ob »die stille Beobachterin sein« meine Form der Spiritualität ist.

# Ein Pony aus dem Jenseits. Oder: Wie man den Tod auch überleben kann

Als meine Mutter Anfang 2016 in einem eisigen Januar starb, fing die unwirklichste Zeit meines Lebens an. Ich war 35 und dachte, ich überlebe das nicht. Ich trank zu viel Kaffee, aß zu wenig, mein Gehirn war ein Sieb, und ich fragte mich, ob ich jemals aufhören würde, zwei Kleenexboxen am Tag leerzuweinen. Natürlich funktionierte ich, aber ich stand mindestens 3,50 Meter neben mir. Auch wenn mein Mann ein sehr guter Trauerbegleiter war. Je entrückter ich mich fühlte, desto mehr nahm ich Dinge wahr, die ich sonst nicht bemerkt hätte. Die ständig durchknallenden Glühbirnen in meinem Elternhaus etwa. Meine Mutter hatte zu Lebzeiten regelrechte Hamsterkäufe getätigt und das Zeug gehortet, weil sie Energiesparlampen als Beleidigung fürs Auge empfand. Und diese Birnen gaben nun ständig den Geist auf. Mein Vater saß andauernd im Dunkeln und fluchte. Parallel verabschiedete sich mein Laptop, und Papas Auto blieb im Carport für immer liegen.

Und so googelte ich »Kommunikation mit Verstorbenen« und dachte: Jetzt bist du endgültig ganz bekloppt. Ich stieß auf unendlich viele Treffer. Verstorbene kommunizieren angeblich sehr rege, besonders frisch von uns Gegangene;

sie bewegen Gegenstände und sollen in der Lage sein, elektrische Dinge kaputt zu machen und – Himmel! – sie sprengen bevorzugt Glühbirnen! Fast fröhlich rief ich nach diesem Rechercheergebnis meinen Vater an und jubelte: »Es ist Mama! Sie lässt die Glühbirnen explodieren!«

Mein Vater, ganz Schulmediziner, sagte nur: »So ein Blödsinn, Anna!«

Und ich: »Vielleicht. Vielleicht auch nicht!« Ich bat meine Mutter, noch einmal etwas durchknallen zu lassen. Als Bestätigung. Und saß plötzlich schmunzelnd mitten im Stromausfall.

Anruf bei Sascha: »Bin ich total durchgeknallt oder nur die Glühbirnen?«

»Ich denke, du bist vollkommen normal. Als meine Mutter starb, saß sie ja auch plötzlich hinter mir im Porsche.«

»Wie das jetzt?«

»Ich war auf der Autobahn Richtung Kiel unterwegs, um sie zu besuchen. Und unmittelbar zum offiziellen Todeszeitpunkt – ich war noch nicht da – war mir plötzlich, als säße sie hinter mir. Leicht unwirsch. Quasi mir direkt im Nacken. Erzähle ich so natürlich auch nicht jedem – aber seitdem glaube ich an ein paar mehr Dinge als vorher.«

Am nächsten Morgen flucht mein Vater ins Telefon: »Super, jetzt sind gleich zwei Birnen in der Eingangshalle durchgeknallt. Das gibt's doch nicht.«

Ich denke nur: Alles klar, Mama!

Warum ich das alles erzähle? Es passt so gut zu Caros und Bennis Geschichte. Ich wollte nur mal klarstellen, dass ich so was bisher überhaupt nicht geglaubt habe. Im Naturwissenschaftler-Elternhaus ist der Glaube an Geistererscheinungen nicht unbedingt inkludiert. Alles gar nicht meine Welt. Würde ich übrigens in England oder Schottland leben, wären solche Gedanken nicht neu, sondern völlig normal. Dort gibt es über

6 000 Mitglieder im Spiritistenverband, die sich wie zu einer Andacht zur Totenkommunikation zusammenfinden. Gerne auch in Kirchen und mit Medien, die ihnen dann Botschaften ihrer verstorbenen Familienmitglieder senden.

Beispiel: »Darling, mach deinen Fünf-Uhr-Tee mal nicht ganz so stark und iss weniger Shortbread!« oder »Unser nach mir verstorbener Hund leistet mir im Jenseits exzellente Gesellschaft!«

Engländer haben ja bekanntlich diesen Humor, der so erfrischend sein kann wie der junge Hugh Grant in »Vier Hochzeiten und ein Todesfall«: Er wickelt einen einfach um den Finger. *Not always, dear, but a lot of times.* Übrigens sind die Geisterkirchen mit der normalen Kirche dort gleichgestellt. Es gibt die gleichen Steuervergünstigungen wie bei Normalgläubigen, und heiraten kann man bei dem Verein auch. Dann ist vielleicht sogar die verstorbene Schwiegermutter via Medium dabei. Wer weiß das schon so genau? Und so teuer ist der Spaß nicht. 20,50 Euro soll eine einstündige Geisterkommunikation kosten. Geht ja eigentlich. Ja, ich grinse gerade trotz des todernsten Themas meine Tastatur an.

Aber zurück zu meiner Freundin Caro, die ein Gestüt an der Ostsee betreibt, das schon seit Generationen in Familienbesitz ist. Der »Hof am See« liegt idyllisch am Hemmelsdorfer See, einen Steinwurf vom Timmendorfer Strand entfernt, und man könnte sagen: Hier ist die Welt noch in Ordnung. Pferde werden hier zu gemütlich kauenden Greisen und entschweben nach einem Leben auf dem Ponyhof altersschwach in den Pferdehimmel. Leider gilt das nicht für Cliff. Das Pony von Caros Sohn Benni bekommt eine Darmverschlingung und verabschiedet sich ganz plötzlich und chancenlos. Keiner weiß, wie so etwas entsteht, und helfen kann dem armen Tier leider auch keiner mehr.

Und trotz aller Trauer stellt Caros Sohn Benni, mit dem ich meine Große insgeheim verlobt habe, gegenüber seiner Mama klar: »Ich mache weiter. Suchen wir ein neues Pony!«

Wochenlang klicken sie sich durchs Internet, stolpern aber über kein Pony, das zu ihnen zu passen scheint.

»Wir geben auf, Benni«, sagt Caro eines Abends entnervt.

Sie ist Pferdeprofi, ausgebildete Pferdewirtin, ausgezeichnete Reiterin. Wenn sie kein gutes Pony findet, dann gibt es auch keins auf dem Markt, möchte ich sagen.

Benni, 10, legt nur die Handinnenflächen aufeinander und sagt: »Cliff, bitte hilf uns, ein Pony zu finden.«

Caro öffnet gerührt zum allerletzten Mal den Laptop, und da ist er: Das erste Bild zeigt einen Schimmel, Little Pushkin, Alter, Maße, Ausbildung perfekt. Doch sie ist zu müde für eine direkte Kontaktaufnahme.

»Ich schreibe den Besitzer morgen an, okay?«

Zwölf Stunden später ist das Bild des Ponys aus dem Netz verschwunden – ich bin zum Kaffee da, und Caro erzählt mir ganz ungläubig: »Ich dachte schon, ich hätte es geträumt.«

Dennoch schreibt sie dem Verkäufer eine WhatsApp-Nachricht. Keine Antwort. Der Hoffnungsschimmer verblasst.

»Tut mir leid«, sage ich mitfühlend. »Vielleicht sollte es nicht sein.«

Zwei Tage später ruft mich Caro an: »Benni hat wieder mit Cliff gesprochen, ihn um ein Zeichen gebeten, ob Little Pushkin unser Pony ist. Und weißt du, was eine Minute später passiert ist? Mein Telefon hat geklingelt. Wir durften ihn probereiten!«

»Das gibt's ja nicht!« Ich muss lachen. »Und seid ihr hingefahren?«

»Ja, der Funke ist irgendwie sofort übergesprungen. Als Benni ihn testgeritten hat, ging wie aus dem Nichts die Reithallentür auf, obwohl sich kein Lüftchen regte und niemand die Tür berührt hatte, die Sonne fiel herein, und Benni sagte nur: ›Mama, das ist Cliff. Der ist einverstanden!‹ Wir haben Pushkin gleich mitgenommen. Er scheint wie von Cliff geschickt. Er passt auf Benni auf – ist vorsichtig mit ihm, läuft ihm wie ein Hund hinterher, die Chemie stimmt, wie mit Cliff, nur fast noch mehr.«

Ob Cliff Pushkin nun geschickt hat? Wir rätseln immer noch. Aber die Geschichte ist einfach zu schön, um sie nicht weiterzuerzählen. PS: Mama, lass mal wieder ein paar Glühbirnen explodieren. Ist kein Problem! Ich hab ja noch Hamstervorräte!

# Du bist, was du isst! Aber bitte nicht zu viel Tamas!

Meine Jeans riecht nach Bier, Adrenalin liegt in der Luft, und um uns herum hüpfen und grölen Männer! Ja, hin und wieder schleppt mich Kathrin ins Stadion, und dann muss ich ein Spiel des FC St. Pauli absitzen. Und ich muss gestehen: Ich finde das höchst amüsant. Nicht die Nummer mit dem Ball – alles andere. Fußball ist einfach klasse: Er vereint alle. Vom Fließbandarbeiter bis hin zum Vorstand – Hauptsache, das Runde kommt ins Eckige und man kann dabei so richtig schön abgehen. Neben mir sitzen Ecki und Carsten, gerade kennengelernt, weil Ecki vor lauter Jubelei meine Jeans biergeduscht hat. Auch okay. Es ist ein warmer Spätsommertag, und er hat sich so niedlich gefreut, dass ich ihm nicht böse sein kann. Ecki ist eigentlich im Beschwerdemanagement eines der größten und schicksten Hotels Hamburgs und muss den ganzen Tag in feinen Anzügen anderen Anzugträgern mit Stock im Hintern erklären, warum jetzt beim Lüften ein Fussel aufs Kopfkissen geweht ist, warum der Zimmerservice den Waschlappen nicht ausgetauscht hat oder warum der Schampus nicht exakt auf acht Grad gekühlt gewesen ist. Jetzt trägt er Hoodie und Jeans und hat seinen Freund Carsten dabei, seines Zeichens Sommelier, den er bei jedem Tor umarmen muss, wenn er nicht gerade mit dem Bier hüpft.

»Ich hole uns mal einen Hotdog!«, brülle ich Kathrin ins Ohr.

Die nickt nur und verfolgt mit der Zunge zwischen den Zähnen das Match. Ich kämpfe mich also durch die jubelnden Massen zum Hotdog-Stand. Das Schöne: Ich bin sofort dran und stehe fix wieder vor Kathrin. »Hier!«, schreie ich und drücke ihr den Hotdog in die Hand. Und stelle fest: Sie bewegt sich nicht. Was ist da los?

»Kathrin, alles okay?«, rufe ich in ihr Ohr.

»Ja, eigentlich schon, ich habe so einen Hunger … aber ich kann das nicht essen!«

»Wieso nicht? Bist du auf Diät oder hast du neuerdings kein Gebiss mehr?«, frage ich zwinkernd.

»Das erhöht Tamas!«

»Bitte was?«

Kathrin seufzt und setzt sich auf ihren Plastikschalensitz. »Ich will doch mehr Qualität in mein Leben bringen. Und neulich hat mein Coach gesagt, dass uns bestimmte Lebensmittel vom bewussten Leben abhalten, die Spiritualität kaputt machen. Fleisch und Zucker stehen ganz oben auf der No-go-Liste. Auch Zwiebeln, Knoblauch und Pilze. Möglichst vegetarisch soll ich essen – das ist sattvischer und hat weniger Rajas-Tamas-Komponenten.«

»Prinzipiell finde ich den Ansatz gut! Fleisch zu reduzieren ist aus tausend Gründen richtig, und Zucker braucht auch kein Mensch – theoretisch. Aber Knoblauch und Zwiebeln? Und im Stadion auf den obligatorischen Hotdog von unserem Stand verzichten? Und was ist sattvisch?«

»Die Sattva-Komponente ist die feinstofflichste Komponente. Die macht uns zufrieden, glücklich und ausgeglichen – macht uns spirituell. Rajas sorgt für den Fluss – aber nicht nur im positiven

Sinne. Denn wer zu viel Tamas zu sich nimmt, die niedrigste Komponente, bringt hier mehr Bewegung rein: Tamas macht gierig, faul, launisch und lässt einen an den weltlichen Zwängen festhalten.«

»Okay, Liebelein, dann übernehm ich das für dich!«, meint Ecki von hinten. »Darf ich? Ich sterbe vor Hunger!« Er nimmt ihr sanft, aber bestimmt den Hotdog aus den Händen und beißt hinein. »Köstlich!«

»Oh, kann ich auch mal kosten, mein Herz?«, kommt Carsten von der anderen Seite.

Kathrin guckt mich an, als wüsste sie gar nicht, wie sie darauf reagieren soll.

Ich muss lachen. »Na ja, ich kann sie verstehen. Soll ich dir etwas anderes holen? Wobei: Hier gibt es nur Tamas mit Mayo oder Ketchup – fürchte ich.«

»Tooooooorrrrr!«, brüllen die Herren um uns herum, ein paar von Eckis Röstzwiebeln prasseln uns auf die Schultern, und Kathrin seufzt: »Und ich habe auch noch so Lust auf eine Cola!«

»Das ist ziemlich Tamas, oder?«, erkundige ich mich.

»Ja …«

Halbzeit! Statt mit der Masse zu strömen, bleiben wir sitzen. Carsten und Ecki, die wir zwar erst knappe fünfundvierzig Minuten kennen, die aber schon fast zur Familie gehören, sind ebenfalls voll involviert.

»Weißt du, Kathrin, ich kenne dich zwar noch nicht lange«, fängt Ecki an, »aber du scheinst mir eine kluge, tatkräftige und obendrein attraktive Frau mit den richtigen Interessen zu sein. Du musst dir das Leben doch nicht so schwer machen.«

Irgendwie süß, denke ich.

»Ich bin auch ein spiritueller Typ, schau!« Stolz zeigt er ein Chakra-Armband und knöpft kurz sein maßgeschneidertes Hemd ein bisschen auf, um sein blumenumrahmtes

»Om«-Tattoo, das Symbol vollkommener Entspannung und Entschleunigung, auf dem linken Schulterblatt zu demonstrieren.

»Aber sind Tattoos nicht eigentlich alles andere als spirituell?«, necke ich ihn.

»Stimmt, aber es muss ja auch noch Spaß machen, oder? Bin auch gerügt worden von meiner Esoterikmännergruppe. Angeblich verliert man seine Offenheit, wenn man seinen Körper plakatiert, und bleibt in seiner Entwicklung stehen – aber weißt du was? Ist mir wurscht! Carsten und ich lieben das Tattoo. Er hat auch eins, aber da, wo nur ich es sehe.«

»Okay, genug der Info!«, ruft Kathrin.

Anpfiff! Während die zweite Halbzeit läuft, überlege ich, welche Blüten die ganze Selbstfindung so treiben kann. Ich bin ein Fan von gesunder Ernährung, möglichst bio und regional, und dafür gebe ich auch mehr Geld aus. Es gibt mir ein gutes und sicheres Gefühl, wenn ich weiß, dass die Kinder am Wochenende keine mit Schadstoffen belasteten Eier frühstücken, in ihren Brotdosen gesundes Haferbrot vom Biobäcker liegt und wir Weintrauben ohne Pestizide naschen. Aber wir essen eben auch Eierkuchen – wenn auch mit Dinkelmehl und Hafermilch – und Eis. Oder wie Karlotta immer ihren Lieblingsspruch zitiert: »Schokolade ist doch quasi die Entschuldigung dafür, dass es Brokkoli gibt.«

Ich bin nämlich davon überzeugt, dass Kinder, die zu kurz gehalten werden, bei ihren Freunden oder später im Studium so richtig aufdrehen. Das werden dann so Kühlschrankjunkies, die immer mit der Frage die Schuhe ausziehen: »Hast du Nutella-Toastbrot-Tiefkühlpizza da?« Und dann fressen sie anderen Leuten die ungesunden Haare vom Kopf oder ernähren sich in ihren Zwanzigern nur von Matsche aus Aluminiumschalen. Deshalb gibt es bei mir kein radikales Fast-Food-Verbot. Mal davon abgesehen, dass ich auch gerne mal einen kleinen ungesunden Ausflug einschiebe. Schon allein wegen meiner schönen Kindheitserinnerungen. Als man noch alles essen konnte und keiner über Glutensensitivität sprach. Die gibt es zwar definitiv – ich gehöre leider auch zu den Betroffenen –, aber als Ausnahme oder in Sauerteigform alles im gesunden Rahmen. Essen sollte gesund sein – aber keine permanente Selbstkasteiung. Finde ich. Mein morgendlicher Smoothie hat richtig Suchtfaktor. Trinke ich gerne. Theresa auch. Zwei Fliegen mit einer Klappe. Ha!

»Kathrin, der Ansatz ist ja richtig. Allein aus gesundheitlicher Sicht. Aber meinst du, deine Spiritualität leidet so sehr, wenn du dir hin und wieder eine Ausnahme erlaubst? Du kannst nicht immer alles perfekt machen. Neulich hast du gesagt, die sinnvollste Zeit, die energetische Wirkung der Sonne mitzunehmen, seien Sonnenaufgang und -untergang. Aber entweder hast du da keine Zeit oder schläfst noch. Du willst eigentlich um fünf aufstehen und deine neue Morgenroutine leben, aber irgendwie bist du da meist noch zu müde. Und du willst jetzt immer aufhören zu essen, wenn du zu sechzig bis siebzig Prozent satt bist, und isst möglichst tamasfrei. Solange dir das alles Freude bereitet – mach das. Aber wenn es Quälerei ist und dich eher Kraft kostet – vielleicht mal überdenken und doch mal Ausnahmen integrieren?«

Hinter mir stehen Ecki und Carsten wie Engel links, Teufel rechts und nicken dazu. »Fußball als Zuschauer ist bestimmt auch Tamas – sattvischer wäre es, selbst dem Ball hinterherzurennen. Aber das können wir ja morgen machen. Heute ist Tamas dran!«, beschließt Ecki und zeigt zwinkernd ein Zahnpastalächeln wie aus einer Achtzigerjahre-Werbung.

»Okay!«, meint Kathrin, stibitzt sich meinen letzten, kalten Happen und erklärt unter Kauen: »Ich muss noch mal kurz weg. Will noch jemand einen Hotdog oder eine Limo?«

# FLICK DICH! ODER: WIE »KINTSUGI« DEIN LEBEN VEREDELT!

10.00 Uhr. Hamburg. In einer japanisch-deutschen Kulturwerkstatt irgendwo in St. Pauli. Vor einem Scherbenhaufen. Kathrin, Sascha und ich sitzen wie die Hühner auf der Stange nebeneinander und schauen auf unser Zerbrochenes.

»Meine Mutter fände es bestimmt prima, dass ich hier sitze mit Onkel Theodors altem Familienwappen-Aschenbecher. Aber ich bin noch nicht so weit. Stört es euch, wenn ich eine rauchen gehe?«

»Sascha, wo willst du denn hin?«, fragt Isoko, unsere Kursleiterin, bei der wir immer noch rätseln, wie alt sie ist, und ob grüner Tee gepaart mit japanischer Weisheit alterslos macht. Leichtfüßig und optisch wie eine junge Yoko Ono, schwebt sie zwischen uns hin und her, lächelt und schenkt Tee nach, den wir aus kleinen Teeschalen trinken. Würde sie dazu noch singen, sie hätte mit ihren großen Augen etwas von einer japanischen Disneyprinzessin. Ich bin ihr sofort verfallen und nehme mir gleich vor, ihr ganzes Wissen zu inhalieren, nur noch schwarz zu tragen und meine Fußsohlen nicht mehr auf den Boden aufzusetzen. Ob die anderen zwölf Teilnehmer das auch denken? Die sind so ruhig, dass ich sie kaum wahrnehme.

»Sehen alle aus wie Lehrer, die morgens mit Hirsebrei in den Tag starten und mit Liegerad und eng anliegendem Kinnriemen hierhergeradelt sind!«, stellte Sascha zu Beginn mit Kennerblick fest.

Zugegeben, der ein oder andere Teilnehmer kommt dem nah, aber das kann uns ja egal sein.

Dreimal darfst du raten, welche Schlangenteekannenbesitzerin uns mitgeschleppt hat. Vor mir liegt eine altenglische Dessertplatte meiner Mama, leider in vier Teilen, weil sie mir Weihnachten nach der Truthahnsause aus den Handtuchfingern geglitten ist. Das tat weh, zumal es unser Weihnachtsgeschirr ist, das Mama zu Lebzeiten immer nur am 24. und 25. Dezember aufgefahren hat. Blau-weiß mit einem feinen Goldrand. Und da Gold hier und heute noch eine Rolle spielen wird, fand ich es umso passender.

Kathrin sitzt vor einem asiatischen Scherbenhaufen mit lauter Schlangenköpfen, Schriftzeichen und reliefähnlichen Noppen. Ursprünglich war er mal eine Teekanne. »Die hässlichste, die ich je gesehen habe …«, meint sie lachend, als ich das Entsetzen in meinen Augen nicht mehr länger verbergen kann. »Aber ich habe sie von meiner japanischen Ex-Kollegin Kyoko geschenkt bekommen und habe nur gute Erinnerungen an unsere gemeinsamen Teemomente. Ich glaube, die Kanne hat mir immer Glück gebracht. Bis sie mir runtergefallen ist. Deswegen muss ich sie wieder kleben.«

Ich bin immer noch überrascht, denn tatsächlich hat die Kanne einen wenig subtilen Gruselfaktor. Kurz vor Chucky, der Mörderpuppe, und »Herr der Ringe«-Gollum in Porzellanform. Würde mich auch nicht wundern, wenn gleich ein Mädchen mit nassen, langen Haaren den Deckel zur Seite schieben und uns in die ewige Dunkelheit im Inneren ziehen würde: Der Hals oder besser gesagt die Schnauze – ein goldener Schlangenkopf kurz vor der Giftzahnattacke – erinnert mich eher an Tee mit dem Todfeind, der bitte umgehend ein Ende finden soll. Das

Relief ist ein Schlangenkörper, was mir erst allmählich klar wird, während ich das Kannenbiest studiere. Unter der Schlange, die sich um die ganze Kanne windet, sitzt eine dicke Japanerin in verblassender Herrengesellschaft mit einem güldenen Fächer auf bunten Kissen, aber so richtig happy sieht sie nicht aus. Die Herren auch nicht. »Und du bist sicher, dass die Kollegin nicht dein baldiges Ableben im Sinn hatte?«

Kathrin lacht so laut, dass Yoko Ono alias Isoko herumfährt und uns sanft, aber bestimmt zum Schweigen bringt.

In Hamburg fallen die ersten Regentropfen des Tages, als wir unsere Unterweisung in »Kintsugi« bekommen.

Sogar Sascha ist etwas schockverliebt in unsere Yoko-Isoko – er hört ganz still und konzentriert zu, ohne sich die Brille von der Nase zu nehmen und die Augen zu reiben oder den Siegelring zu wienern, was er sonst gerne mal tut, wenn es öde wird. Stattdessen sitzt er ganz entspannt da, Chinohosen-Beine übereinandergeschlagen, die totale Aufmerksamkeit.

Aber schwierig ist das auch nicht, denn Yoko-Isoko wirkt so strahlend und resilient, dass man sie einfach nur einatmen möchte.

»Das Leben ist ein Scherbenhaufen! Und das ist vollkommen in Ordnung so!«, sagt sie und lächelt. »In Japan hat die Scherbenkunst eine lange Tradition und reicht bis ins fünfzehnte Jahrhundert zurück, denn Bruchstellen bringen uns erst richtig zum Leuchten, weil aus Scherben immer wieder Neues entsteht. Das gilt auch für euer mitgebrachtes Porzellan, das wir heute mit Urushi-Kittmasse wieder zusammenfügen werden. Ihr werdet merken, ihr werdet dabei auch innerlich heilen, denn wir werden euer inneres Stehaufmännchen dabei wachküssen.«

»Küssen?«, fragt Sascha plötzlich laut, der wohl doch nicht so aufmerksam zugehört, sondern sich eher einem Tagtraum hingegeben hat.

Kathrin und ich gucken uns grinsend an.

»Ja, Sascha, auch deine Seele wird heute geküsst!«, erklärt unsere Kursleiterin mit japanischem Augenaufschlag, was mich ganz sicher sein lässt: Sascha wird heute definitiv ein Abenteuer erleben, während Kathrin und ich eher mit Allgemeinwissen glänzen können. Wir lernen, dass *kin* das japanische Wort für Gold ist und *tsugi* Verbindung bedeutet. Logisch, denn wir flicken heute mit einem Speziallack aus feinstem Pulvergold. Unsere zerbrochenen Gegenstände werden auf diese Weise noch wertvoller, und wir lernen die mit der Wabi-Sabi-Ästhetik verbundene Wertschätzung der Einfachheit und Fehlerhaftigkeit der Dinge. Spuren der Zeit, Fehler, Verschleiß, alles ist schön, weil es der Zeit unterliegt. Seelisch wie haptisch.

Finde ich prinzipiell ganz sympathisch.

Die Idee dahinter: Zeigt her eure Wunden! Heilt zerbrochene Teller, Tassen und dabei eure Seele. Du willst lieber alles ungeschehen machen, kaschieren und verbergen? Lass mal! Das Leben ist zerbrechlich. Nimm die Bruchverläufe einfach an, heb sie lieber mit Gold hervor, veredle sie und verleihe ihnen neue Schönheit, eine neue Bedeutung.

»Es kommt ein neuer Tag, eine neue Nacht, und Scherben sind nicht das Ende, sondern der Anfang. Auf Neudeutsch nennt man das wohl Upcycling!«, philosophiert Sascha leicht ironisch, während er Onkel Theodors Aschenbecher säubert, der erste Schritt zum neuen Porzellanglück.

»Sei behutsam, achtsam, sei eins mit der Zeit«, flüstert ihm Yoko-Isoko ins Ohr, und ich frage mich, ob das jetzt philosophisch oder ein Teaser war.

»Du hast nicht zufällig einen Bruder, der Single ist und auch Kintsugi-Workshops anbietet?«, fragt Kathrin gleich hinterher, die offenbar ähnliche Gedanken hatte.

Der Regen trommelt auf das Oberlicht und untermalt die Stille. Fünfzehn Menschen fügen zusammen, was mal zusammengehörte. Wir fühlen das kühle Porzellan beim Säubern, die

Bruchkanten, überlegen, welche Seiten sich zusammenstecken lassen. In Kathrins Fall, welcher Schlangenkopf Hals und welcher Deckel ist.

»Und wenn ihr das Gold auf die vermeintlich schadhaften Stellen auftragt, tragt ihr gleichzeitig euer inneres Licht und eure Erkenntnis auf. Überlegt euch, ob die Brüche in eurem Leben einem Muster folgen. Gibt es Probleme, Themen, Traumata, die immer wiederkommen? Muster und Gewohnheiten, die ihr angenommen, von anderen adaptiert habt? Dann lasst sie los! Befreit euch von Überflüssigem, wenn ihr den überschüssigen Lack wegschmirgelt! Etwas reparieren kann wie eine Herzöffnung sein. Unser Herz heilt dabei. Wir tragen Erinnerungen ab und geben frischer Magie neuen Raum.«

Yoko-Isoko bleibt vor Kathrins Kannenbiest stehen: »Da hast du aber ein schweres Objekt mitgebracht. Das sind sehr viele Teile. Eigentlich stand in der Kursbeschreibung nur maximal vier bis fünf Scherben.«

»Heißt das, ich bin ein hoffnungsloser Fall?«, fragt Kathrin mit scheuem Blick und zitterndem Kinn.

»Nein, nein, wir schaffen das. Meine Oma hatte auch so eine. Ich helfe dir. Auch deine Risse werden gekittet.«

Und so sitzt Yoko-Isoko gleich darauf zwischen Sascha und Kathrin und bringt nicht nur die Schlangenköpfe wieder zum Leuchten.

Ich muss gestehen, dass ich mich dem Zauber auch nicht ganz entziehen kann, als ich den Goldstaub mit meinem feinen Pinsel auftrage. Allerdings liegt das sicherlich auch an der Atmosphäre und an unserem Coach. Stünde vor uns ein lispelnder Peter Müller mit Oberlippenbart – es wäre nicht das Gleiche. Wie immer im Leben steht und fällt alles mit den Menschen, mit denen man seine Mini-Metamorphosen des Alltags durchlebt. Neben mir züngeln wieder ganze Schlangenköpfe, ein alter Wappen-Aschenbecher animiert erneut zum geselligen Tod auf

Raten, und mein altenglisches Serviceteil leuchtet mit seinen Goldadern.

Ein erster Sonnenstrahl fällt durchs Oberlicht. »Spürt ruhig tief hinein in euch. Spürt die Transformation. Ihr habt nicht nur etwas repariert, ihr habt etwas Neues erschaffen. Spürt euer inneres Kind. Wie glücklich es ist.«

Ha! Da war's wieder! Das innere Kind bastelt eben gerne und transformiert so seine Wunden in Narben, mit denen man super auf dem Schulhof angeben könnte.

Kathrins Kanne ist fertig, und Kathrin selbst sieht wirklich zufrieden aus, als sie sagt: »Wunderschön unperfekt!«

»Wie du!«, sagt Sascha.

»Meinst du jetzt echt mich?«, fragt Kathrin nicht mehr ganz so zufrieden.

»Ja. Nein. Ich meine … ach, egal. Kathrin! Du weißt doch, wie ich das meine, mein Häschen!« Er drückt sie kurz, und Yoko-Isoko wirft uns einen prüfenden Blick von ihrem Standort drei Tische weiter aus zu.

Am Ende fragt sie in die Runde: »Wie fühlt ihr euch nach unserem Ritual? Möchte jemand etwas sagen?«

»Ja, ich habe mich total entspannt und Gedankenbarrieren abgebaut. Ich werde als jemand anderes diesen Raum verlassen. Danke dafür!«, erklärt eine Frau neben mir, die mich an meine Töpferlehrerin aus Kindertagen erinnert.

»Geht mir ähnlich. Ich konnte endlich meine Sehnsüchte spüren. Ich werde meinen Job kündigen und mich von meinem Mann trennen«, verkündet eine Frau mit strengem Bob vor uns.

»Tja. Dann …« Yoko-Isoko lächelt zum ersten Mal mit einem leichten Fragezeichen im Gesicht, bevor eine weitere Kursteilnehmerin konstatiert: »Ich weiß jetzt, wie sehr ich diesen Milchgießer hasse und dass es nicht nötig ist, alles im Leben zu kitten. Aber ich fühle mich dadurch mehr als befreit.«

»Wie war es für dich, Anna?«

Ich bin dran! Himmel! »Es war eine tolle Atmosphäre«, sage ich. »Und ich bin immer für ›Aus Zerbrochen mach Neu‹: Gilt für Hausputz in der Seele wie für Geschirr, an dem mein Herz hängt. Ich liebe Neuanfänge und Traditionen, und ab heute vergoldete Erinnerungen.«

»Das ist ein schönes Fazit. Gefällt mir.« Yoko-Isoko zwinkert mir zu und sieht dann Sascha an. »Und wie war es für dich?«

»So wie für dich. Heute Abend um halb acht etwas Kimchi und danach selbst gemachtes Milch-Kanten bei mir?«

# Lebst du nach dem Mondkalender? Oder: Was kümmert's den Mond, wenn ihn der Mops anbellt?

Es gibt ja diese Momente im Leben, von denen man nichts erwartet, und plötzlich entpuppen sie sich als relativ interessant. Der Moment, als sich Theresa im Großmarkt in der Bioabteilung auf den Boden wirft und einen Wutanfall bekommt, ist so einer. Denn plötzlich taucht diese Frau hinter dem Getränkeregal auf. Vermutlich Ende 50, grauer Lockenkopf, akkurat getuschte Wimpern mit Lidstrich, roter Lippenstift, Schwarzkomplettlook. Ein bisschen wie Cruella de Vil aus »101 Dalmatiner«, nur in sympathisch.

Ich spüre ihren Blick und sage entschuldigend: »Ich fürchte, da ist jemand ziemlich müde.«

»Oh nein, das ist ganz normal. Spielen doch gerade alle verrückt. Ist der Schwarzmond«, meint mein Gegenüber und zwinkert mir zu.

»Und ich dachte schon, es ist meine Schuld, weil ich zu spät zum Einkaufen los bin!« Ich muss grinsen.

»Nein, nein, das ist der Mond. Was meinen Sie, warum die zurzeit alle so bekloppt Auto fahren? Die Menschen sind nervös

– aber sie wissen nicht, warum. Die Kraft des Mondes hat es in sich. In fünf Tagen sollte es vorbei sein. Bis dahin müssen wir da durch!«

»Theresa!« Jetzt ist mein kleines Motzkind auch noch hinter den Mehlsorten abgetaucht. Als ich sie wieder entdecke und mich umdrehe, ist die Frau verschwunden. Kurz frage ich mich, ob ich vielleicht einer Fata Morgana aufgesessen bin, denn ich mache oft mal den Fehler, hungrig einkaufen zu gehen, aber sie schien mir doch ziemlich real.

»Hat Theresa wieder die Krise?«, fragt Jenz, der mir mit einer Kiste Biosäfte entgegenkommt.

»Nee, ist nur der Mond!«, antworte ich grinsend.

Als ich ihn später im Auto aufkläre, nickt er nur. »Kann schon sein. Der Mond hat auf jeden Fall einen Einfluss. Ebbe und Flut kommen schließlich nicht von irgendwoher. Ich persönlich fühle mich ja in Vollmondnächten besonders gut.«

»Im Gegensatz zu mir – ich liege dann gern mal stundenlang wach«, sage ich. Und beschließe, mich demnächst dem Mond zu widmen.

Ich recherchiere und lerne dabei Folgendes:

Der Mond durchläuft vier Phasen in der Zeit, in der er die Erde umrundet, und jede dieser vier Phasen wirkt sich laut Experten direkt auf unser Leben aus:

Neumond ist zum Beispiel spitze für einen Neubeginn. Herumdiäten, Fasten, Operationen, deinen Charakter überarbeiten, alles optimal jetzt.

Bei zunehmendem Mond sieht das wiederum anders aus: Angeblich braucht man Schokolade dann nur anzusehen, und das Extrakilo sitzt auf der Hüfte, dafür bringen Sport und Beautybehandlungen ebenfalls doppelt so viel. Und Pflanzen lassen sich tipptopp umtopfen.

Während des Vollmonds kommen laut den Fans unseres Erdtrabanten mehr Kinder zur Welt, Alkohol berauscht intensiver, und wir schlafen häufig mieser, sind nervös oder wälzen uns eben auf Supermarktböden herum, wenn wir unter drei sind. Mondprofis essen in dieser Phase möglichst wenig, abends gar nix mehr und saftkuren vor sich hin.

Abnehmender Mond bringt uns dann wieder mehr Energie: Wenn der Trabant sich verdünnisiert, ist auch für uns alles einfacher. Wir sind leichter, kreativer und flotter. Haare schneiden dagegen ist in der zunehmenden Phase empfehlenswert. Zumindest wenn dein Friseur sich selbst verwirklicht hat und du dir danach am liebsten die Haare anzünden würdest, alles nicht so wild, sie wachsen dann schneller und dichter wieder nach. Die Problembären an der Wäschefront wiederum lassen sich angeblich besser bei abnehmendem Mond waschen, auch die hartnäckigen Flecken gehen jetzt raus. Wenn das die Waschmittelhersteller wüssten! Der Mond wäscht rein, nicht das Pulver! Obst hält länger, zum richtigen Zeitpunkt geputzt, bleiben die Fenster länger sauber, Hausbau und Renovierung gehen giftfrei über die Bühne, Pflanzen wurzeln besser an. Einkochen, Rasen mähen, verreisen, lagern, Gesichtspackungen, Haare schneiden, Maniküre, Kindermachen, Wohnungssuche, gebären, abstillen, Zähne ziehen, der perfekte Sommerteint, Malerarbeiten – alles läuft wie geschnitten Brot, wenn der Himmelskörper mitmacht.

Wer hätte das gedacht!

Ab sofort beginnt die Mondtestphase: Ich lege das nächste Fensterputzen, meinen Friseurtermin bei Coiffeur Sascha und meine nahende Mandel-OP günstig und kaufe ein paar uneingeweihten und nicht erdtrabanterfahrenen Freundinnen Mondkalender – die sollen das bitte auch testen.

Wer mich echt überrascht, ist meine so gar nicht hinter dem Mond lebende Freundin Freddy, 41, Zweifachmama, Radiomoderatorin, im Gegensatz zum Rest Mondexpertin, obwohl sie ihr Know-how als »gefährliches Halbwissen«

deklariert. Sie hat gleich die passende App auf ihrem Handy und schon Zusammenhänge hergestellt: »Da steht jeden Tag drin, was man machen oder lassen sollte. Zum Beispiel Haare waschen, Betten lüften, Beine rasieren. Und ich weiß, dass man bei zunehmendem Mond zu- und bei abnehmendem Mond abnimmt. Bei Vollmond schlaf ich schlecht, und kurz vor Vollmond streite ich mich meist mit dem Gatten.«

Als ich das nächste Mal bei Sascha auf dem Friseurstuhl sitze, bin ich fast versucht, ihn einzuweihen, überlege es mir dann aber doch anders.

Schließlich spricht man dem besten Friseur Hamburgs ja nicht seine Fähigkeiten ab, indem man ihm mit dem Mond kommt! Mal davon abgesehen gehe ich seit über fünfzehn Jahren zu ihm – und so ist auch diesmal das Ergebnis Spitze wie immer. Der Schnitt hält auch genauso lange wie immer. Kein Treffer. Die Fenster glänzen nach dem Wienern, aber nach dem ersten Guss eben mit Regentropfen. Woher weiß ich jetzt, dass die Streifenfreiheit dieses Mal länger gewährt hat? Die Mandel-OP verläuft ebenfalls so komplikationslos und ekelhaft, wie sie bei einer Patientin mit Ende dreißig eben über die Bühne gehen kann. Aber unauffällig. Ob ich das jetzt dem Operateur, meiner Privatversicherung oder dem Mond verdanke? Man weiß es nicht. Die einen munkeln so, die anderen so.

Und jetzt? Anruf bei meinen frischgebackenen Mondmädels! »Also?«, frage ich Julia, 39, Mutter, Ferienwohnungsunternehmerin, Rockerin und Yoga-Fan.

»Sorry, hab einmal reingeschaut, aber wusste nicht, was ich testen sollte. Will ja nicht verzweifelt schwanger werden und warte auch nicht auf den richtigen Tag, um mir die Haare zu färben. Ich baue, wenn der Bauantrag genehmigt ist, und Dates habe ich keine mehr. Ich bin auch nicht auf Diät. Also was soll ich testen?«

»Hmm. Fenster putzen?«

»Das ist der größte Bullshit, den ich je gehört habe – zumindest das mit den Fenstern. Wer hat schon Zeit, sich danach zu richten? Ist zu Achtziger, das Thema. Vergiss das. Und was Sex angeht: Besser Sex zum Eisprung als nach Mondphase, würde ich sagen!«

Anruf bei Caro, der Gutsbesitzerin:

»Sorry. Nichts getestet. Ich buddle nicht im Garten, ich koche eh kein Obst ein, Bäume schneide ich auch nicht, meine Nägel pflege ich dann, wenn ich Zeit habe. Problemwäsche kenne ich nicht, Gesichtspackungen bitte vor Partys, Fenster machen die Putzfrauen, und die konnten nie zur passenden Mondphase. Abnehmen versuche ich 365 Tage im Jahr, meine Blumen gieße ich täglich und topfe die nie um, weil mir als Landwirtstochter leider trotzdem der grüne Daumen fehlt.«

Den Schluss macht ihre Cousine Ulrike, 50, Mama, Freizeitpark- und Erdbeer-Unternehmerin: »Sorry, nein, hab ich irgendwie nicht gemacht.«

Und da sitze ich nun mit meinen mondabstinenten Freundinnen. Gunilla, die sich ja gerne mit Steinen stärkt und ihren Schmuck mit Salz von Fremdenergien reinigt, findet die Nummer ohnehin etwas lächerlich: »Okay, es geht ums Buch! Ich dachte schon, du machst das jetzt alles ernsthaft! Wusstest du, dass der Mond in der Jägersprache Schweinesonne genannt wird?«

Da Freddy somit die einzige Erdtrabant-Aufsicht zu sein scheint, bitte ich sie um ein Abschlussfazit per WhatsApp:

»Hast du denn je einen Unterschied bemerkt – also, wenn du dich nach dem Mond richtest oder wenn du ihn ignorierst?«

Als Antwort kommt: »Ich kann es nicht so genau sagen. Aber so richtig hab ich auch keinen gemerkt. (Heulender Lachsmiley)«

# WÜNSCHEN WILL GELERNT SEIN!
# ODER: WIE MAN ALS GRASHÜPFER GLAS
## SPRENGT

Ein Vorgarten. Eine Sternschnuppennacht. Kathrin, Dennis, Sascha und ich sitzen in Wolldecken gemummelt vor unserem Haus. Der Grund: meine völlig unspirituell intendierte Einladung zum Wünschen. Mache ich grundsätzlich, und ich muss gestehen, es funktioniert ausgezeichnet mit Parkplätzen, Jobangeboten und Seligkeitsmomenten. Unerfolgreich allerdings bei Steuerrückzahlungen, Bauchmuskeln und Kleinkindmittagsschlaf. Aber man kann ja nicht permanent den Sechser im kosmischen Lotto abgreifen.

Schon meine Mutter sagte gerne: »Sei klug und halte dich an Wunder! Auf die ist Verlass!« Ist natürlich nicht von ihr, sondern von der russischen Autorin Mascha Kaléko, aber eben ein gedanklicher Klassiker, finde ich.

Es sind die ersten spätsommerlichen Nächte, in denen schon die Kühle in der Luft liegt, es erdig duftet und man weiß, bald hocken wir definitiv mehr drinnen als draußen. Aber noch ist es nicht so weit. Heute werden die Perseiden, ein riesiger Sternschnuppenschwarm, ihren ganzen Zauber über uns regnen lassen. Zwischen 22 Uhr und 4 Uhr bis zu einhundert Lichtblitze pro Stunde.

»Wann hat das alles eigentlich angefangen?«, fragt Dennis in die Stille, und ich frage zurück: »Was genau?«

»Dieser Trend zur Achtsamkeit, zur Dankbarkeit, zur Nachhaltigkeit, der Drang, sich von toxischen Menschen verabschieden zu müssen – wer auch immer das genau sein soll –, und diese ganze Selbstfindungsnummer?«

Wir zucken mit den Schultern.

Mit Laura Seiler? Zurückgeschwappt als Gegenwelle zur Digitalisierung und der brechreizerzeugenden Werbung bei Facebook? Als erschöpfte, mit aus dem Mund hängender Zunge gegebene Antwort auf »schneller, höher, weiter«? Eine Weiterentwicklung des *Social Cocooning* mit mehr Sehnsucht nach Heimeligkeit, Hygge und innerem Habitus?

»Vielleicht ist unsere Welt einfach insgesamt zu komplex geworden. Im Prinzip vereinfachen diese Werte alles. Am Ende geht es um das Sich-selbst-zuhören-können, wenn alle um dich herum brüllen«, überlege ich laut. »Und wer sehnt sich nicht nach Einfachheit? Ich nehme mich da nicht aus.«

Sascha ergänzt: »Eigentlich ist es wie mit den Klassikern: Wer will schon ständig einen neuen Reisekoffer, wenn er einfach zu Mamas Hermès greifen kann? Das ist Stil und Nachhaltigkeit, Tradition. Und Sinnhaftigkeit stiftet Glück. Prost!«

Darauf stoßen wir an, als plötzlich über uns eine Sternschnuppe vom Himmel fällt.

Stille.

Alle wünschen. Oder geben zumindest denjenigen von uns, die es tun, den Moment dafür.

»Dabei ist das eigentlich Blödsinn.« Kathrin lacht.

»Wieso, Liebes?«, fragt Sascha. »Was kann an unserer Zusammenkunft Blödsinn sein?«

»Genau! Da ruderst du mal besser ganz fix zurück!«
Dennis spielt den Entrüsteten.

»Na ja, Fakt ist, das Universum matcht ja nicht das, was ich mir wünsche, es matcht meine Energie. Wenn ich energetisch ganz woanders bin und nicht wirklich an meine Wünsche glauben kann, kann ich da auch nie hinkommen. Ist doch logisch. Wenn ich es nicht konkret vor mir sehe und meine Wünsche nicht auf meine Bewusstseinsebene anheben kann, sondern nur so vor mich hin wünsche mit meinem Sternschnuppenblick und meinem Glas Biolimo – was soll das bringen?«

»Es bringt gute Gesellschaft! Nämlich unsere! Und wenn man sich etwas wünscht, lenkt man dann nicht auch seine seelische Kraft in diese Richtung?«, frage ich zurück.

Kathrin schaut mich an, als dächte sie, ich hätte ihre Ausführungen nicht verstanden. Also rede ich gleich weiter: »Ich weiß, was du meinst. Aber dennoch glaube ich an einen Mix. Man kann sich etwas wünschen, etwas dafür tun, auch richtig kämpfen, aber man darf auch ein paar Zweifel haben. Ein bisschen Glück gehört doch auch immer dazu, genau wie eine gute Haltung. Wenn es dann nicht hinhaut – was auch immer –, hat man es immerhin versucht. Und dann kommt etwas anderes.«

»Genau!«, pflichtet Dennis mir bei. »Dann wollte das Universum eben nicht, dass dein Wunsch sich erfüllt, aber bestimmt auch nur, weil die Nichterfüllung besser für dich ist.«

»Kennt jemand die Grashüpfer-Theorie?«, fragt Kathrin beim Schein unserer Kerzen, die dabei aufflackern, als wollten sie uns warnen.

»Nein, schieß los!«, fordern wir sie auf.

Kathrin erzählt uns von ihrer neuesten Lektion: einem Experiment, von dem sie in einem Podcast gehört hat. Wissenschaftler setzten dabei Grashüpfer in ein Terrarium. Beim ersten Mal hüpften die possierlichen Tierchen natürlich alle flott wieder raus. Liegt ja in ihrer Natur. Beim zweiten Mal legten die Grashüpfer-Experten dann eine Glasscheibe aufs Terrarium. Ergebnis: Die Grashüpfer sprangen gegen das Glas, taten sich weh, gaben irgendwann auf. Im nächsten Schritt wurde die Glasplatte wieder entfernt, und was taten die Grashüpfer? Sprangen nur noch so hoch, wie die Glasscheibe es vorher zugelassen hatte und blieben somit in ihrem Gefängnis. Gelernt ist gelernt. Ganz schön grausam.

»Quintessenz: Wissenschaftler sind eigentlich pervers und kurz vor Folterknecht!«, fasst Sascha zusammen.

Kathrin widerspricht: »Nein. Es bedeutet: Wir sind die Grashüpfer! Wir hüpfen nur noch bis zur Glasscheibe. Durch Erziehung. Prägung. Aufgrund der Ängste anderer, die sie auf uns projizieren. Wir sind nicht wir selbst. Deshalb arbeite ich ja so hart an mir. Ich möchte wieder ich sein. Mit der Vorstellungskraft, dass alles möglich ist. Damit ich im Inneren beginnen kann, mein perfektes Außen zu schaffen. Aber es ist so schwer.«

»Ich lebe so!«, meint Sascha nur und lehnt sich wieder zurück.

Ich habe einen Kloß im Hals. Ich möchte nicht, dass Kathrin sich so fühlt. Aber kann ich das ändern? Das kann nur sie.

»Und wenn du einfach heute Abend beschließt, dass du die Glasscheibe sprengst? Ab sofort? Bei jeder Gelegenheit?«

»Wie soll das gehen?«, fragt Kathrin.

»Indem du immer einen Schritt weiter gehst, als du es normalerweise tun würdest. Auch wenn es dich anstrengt. Oder auch mal ängstigt. Aber wir sind ja da und stehen hinter dir.«

»Genau! Brillant!«, pflichtet Sascha mir bei. »Ist noch Wein da?«

Kathrin schmunzelt.

»Leute, eine ganz große!«, ruft Dennis.

In dem Moment sehen wir alle vier tatsächlich die schönste Sternschnuppe, die je über unserem Vorgarten vor dem Nachtblau erstrahlt ist. Aber neben mir strahlt noch jemand ganz anderes. Und das war den Wunsch auf jeden Fall wert.

## Schon alle toxischen Menschen abgeschafft? Oder: Wie man auch mit denen umgehen kann

Es gibt ja solche Tage und solche. Heute ist so einer: Ich treffe auf Nicole, eine Bekannte, die vor mir an der Kasse steht. Entkommen unmöglich.

»Annaaaaa!«, schallt es mir entgegen. »Wie geht es dir? Habe ein Foto von dir in der Zeitung gesehen. Das schien aber sehr retuschiert zu sein. Eigentlich siehst du doch ganz anders aus. Wie laufen denn deine Bücher? Neulich sagte jemand, er vermisst dich im TV, aber ich finde, du passt ja viel besser hinter die Tastatur mit deinen ganzen Gedanken und so. Und was machen die Kinder? Schläft die Kleine jetzt durch, oder musst du immer noch um Mitternacht raus wegen des Nachtschrecks?«

Ja, Nicole ist so ein Mensch, der es immer schafft, einem ein *besonders gutes* Gefühl zu geben. Oder wie Kathrin mal sagte: »Sie ist das Paradebeispiel für einen toxischen Menschen, einen Energievampir, wie ein schwarzes Loch, das sich vor dir auftut und dich in ungeahnte Tiefen zieht. Solche Menschen braucht man nicht in seinem Leben.«

Damit hat sie prinzipiell recht. Nicole und ich waren nie befreundet und werden es auch nie sein; wir kennen uns nur über Dritte, die inzwischen auch nicht mehr mit ihr befreundet sind. Nicole ist nämlich immer negativ. Dir ebenso wie der Welt gegenüber. Darf man nicht persönlich nehmen. Vielleicht das innere Kind, das bei ihr schon beim bloßen Einatmen getriggert wird und ausflippt. Man weiß es nicht.

»Die kannst du nur entsorgen, was ärgerlich ist, denn hässlich ist sie nicht!«, hat Dennis es mal ganz männerkompatibel zusammengefasst.

Denn Nicole erinnert ein bisschen an eine mittelalte Kate Moss mit viel Brust. Da ist was dran. Für jeden was dabei. Aber die Toxizität macht eben alles kaputt. Wann wurde es bloß trendy, solche Menschen als toxisch zu bezeichnen? Erinnert mich an schlangenähnliche Geschöpfe mit Giftzähnen, die ihre Hauer in deinen Nacken graben, um dann schnell wieder zurückzuzucken, während du denkst, irgendwas juckt mich da an der Schulter. Und während du dich noch wunderst, was für ein Schmerz da plötzlich vom Nacken durchs Schulterblatt zieht und warum du kurz darauf umfällst, ziehen die Natterngezüchte schon wieder weiter. Dennoch: Diese Giftmetapher passt mir irgendwie nicht.

Neulich hat sich Kathrin nämlich vorgenommen: »Ab sofort streiche ich alle negativen Menschen aus meinem Leben. Die vergiften nur die Atmosphäre, bremsen mich oder werfen mich zurück. Nur die offenen und positiven dürfen bleiben.«

»Aber was ist mit den Menschen, die im Moment eine schlimme Zeit durchmachen? Die es gerade nicht schaffen, offen und positiv zu sein? Die es sich einfach mal so richtig schön schlecht gehen lassen müssen, damit es danach wieder bergauf gehen kann? Die lassen wir jetzt links liegen, damit sie uns nicht runterziehen mit ihrem Elend?«

»Nein, ich meine es ja nicht böse, ich will mich nur selbst schützen«, erklärte Kathrin fast sauer.

Wir saßen über unserem Kaffee, uneins, wie man mit dem Thema umgehen sollte, und ließen es einfach mal so stehen. Anschließend ging ich nachdenklich zum Blumenladen und kaufte viel zu viel Lavendel – wobei man eigentlich nie genug davon haben kann.

Natürlich kann es richtig sein, sich auch mal gegen das Leid der Welt und anderer abzugrenzen, wenn es einem zu viel wird. Weil man selbst erst wieder Kraft tanken muss. Weil man Gefahr läuft, osmotisch die schlechten Gefühle anderer aufzunehmen. Aber: Das ist auch eine Form von Isolation. Vielleicht möchte ich auch Mensch sein, mitfühlen, empathische Diffusion betreiben? Ich liebe meine Freundinnen immer besonders, wenn sie mich anrufen und sagen: »Mir geht es schlecht. Können wir reden?« Oder: »Ich brauche deinen Rat. Kannst du gerade zuhören?« Dann schlägt mein Herz fast schneller, denn gibt es einen größeren Vertrauensbeweis in einer Freundschaft?

Würde meine Freundin Freddy aus Leipzig mich morgens um drei anrufen und fragen: »Kannst du mich abholen? Ich stehe hier irgendwo in der Walachei. Keine Ahnung, wo. Aber kommst du vorbei?« – ich würde sofort losfahren, ohne zu wissen, wohin. Zugegeben: Ich käme wahrscheinlich erst fünf Stunden später an, und vermutlich wäre sie dann schon zu Fuß daheim, aber darum geht es nicht. Für gespieltes Es-geht-mir-ja-so-toll sind mir meine Zeit und meine Freundschaften zu schade. Echte Freundschaft ist für mich Vertrauen, und echte traurige Gefühle von jemandem, den ich wirklich gernhabe, können mich doch eigentlich gar nicht runterziehen.

Meiner Freundin Britta aus Hamburg starb zum Beispiel mit 35 der Mann weg. Ihre große Liebe Björn erkrankte plötzlich an Leukämie, und obwohl sich ein Stammzellenspender fand, konnte er nicht mehr gerettet werden. Britta war am Boden zerstört und kämpfte wie eine Löwin, obwohl sie nach eigener Aussage lieber von der Hamburger Köhlbrandbrücke gesprungen wäre. Wir telefonierten viel, da zu der Zeit über 500 Kilometer zwischen uns lagen, und ich kann mich an kein einziges Telefonat erinnern, das ich nicht wertvoll fand. Oft sprachen wir abends miteinander, ich saß auf dem Parkettboden meiner Dresdner Wohnung und sah in den Himmel, der in Sachsen oft nicht dunkel zu werden schien. Ich war traurig wegen ihr, traurig wegen Björn, aber es war eine gute Art zu trauern. Und ich freute mich wahnsinnig für sie, als sie sich lange Zeit später das erste Mal wieder verliebte.

Aber zurück zu Negativ-Nicole. »Wie geht es dir denn?«, frage ich einfach zurück.

Nicole guckt mich erstaunt an. »Nicht so gut. Bin frisch geschieden und habe Rosenkrieg wegen der Kinder.«

»Meine Scheidung liegt zwar schon etwas länger zurück, aber ich weiß noch, wie ich mich damals gefühlt habe. Das ist erst mal sehr schwer. Aber ich kann dir eins versprechen: Es wird besser, du wirst dich irgendwann anders fühlen und anders denken.«

»Ja?«, fragt Nicole und lächelt ein bisschen. »Danke. Das ist lieb, dass du das sagst.«

Es sieht fast so aus, als würde der Energievampir ein wenig leichtfüßiger davontrippeln. Vielleicht hilft gegen Toxizität nicht immer nur die totale Vernichtung, sondern ein altbewährtes Gegenmittel: Liebe.

# STEHE ICH IN DEN STERNEN GESCHRIEBEN? ODER: EIN SELBSTVERSUCH IN PSYCHOLOGISCHER ASTROLOGIE

»Was hast du heute vor?«, fragt mich Gunilla über die Freisprechanlage, während ich in 30er-Zonen auf dem Land herumfahre und ein Haus suche.

»Psychologische Astrologie!«

»Glaubst du daran?«

»Eigentlich nicht. Aber wenn sich Axel Springer angeblich die perfekte Sternstunde für das Herausbringen der *BILD-Zeitung* hat vorhersagen lassen und die halbe Hamburger Geschäftswelt sich astrologische Unternehmensberatungen und Börsentipps erstellen lässt, muss ich ja mal schauen, was es damit auf sich hat«, erkläre ich lachend.

»So was hätten sich meine Eventveranstalter hier besser auch mal erstellen lassen sollen. Bin auf der Hochzeit eines Kollegen, der eine Fleischerstochter geheiratet hat. ›Gut im Fleisch‹, hat schon ein Gast angemerkt. Höhepunkt ist das Wurstfest, auf dem wir gerade mitfeiern müssen, und es gibt Saumagen. Mein Tageshoroskop hätte nicht mieser sein können. Viel Spaß!«

Ich parke vor einem großen weißen Haus direkt an einer Pferdeweide und laufe ein paar Stufen hinauf. Astrologie war nie etwas, was ich auf dem Zettel hatte, aber seit ich offiziell probeweise spirituelle Wege gehe, kommen immer mehr Menschen auf mich zu und erzählen mir Dinge: Wie neulich Vincent-Alexander, 41, Unternehmer im Schraubensegment, der nach jedem positiven Vorstellungsgespräch ein Horoskop des Bewerbers anfertigen lässt. Sündige Bilder auf Facebook interessieren ihn gar nicht. »Das ist alte Familientradition, Anna; hat schon mein Opa gemacht, dann weiß man einfach, ob der Mitarbeiter ins Unternehmen passt. Gilt auch für Investitionen, Börsengänge und Produktionsstopps. Hör dich mal um in meiner Branche. Da ist Astrologie noch das Normalste.«

Am gleichen Abend erzählte mir seine Cousine Vanessa, dass sie, ewig Single, ständig die falschen Typen, es satthabe, nicht geheiratet zu werden, trotz opulenter Mitgift und gemachter Oberlippe, und jetzt ihr Horoskop erstellen lassen werde. Nicht, dass Saturn oder Pluto im falschen Haus stehen und es deshalb nicht klappt. »Dann muss man gegensteuern und die Strategie ändern. Ich will ja nicht alt und grau werden und irgendwann von meinen Maine-Coon-Katern gefressen werden. Also habe ich einen Termin bei einer Astrologin gemacht. Schließlich ist der Sternenhimmel das Bilderbuch unserer Seele.«

Und wenn wir ganz ehrlich sind: Du glaubst doch auch ein bisschen dran, oder? Zumindest fand eine Studie eines großen deutschen Nachrichtenmagazins angeblich heraus, dass fast die Hälfte aller Deutschen von 14 bis 65, genauer gesagt 45 Prozent, überzeugt sind, dass die Sterne recht haben. Dafür lassen sie auch gerne ein paar Euro springen: zwischen dreißig und fünfzig Millionen Euro im Jahr für Tierkreiszeichenbücher, Kalender, Charakteranalysen, Partnerschaftsberatungen und astrologische Unternehmensberatungen. Sogar das Finanzamt scheint an den Einfluss der Planetenkonstellationen zu glauben, denn die Kosten sind von der Steuer absetzbar.

Fragt sich, wann die Sterne günstig stehen für Steuerrückzahlungen – bei mir stünde da nämlich noch eine aus. Die Sterndeuterei ist also keine sterbende Branche, sondern ziemlich lebendig. Und wenn Hollywoodstars, höhere Beamte, Politiker und erfolgreiche Unternehmer immer wieder mal nachschauen, was Saturn und Neptun an für sie wichtigen Tagen so treiben, ist es ja schon kurz vor schick und nicht nur etwas für weltfremde Sonderlinge – logisch.

Beeinflussen Sonne, Mond und Sterne, Aszendenten, Konjunktionen und Trigone jetzt mein Leben? Oder alles Humbug und kurz vor Kirmes-Handlesen?

Ein paar Minuten später sitze ich auf einer gemütlichen dunkelroten Couch inmitten von lauter Kissen in einem sehr modernen Wohnzimmer, in den Händen eine Tasse grünen Jasmintee, und erfahre, wer ich laut den Sternen bin. Neben mir sitzt Gina Mody, Ende 50, blonde Locken, lässiges rotweiß gemustertes Sommerkleid, lebendige Art, psychologische Astrologin mit staatlich anerkannter Ausbildung, auf dem Schoß mein Geburtshoroskop. Gina ist genauso wenig Klischee-Sterndeuterin mit Glaskugel und Hokuspokus wie ihr Wohnzimmer. So gar nicht. Eher *form follows function meets Gemütlichkeit.*

»Bin ich auch nicht. Ich bin erst spät, mit Mitte vierzig, zur Astrologie gekommen. Da ich immer schlecht in Mathe war, dachte ich lange, das ist nichts für mich, aber berechnet wird ja alles am Computer. Ich finde, es ist einfach ein spannendes Hilfsmittel, um Menschen besser zu verstehen. Das ist ja kurz vor Mathematik. Frag mal Gunter Sachs, der hat mich mit seinem Buch ›Die Akte Astrologie‹ inspiriert. Und was wir heute hier machen, ist ja psychologische Astrologie. Das ist meilenweit von unseriösen Zeitungshoroskopen entfernt, die dir sagen: So wird dein Tag. Dein persönliches Geburtshoroskop gibt Aufschluss über deinen Charakter, deine Talente, deine Anlagen, deine Chancen; aber es gibt keine konkreten Prognosen. Dein Leben ist veränderbar – es liegt in deiner Hand. Ich gebe dir nur lösungsorientierte Ratschläge mit auf den Weg.«

Na dann. Wenn man schon tagtäglich durchschnittlich 24 Stunden rational lebt, ist es an der Zeit, mal wieder ein bisschen was Irrationales zuzulassen.

»Dein Horoskop war ganz spannend!« Meine neue Sternfreundin schmunzelt. »Da ist ganz schön was los.«

Da schon viele Entscheidungen in meinem Leben durch sind, habe ich Gina natürlich ein paar Sinnfragen gestellt: Passt Jenz eigentlich sterntechnisch zu mir? Habe ich den richtigen Job, oder mache ich bald was anderes als moderieren und schreiben? Kommen noch mehr Zwerge? Und: Kann ich mein Hansdampf-in-allen-Gassen-Wesen eventuell mehr entspannen und mich wellnesstechnisch optimieren? Sprich: An welchen Orten fühle ich mich wohl, und was sollte ich für mich tun, um ein noch schöneres Leben zu haben? Da ich prinzipiell nicht in einer Krise stecke, also zumindest in keiner ernsthaften – außer »Was koche ich heute?«, »Kaufe ich mir wirklich diese sündhaft teuren Ankle Boots im Cowboylook, die ich sowieso nie anziehen werde? Nein! Vielleicht? Nein!!« und »Warum kommt der Besuch neuerdings immer fünfzehn Minuten zu früh, wenn man Lockenwickler im Haar hat, die Kinder noch kurz anbrüllt und der Tisch nicht fertig gedeckt ist?« –, bin ich ganz entspannt.

»Also, dein Mann und du, das ist eine Konstellation zweier romantischer Seelen. Hatte fast Tränen in den Augen. Da haben sich zwei gefunden. War auch interessant für mich, da mein Freund einen Tag vor ihm Geburtstag hat, deshalb habe ich mal etwas genauer hingeschaut. Wir passen nicht so gut zusammen wie ihr. Ihr erfüllt euch gegenseitig eure Sehnsüchte. Du fühlst dich geborgen und verwurzelt. Wenn ihr euch weiterhin mit Vertrauen und Hingabe liebt, dann sieht das optimal aus.«

Nicht dass ich das nicht geahnt hätte, aber ich würde lügen, wenn ich sagen würde, dass mich das jetzt nicht freut. Den Segen der Planeten zu bekommen, kann ja nicht schaden.

»Ansonsten bist du ein bisschen wie Phönix aus der Asche. Du kannst gut Krisen durchleben. Du begrüßt Veränderung zwar nicht unbedingt, aber wenn sie kommt, kannst du mit ihr umgehen und etwas Positives daraus ziehen. Das liegt an deiner Achthausbetonung. Da ist eine ungeheure Regenerationskraft als Anlage sichtbar. Kommt ein Berg, kletterst du einfach rauf.«

Ich muss wieder mal an den Tod meiner Mutter denken, die schlimmste Zeit meines Lebens. Ich dachte damals, ich laufe auf rohen Eiern, und wusste nicht mehr, wo oben und unten ist. Und konnte mir auch lange nicht vorstellen, dass ich das jemals wieder sortiert bekommen würde. Bis ich anfing, über meine Trauer und meinen Weg im Umgang mit ihr zu schreiben. Mein Trauerbuch »Mama ist tot. Und jetzt?« entstand, und ich bekomme seit Jahren Dankes-E-Mails von Menschen, die froh sind, ein unreligiöses, unesoterisches und unpsychologisches Buch zum Thema Tod und Trauer lesen zu können. Dafür trotzig, rotzig und realistisch. Sinnsuche. Ja. Danach war Ernährung mein Thema, und wie ich so esse, dass ich mich einfach nur gut fühle. Jetzt tauche ich in die spirituelle Welt ein. Ja, ich bin tatsächlich eine Suchende. Würde ich unterschreiben. Eine Sachensucherin wie Pippi Langstrumpf. Bisher kam ich mir damit manchmal etwas sprunghaft-unentschlossen vor. In Ginas Worten scheint es irgendwie Sinn zu ergeben und wirkt eher entschlossen.

»Und ich dachte schon, ich bin nicht in der Lage, mich mal auf ein Thema festzulegen! Ich hab's eher als Makel betrachtet«, sage ich.

»Sei doch froh! Stell dir mal vor, du schreibst andauernd das Gleiche. Wie Rosamunde Pilcher. Immer diesen Sülzkram. Wäre doch öde.«

Ich grinse in meine Teetasse.

Sie fährt gleich fort: »Du hast Merkur im achten Haus und Venus im siebten. Perfekt für deinen Job, in dem du ja gerne Dinge ans Licht holst, und in der Liebe – das ist wirklich toll! Allerdings musst du auch immer kämpfen – Saturn sorgt dafür, dass du es im Beruf nicht leicht hast. Du hast zwar Erfolg durch Jupiter, aber du musst dafür auch etwas tun. Deinen Talenten nach hast du dir das Richtige rausgesucht. Du hast eine große Tiefe, was man dir aber erst mal nicht unbedingt anmerkt, und den großen Wunsch, hinter verschlossene Türen zu gucken. Sinnsuche ist überhaupt dein Thema. Du ergreifst gern die Initiative, du gestaltest die Außenwelt, da du immer in die Öffentlichkeit gehst, das bist du. Und hättest du keine Kinder, würdest du einen anderen Sinn im Leben finden. Du darfst in jedem Fall die Hauptrolle in deinem Leben spielen. Das darf nicht jeder.«

»Nein?«

»Andere sind einfach nur Anhängsel – und auch glücklich damit. Ist aber nicht dein Ding. Du musst dein Ich leben – das macht dich glücklich.«

Ich bin ein bisschen baff. So habe ich mich noch nicht gesehen.

»Kraftorte sind für dich Paris, Oslo, Barcelona, L.A. und Reykjavík.«

»Reykjavík?« Jetzt muss ich lachen.

»Kommen wir mal zum Negativen: Du zersorgst dich häufig, wenn du ein Problem hast, bist viel zu kritisch mit dir selbst, in Freundschaften etwas konfliktscheu, und du gibst ungern die Kontrolle ab.«

»Stimmt. Und das sieht man so genau in den Sternen?«

»Ja, da würde ich dir empfehlen, mehr im Moment zu leben, guck in deine Vergangenheit, was du alles schon gemeistert hast.

Wenn du dich gerade mal wieder zersorgst, delegiere Aufgaben und gib mal ab. Willst du noch Tee?«

Und so sitzen mein Innerstes und ich auf dem roten Sofa und trinken noch mehr Tee. Was mir gut gefällt: Die psychologische Astrologie bewertet nicht. Sie sieht das Leben im Fluss, nichts ist fest und vorherbestimmt. Keine Hausaufgaben zu erledigen, keine Drohgebärden mit üblen Zukunftsszenarien.

»Was sagst du denn Menschen, die wissen wollen, ob sie nach vielen Nieten noch den richtigen Partner finden? Oder ob sie noch Kinder bekommen werden, wenn es bislang nicht geklappt hat?«

»Solche Prognosen machen wir nicht. Aber wir gucken, ob es Muster gibt, die man durchbrechen kann, um zum Beispiel nicht immer an den falschen Partner zu geraten. Im Kinderhaus können auch gar keine Kinder stehen – wie bei dir übrigens – das heißt aber nicht, dass nicht trotzdem welche kommen können. Alles andere ist unseriös. Die Planeten legen dein Schicksal nicht fest.«

Bei meinen Recherchen habe ich auch vom Synchronizitätsprinzip nach Jung gelesen. Damit meinte der Gute aufeinanderfolgende Ereignisse, die von demjenigen, der sie erlebt, als sinnhaft empfunden werden. Beispiel? Du stehst im Stau und denkst plötzlich, dass du auch in deinem Leben im Stau stehst. Auf die Astrologie bezogen und einfach zusammengefasst, heißt das: Wie oben, so unten. Und umgekehrt. Demnach ist der Mensch sein eigener kleiner Kosmos. Kurz muss ich an meine Fahrt hierher denken. Die Suche nach dem Haus. Da wären wir wieder bei meiner Sinnsuche. Ist das das Bild meiner Synchronizität?

Auf der Rückfahrt klingelt mein Handy. »Ich will nie wieder Saumagen sehen!«, flucht Gunilla. »Wie war's bei dir?«

»Ganz erhellend. Kann nicht klagen. Sollte unser Leben tatsächlich in den Sternen geschrieben stehen, ist mein Kapitel nicht das dunkelste.«

»Glaubst du jetzt dran?«, will Gunilla wissen.

»Jein. Kann ich dir gar nicht so richtig sagen. Ich weiß nur eins: Es passte ganz gut, und ich gehe mit einem schönen Gefühl nach Hause. Und eventuell habe ich ein paar neue Ideen für Verhaltensweisen, die mir nicht wehtun, wenn ich sie teste.«

Oder um es mit den Worten von Gunter Sachs zusammenzufassen, über die ich bei meinen Recherchen im Netz zufällig stolperte: »Heute kann man auf einen Knopf drücken, der bei einem Mädchen – das vor der Copacabana in einem Boot rudert – das Handy läuten lässt. Die Wellen führen haargenau auf dieses Ziel hin. Warum kann es nicht Magnetkräfte geben, die die Welt und die Menschen wie das Wetter beeinflussen?«

Ich suche dann mal weiter und lebe mein Ich. Und wer will, darf weiter dabei sein.

## Du bist nicht gut genug! Warum es so guttun kann, das völlig okay zu finden

»Es gibt ja so Tage, an denen fühlt man sich völlig untalentiert. Kennst du das?«, frage ich Gunilla über WhatsApp. Ich sitze vor meinem Laptop, und irgendwie schreibe ich nicht. Ironischerweise nicht, weil ich nicht genug Input hätte – ich habe eher zu viel. Ich weiß gar nicht, was ich zuerst machen soll. Und so sitze ich wie gelähmt da und schaue Katzenvideos.

»Untalentiert kenne ich sehr gut«, tippt mir meine Freundin mit Doktortitel aus ihrem Berliner Büro zurück, an das sich nur die ganz großen Wirtschaftsplayer unserer Zeit wenden. So groß und so diskret, dass sie hier nicht genannt werden können. Aber so viel darf gesagt werden: Die ganz dicken Fische schwimmen durch Gunillas Gerichtssäle und handeln Deals hinter verschlossenen Türen mit goldenen Griffen aus. Und diese Frau sitzt offenbar auch hin und wieder an ihrem Schreibtisch und denkt: »Ich kann nix.«

Übrigens angeblich ein typisches Phänomen bei sehr erfolgreichen Menschen. Paradox, nicht? Manchmal frage ich mich, ob das ein Frauending ist, aber Männern geht es wohl oft auch nicht anders. Mein Mann sagt allerdings nie: »Ich habe Angst, dass ich nicht gut genug bin.« Er sagt höchstens mal: »Heute musste ich improvisieren. Und das kann ich wie kein anderer.«

Merkst du's? Klingt ganz anders. Ist aber im Prinzip das Gleiche. Eine Lücke im Wissensstand.

Dieses Gefühl kennen mehr Menschen, als man denkt: Hoffentlich merken die anderen nicht, was ich wirklich kann. Nämlich nichts. Bin ein Hochstapler. Nur durch Glück und Jux hierhergespült worden, und jetzt muss ich halt mal eben blenden und Kompetenz vortäuschen. Dabei ist das oft ein Trugschluss.

»Was machst du an solchen Tagen? Hast du ein Gegenmittel?«, schreibe ich Gunilla zurück.

»Schlafen! Eventuell Kneipe. Oder Kneipe und schlafen«, schreibt mir die Frau mit dem trockensten Humor Berlins, und ich weiß, sie meint es ernst. Irgendwie finde ich das herrlich entspannend. Dann ist es so, als würde ich meine Selbstzweifel einfach auf einen Wein einladen. Sie wertschätzen. Sie einfach bitten, etwas Lippenstift aufzutragen und sich mit mir an einen frisch polierten Bartresen zu setzen. Und was machen die Esos und die spirituellen Modeopfer unserer Zeit? Stellen sich vor den Spiegel und hauchen: »Du bist gut genug!« Ist der derzeit angesagte Universalsatz, der immer geht. Quasi das kleine Schwarze der Szene.

»Du bist klug genug!«
»Du bist schön genug!«
»Du bist wertvoll genug!«
»Du bist ... genug!«

Genug damit! Denke ich. Denn der Satz ist so abgegriffen, das Muster im Deckmantel der Selbsttäuschung hat ja schon Ziehfäden. Und ich finde es anstrengend. Warum nicht mal denken: »Du bist NICHT gut genug. Aber – ist okay!« Oder vielleicht: »Heute war nicht gut genug. Aber wen juckt's?«

(Solange wir nicht gerade am offenen Herzen operiert haben – Chirurgen sind leider ausgenommen, sorry. Ihr geht am besten gleich ins Bett.)

Gunilla schreibt: »Ja, pennen, saufen und rauchen. Das erdet mich wirklich. Ich stelle mich ganz sicher nicht vor den Spiegel, lächle mein Spiegelbild an und juchze innerlich, weil ich schön und gut bin, so wie ich bin.«

Ich ergänze ironisch: »Du bist Licht, du bist Liebe, du bist Promille.«

Wobei ich sagen muss: Wer das wirklich von sich denkt, der mag ja einerseits irgendwie gesegnet sein. Andererseits frage ich mich dann auch, ob er nicht zwei Meter über dem Boden schwebt. Oder wer ist noch Licht und Liebe, wenn die Kinder voller Hingabe mit den neuen Filzern die Wand anmalen? Oder wenn das Nudelwasser kocht, während man schon vom Nachwuchs betrommelt wird, dass er kurz vorm Hungertod steht, und man aus Versehen so viel Salz reinschüttet, dass man damit den Kochtopf ein Leben lang von bösen Energien hätte reinigen können? Wer ist Luft und Liebe am Grab eines lieben Freundes? *Nobody.* Vielleicht können wir es auch einfach wie Gunilla machen. Ins Bett legen und darauf vertrauen, dass morgen ein neuer Tag ist. Und dass das Nicht-gut-genug-sein ziemlich menschlich ist. Vielleicht ist es nur eine fixe Idee, ein Gefühl, weil die Haare heute nicht sitzen und du zu viel Schokolade gegessen hast und die Hose zu eng scheint. Vielleicht bist du tatsächlich ein wenig rundlicher geworden. Aber möglicherweise war es auch der Trockner, und deine Wahrnehmung ist vollkommen falsch. Oder es ist völlig egal.

Meine Freundin Ella sagt immer: »Falten sind nicht mein Thema. Ich hab ja keine.« Ich guckte sie mir nach dieser Aussage ganz genau an, sagte nichts und war tief beeindruckt. Eine Stunde später schätzte Karlotta beim Abendbrot zufällig das Alter aller meiner Freundinnen. Ella wurde unter allen

Neununddreißigjährigen die Gesichtsälteste. Habe ich aber für mich behalten – was weiß eine Neunjährige schon über Falten? Und Ella steht nicht vorm Spiegel und denkt: »Ach ja …« Sie kriegt ja keine Falten. Ihre Haut ist makellos für sie. Was will man mehr?

Ähnlich erging es mir einmal mit einer TV-Kollegin. Sie war nett und attraktiv, aber fürs Moderieren gänzlich ungeeignet. Ihr fiel einfach nichts ein in den Moderationen, falsche Kausalsätze waren Programm, und sie starb fast vor Angst bei jeder Live-Schalte. Sie wusste das selbst. Aber sie hatte Charme, ich mochte sie, und der Chef mochte ihre langen Beine. Was gut genug ist, liegt im Auge des Betrachters. Und auf den Betrachter haben wir oft keinen Einfluss. Da kann man sich eigentlich auch gleich zurücklehnen.

Es ist ein bisschen wie mit dem Muttersein: Es gibt oft gar keinen Gradmesser. Ob du gut genug warst, wirst du erst später wissen. Oder nie. Und vielleicht bist du unendlich stolz, dass deine Kinder immer so wort- und kampflos ins Bett gegangen sind, ohne zu murren, und sie kommen mit 25 und sagen, sie seien schwerst traumatisiert deswegen und hätten bis Ende Grundstudium Angst vorm schwarzen Mann gehabt. Vielleicht sagen sie aber auch: Du warst so schön streng, und das hat mir Halt gegeben. Schade, dass du mir nicht auch beim Klavierspielen mit dem Rohrstock auf die Finger gehauen hast. Oder sie haben bis zur Rente auf dir in deinem Bett geschlafen, du hattest kein Kopfkissen, keinen Abend für dich und kein Leben mehr, aber alle sind sauglücklich mit dir.

Worauf ich hinauswill: Wir wissen es nicht. Und sicher bist du irgendwo gut genug und woanders nicht. Aber vielleicht müssen wir uns damit gar nicht auseinandersetzen. Weil wir es sowieso niemals so gänzlich differenziert herausfinden werden. Vielleicht laden wir die Versagensängste, die Angst vor der Angst und die Zweifel einfach auf ein Radler oder einen Gin

Tonic ein. (Es darf auch ein Wasser mit Zitrone sein – ich will hier niemanden zum Alkohol verführen.)

Die nächste WhatsApp geht dann an die Atelophobie, so heißt sie, die Furcht vor der eigenen Unvollkommenheit: »Heute um 20 Uhr in unserer Bar?« Und dann sagen wir: »Prost, Mädchen! Keine Angst vor der Perfektion – wir werden sie eh niemals erreichen –, aber wir können uns eine verdammt gute Zeit machen!«

Vielleicht ist das viel ehrlicher und insgeheim viel spiritueller als jede Möchtegern-Manifestierung irgendwelcher aufgesetzter Glaubenssätze. Die nur an der Oberfläche kratzen und so pseudo-*deep* daherkommen. Und vielleicht wird es dann leichter, die Zweifel nach dem Drink einfach nach Hause zu schicken und lieber noch das Vertrauen auf eine Pizza zu treffen. Das Vertrauen, dass gelingen wird, was gelingen soll, und der Rest eben nicht. Und dass die Zweifel nur ein Instrument sind, um uns zu sensibilisieren, zu pushen, das Adrenalin auszuschütten, das es halt braucht – nicht mehr. Ob dieses kurze Kapitel gut genug war? Keine Ahnung. Ich fand's ganz erfrischend. Ansonsten: Mir egal. Nix für ungut.

## DAS BIEGEN WIR HIN.
## ODER: YOGA MAL ANDERS!

Es stinkt ein bisschen, und jemand schnüffelt an meinem rechten Ohr. Es ist Bärli. Ihre Schwester Schwänli knabbert an meinem rechten Fuß und guckt mich zwischendurch an, als würde sie überlegen, ob ich noch ganz bei Trost bin. Bärli und Schwänli sind Ziegen. Ja, wie bei Heidi und Geißenpeter, Ziegen!

Und Kathrin, vierzehn andere Frauen, ich und ein Mann sitzen inmitten einer Herde auf Yogamatten irgendwo in einer Scheune auf dem Land, *busy* mit Asanas und Atemübungen.

Frag mich nicht, wie wir hierhergekommen sind. Es ist ein Experiment von Kathrins neuem Yogalehrer Eddi. Eddi ist 28, durchtrainiert und ziemlich charismatisch, und so konnte er irgendwie ziemlich viele weibliche Yogis, mit denen er sonst schweißtreibendes Bikram-Yoga macht, überzeugen, »Goat Yoga« zu testen. Den einen Teilnehmer mit Y-Chromosom auch; er wirkt ziemlich verliebt, nicht in die Viecher, sondern in Eddi. Frei nach dem Motto »sich biegen mit Ziegen und dadurch entspannen« gehen wir von der Kobra in den Krieger ins Kind. Bitte nicht an der Reihenfolge aufhalten – ich bin nicht so ganz bei der Sache. »Kathrin, wie soll man das denn mitmachen, wenn einem jemand die ganze Zeit die Füße ableckt? Und dabei nach Ziege riecht?«, flüstere ich.

»Pssst!«, zischt Kathrin, deren Fußsohlen offenbar nicht so lecker sind.

Eddi steht plötzlich über mir und lacht. »Darum geht es gar nicht, Anna; du sollst dich ruhig ablenken lassen. Das entspannt dich. Steig ruhig ein und aus und wieder ein. Fühle die Tiere, die Natur, dein Selbst mit ihnen. Das ist der Schlüssel.«

Ah ja. Ich bin ja nicht so anfällig für Trends. Eigentlich. Aber wenn zum Beispiel einer aus den USA rüberschwappt, will ich immer wissen, was es damit auf sich hat. Will ja nicht mein großes Lebensglück verpassen, nur weil ich nicht aufgeschlossen genug war. Und wenn sich die breite Masse begeistern lässt, muss ja irgendwas dran sein. Nur heute habe ich absolut meine Zweifel. Der Zauber des Ziegenyoga? Ernsthaft? Angeblich sollen die Tiere einen therapeutischen Effekt haben, da sie uns spiegeln und uns zeigen, dass wir nicht immer alles in der Hand haben. Knabbern und kuscheln ist gestattet. Das Ganze ist vergleichbar mit der Pferdetherapie, allerdings riechen Pferde irgendwie besser. Oder Doga – also Yoga mit Hund.

Je länger ich darüber nachdenke, was beim Yoga natürlich ziemlich kontraproduktiv ist, desto mehr komme ich zu dem Schluss, dass meine Kinder das eigentlich auch alles leisten: Mir das Gefühl geben, dass nicht alles in meiner Hand liegt? Check! Mich spiegeln? Check! Knabbern und kuscheln? Check! Erst gestern hat mich Theresa gebissen und dann »Arm!« eingefordert. Mich in die Natur schieben und mich mit mir selbst verbinden? Check! Na ja, vielleicht werden wir, ich und mein Selbstverbundenes, draußen meist ziemlich fremdbestimmt, aber wir sind definitiv beide anwesend und müssen Anschwung geben, Fahrräder schieben oder Sandspielzeug holen gehen.

Während ich das denke, klettert Schwänli auf meinen Rücken. Ich quieke.

Kathrin rollt mit den Augen, als wolle sie sagen: »Das gehört nun mal dazu.«

Tatsächlich ist Schwänli leicht, und es fühlt sich fast wie eine Rückenmassage an, aber gegen ein bisschen mehr tierische Distanz hätte ich jetzt auch nichts.

»Ziegen sind hochintelligent«, erklärt mir Eddi, während seine rotbraunen Locken wippen und er das Tier sanft zur Seite schiebt. »Sie testen auch gern mal Grenzen aus. Und sie sind sehr gefühlvolle Wesen. Wenn sie dich als positiv wahrnehmen, hast du einen neuen Freund fürs Leben. Übrigens gehen sie auch gern zu den Teilnehmern, die es sich gar nicht so sehr wünschen. Vielleicht spüren sie da einen Auftrag.«

Ich glaube, ich gucke irritiert. Ich bin nicht unentspannt, nur etwas ungläubig. Und damit bin ich ja gar nicht so allein: In New York wollten ein paar Ziegenfans vom Lande die Tiere für eine Woche nach Brooklyn schleppen – aber das Gesundheitsamt fand dann doch, dass der *Big Apple* vielleicht kein Ort für Paarhufer sei. Die letzten Trends, also *Naked Yoga* ohne Textilien, *Aerial Yoga,* bei dem man entspannt im Tuch abhängen soll, und *Underwater Yoga,* logisch, nixenmäßig unter Wasser, konnte man ja alle adaptieren. Ebenso wie Bierflaschenyoga (Übungen vor jedem Schluck), *Stand-up paddling Yoga* oder Yoga begleitet von Metal-Musik.

Nur der tierische Ziegenspaß, der sollte dann doch den *country yogis* vorbehalten bleiben. Denn die Idee stammt natürlich auch von einem Landei, genauer, von Lainey Morse, der Besitzerin der *No regrets*-Farm im Bundesstaat Oregon, wo sie quasi der Ziegenpeter vor dem Herrn ist. Als Yoga-Fan kam ihr dann irgendwann die Idee, ihre kleine Herde in ihr Work-out einzubeziehen. Und stellte fest, wenn sie neben einem herumkauen, haben sie was Meditatives.

Das würde ich zwar bei fast jedem friedlich kauenden Tier unterschreiben, aber Hunde-Yoga ist dann wohl doch zu gewöhnlich. Eins muss man dem Ganzen lassen: Es hat eine gewisse Gegenästhetik zum üblichen Yoga mit seinen Leo-Look-Leggins, der angesagten Trend-Matte und den mintfarbenen Schweißbändern. Und es hat so gar keinen Druck.

Während ich bei früheren Übungsversuchen oft geradezu zwanghafte Gedanken hatte wie »Entspann dich jetzt! Verdammt! Denk nichts! Jetzt!«, ist es hier einfach: »Mach doch, was du willst.« Das gefällt mir wieder ganz gut. Andererseits brauche ich dafür keinen Yoga-Kurs. Eigentlich.

»Spürt einfach mal in euch hinein, spürt den Fluss des Lebens, und dann hört euren Atem, wie er durch euch hindurchfließt.« Er sieht mit prüfendem Blick in die Runde. »Pffff!«, macht er sehr männlich.

Und alle weiblichen Teilnehmer und unser einziger Mann machen »Pffff!« und »Ahhhhh!«.

Keiner kann's so wie Eddi. Ich versuche ebenfalls, noch einmal einzutauchen, wenn auch vermutlich viel zu spät, als es mit einem Mal ziemlich nass wird an meinem Hintern. Hat da jemand den Fluss des Lebens etwa zu wörtlich genommen? Ja, Bärli hat auf meine Matte gepieselt. Und leider nicht zu knapp. Ich stehe auf. »Ziegenpipi!«, flüstere ich in Eddis Richtung und zucke mit den Schultern.

»Das gehört auch dazu!«, lächelt mich die Unschuld vom Lande an.

Ich grinse zurück und sage bestimmt: »Also so entspannend *Goat Yoga* auch sein mag, aber da bin ich raus!«

# WAS IST EIGENTLICH MIT FENG SHUI?

Eigentlich fängt alles mit diesem Friseurbesuch an. Ich sitze gerade mit frisch geschnittener und geföhnter Mähne auf meinem Lieblingsplatz bei Starcoiffeur Sascha, als diese Kundin reinkommt und sofort zu reden anfängt: »Ich habe so abgenommen – sieht man, oder? Und das alles nur durch Feng Shui!«

Feng Shui? In meinem Kopf rattert es. Ist das nicht ein Einrichtungskonzept? Wie kann man damit Gewicht verlieren? Außer vielleicht durch mehr Harmonie im Eigenheim? Aber eigentlich dachte ich, das heißt, keine Kanten und möglichst wenig Ecken in deinem Leben, die richtigen Zimmerpflanzen und das Bett keinesfalls so platzieren, dass man die Zimmertür nicht sehen kann – aber wer macht das schon?

»Was hast du denn gemacht?«, fragt Sascha. »Ich verabschiede nur schnell Anna. Dann musst du mir alles erzählen.«

So kriege ich den Rest leider nicht mehr mit.

Ein paar Stunden später stehe ich mit Sascha, jetzt meinem Journalisten-Sascha, Kathrin, Dennis, Gunilla und Ella an einer Bar. Hoteleröffnung am Neuen Wall. Motto: *Black is beautiful.*

Während Dennis und Sascha Interviews drehen, sind wir Mädels nur Gäste und genießen. Rabenschwarz ergießt sich das

Publikum in die Hotellounge, aber es hat was. Kathrin trägt einen hautengen Jumpsuit, Gunilla ein kleines Schwarzes und ich Schluppenbluse mit Schulterpolstern zu nachtschwarzen Jeans.

Falls wer spontan den Löffel abgeben sollte, wir wären sofort beerdigungstauglich à la »Sex and the City«.

»Was haltet ihr eigentlich von Feng Shui?«, frage ich in die Runde.

Sascha rollt nur mit den Augen und sagt: »Zeit zu gehen. Und dahinten kommen eh die ersten Promis. Tschau, ihr Hasen.«

Gunilla fragt zurück: »Ist das nicht etwas für in den Achtzigern Hängengebliebene?«

Kathrin zuckt mit den Schultern. »Nicht so en vogue im Moment. Aber ich glaube, es kann einiges bewirken. Man soll ja zum Beispiel keinen Spiegel gegenüber der Haustür aufhängen, weil das Chi, also die Lebensenergie, dann das Haus gleich wieder verlässt, anstatt hineinzufließen. Und Ecken sind voller böser Energien, aber mehr weiß ich auch nicht.«

Just in diesem Moment läuft die Friseurkundin an uns vorbei. »Entschuldigt mich, ich habe da jemanden gesehen!«, sage ich zu meinen Black Beautys. »Bin gleich wieder da.« Und schließe mich dem Gästestrom an.

Fünf Minuten später sind wir per Du, und Anastasia, 42, Single, gestern noch verzweifelt, seit Kurzem voller Zuversicht, erzählt mir von ihrer spirituellen Minireise: »Es hängt alles zusammen – alles ist eins. Das ist mir klar geworden. Du bist, wie du wohnst. Wer es üppig mag, seine Wohnung zustellt, nicht im Einklang lebt, sondern wie ein mentaler Messie, der wird automatisch dick. Ich habe also erst mal aussortiert. Dann habe ich alle runden Teller weggeschmissen. Rund macht dick! Eckig muss es sein und matt, dann fördern deine Teller nicht die Lust, zu essen. Und am besten orange – steht im Asiatischen für Einigkeit und Verbindung. So verbindet sich der Wunsch nach Gewichtsverlust mit dem Geschirr. Außerdem am besten die Küche verhängen – der Blick sollte nicht in Richtung Kühlschrank gehen. Und alles dunkelblau streichen – das ist appetithemmend.«

Kurz überlege ich, ob das Konzept einfach nur darin besteht, alles so hässlich wie möglich zu gestalten, damit einem der Spaß am Essen auch ganz sicher vergeht. Anastasia ist jedenfalls kaum zu bremsen: »Und dann hat mein Feng-Shui-Coach noch jede Menge kleine und große Spiegel aufgehängt. So als Schocktherapie quasi. Der Rest meiner Wände wird demnächst rot – für mehr Energie und eine höhere Bereitschaft des Körpers, Gewicht zu verlieren. Und was soll ich sagen? Ich trage jetzt 38,5 statt 40!«

»Ihr kennt euch?«, fragt Sascha von hinten schmunzelnd. »Der Adel ist doch mein Beritt.«

»Ja, seit zehn Minuten, Anna interessiert sich für meine Feng-Shui-Diät«, erklärt Anastasia.

»Du auch noch? Okay, ich gehe rauchen und komme wieder, wenn dieser Unsinn kein Thema mehr ist.«

So schnell vertreibt man einen Mann. Ob sich das Abnehmen dann lohnt, wenn das ganze Feng-Shui-Zeug das Single-Dasein verlängert?

In jedem Fall fühle ich mich eher verwirrt als aufgeklärt. Das soll Feng Shui sein? Aber ich muss gestehen, ich bin wieder mal angefixt, denn oft habe ich das Gefühl, ich könnte zu Hause mehr Energie gebrauchen. Was, wenn es tatsächlich nur daran liegt, wie unser Esstisch steht, und ein schlichtes Verrücken würde mehr Flow im Alltag bedeuten? Oder mehr Harmonie zwischen den Kindern? Eigentlich glaube ich, ein ganz gutes Gefühl für Farben, Formen und Harmonie zu haben, aber ich halte mich weiß Gott nicht für hochbegabt. Als Jenz und ich vor knapp neun Jahren zusammenzogen, besuchte mich meine

Freundin und Lieblingsmaskenbildnerin Marijana. Eigentlich ging es um ein Fotoshooting, aber wir kamen schnell an den Punkt, wo wir anfingen, Möbel zu rücken. Ich werde nie vergessen, wie sie unsere neue Übereckcouch schräg in den Raum stellte. Es war tatsächlich ein völlig neues Lebensgefühl, der Raum war plötzlich dichter, behaglicher. Irgendwie lässiger. Es fühlte sich ganz anders an, Jenz mochte es sofort. Wir saßen jahrelang schräg – bis zum Auszug. Marijana hatte wohl auch eine heimliche Begabung für Feng Shui.

Parallel dazu ruft die Redaktion an und will doch tatsächlich ein Trendthema, woraufhin ich das Comeback des Feng Shui vorschlage. Der CvD ist gleich begeistert: »Das wirkt oldschool und neu zugleich. Setz mal um.«

Ich durchforste das Internet und stoße auf Feng-Shui-Meister Johannes Maierhofer, der nach eigener Aussage eigentlich »gar nicht zu finden ist. Ich mache keine Werbung, und mein Business geht nur über Empfehlung.«

»Dann ist das wohl ein Zeichen!«, sage ich lachend ins Telefon und frage weiter: »Gibt es eigentlich ein paar Feng-Shui-Tipps, die Sie allgemeingültig raushauen können? So für jedermann? So was wie ›Hängen Sie Ihren Spiegel nie gegenüber der Haustür auf!‹ oder den ultimativen ›So platziert man sein Bett!‹-Tipp‹?«

Maierhofer, 57, studierter Geologe und Mineraloge, der sein Feng-Shui-Wissen in den USA und Asien erworben hat, lacht nur und sagt: »Das ist *New Age Feng Shui* – und alles Bullshit. So funktioniert das nicht. Früher haben die alten Meister ihr ganzes Wissen aufgeschrieben. In Gedichtform wohlgemerkt. Aber da Feng Shui immer etwas Elitäres war und das Wissen so nach und nach durchtropfte, haben sie es verwässert, Fehler eingebaut und verallgemeinert. Tatsächlich ist Feng Shui etwas ganz anderes: Als Feng-Shui-Meister besuche ich Sie, ich beobachte, wie Sie leben, wie Sie schlafen, wie Sie essen. Außerdem brauche ich Ihre Geburtsdaten und einen Grundriss Ihres Hauses, weil alles in Wechselwirkung miteinander steht. Und dann sage ich Ihnen, was Sie für ein Mensch sind, was gerade bei Ihnen passiert und was Sie brauchen. Es geht um gute Energie. Und die hat mit Himmelsrichtung und der Resonanz zu tun, in der Sie mit ihr stehen. Die Frage ist: Bin ich dort, wo ich sein will? Schauen Sie am Schreibtisch nach Westen, wo es frisch ist und die Sonne Sie anlacht, oder nach Norden, wo das Feuer raucht und es stinkt? Wo die Möbel stehen oder wo der Spiegel hängt, juckt kein Schwein. Es gibt oftmals zwanzig Varianten, wie Sie Ihr Bett drehen können, um besser zu schlafen. Nicht nur eine. Alles andere ist *brainfuck*.«

Interessant. Ich dachte immer, Feng Shui sei ein Raumkonzept für den optimalen Energiefluss. Das ist es wohl auch. Aber es scheint offenbar eine Art Mode-Feng-Shui für den Hausfrauengebrauch zu geben und ein echtes, individuelles.

»Sie haben übrigens eine tolle Energie, ich habe mir Ihr Chart angesehen, das gefällt mir.«

»Was meinen Sie jetzt genau mit Chart?«, überlege ich laut und frage mich, ob ich noch irgendwo auftauche außer bei Facebook und Instagram.

»Ich kenne Sie bereits, da ich Ihr Geburtsdatum analysiert habe. Sie machen genau das Richtige mit Ihren Büchern, und der Erfolg gibt Ihnen ja Recht. Sie sind sehr ehrgeizig und wollen immer mehr Wissen sammeln. Ihr Hirn braucht das. Sie leben in Ihrem Kopf – zum Glück. Sie müssen nur mal aufhören, immer im Lösungsmodus zu denken – Sie müssen nicht alle Rätsel knacken. Denken Sie daran: Beobachten ist der Schlüssel zur persönlichen Weiterentwicklung – und das tun Sie. Der Weg ist der richtige.«

»Ich bin gerade ausnahmsweise etwas sprachlos«, antworte ich.

»Das macht nichts. Mit der Sprache ist das ohnehin so eine Sache. ›*Language was designed to hide feelings*‹, sage ich immer. Zitat von Bruce Lipton.«

»Und ich dachte, es sei gerade umgekehrt. Zumindest versuche ich immer, meine Gefühle durch Sprache auszudrücken«, erwidere ich. »Aber das, was Sie meinen, ist natürlich das alte Spiel von Sender und Empfänger.«

»Ja. Wissen Sie, es gibt im Feng Shui drei Ebenen: das Erdenglück, das Menschenglück und das Himmelsglück. Das Menschenglück ist das, was Sie aus ihrem Leben machen, ob Sie faul oder fleißig sind, das Himmelsglück wird dadurch bestimmt, ob Sie in eine arme oder reiche Familie geboren wurden, was ebenfalls Ihr Leben beeinflusst, und das Erdenglück – das ist Feng Shui. Ich komme Sie mal besuchen, wenn Sie mögen.«

Wir mögen. Und so hole ich Herrn Maierhofer zwei Wochen später am Hamburger Flughafen ab. Nachdem ich ihm brav unsere Grundrisse und unsere Geburtsdaten geschickt habe. Vor mir steht ein schlanker, altersloser Mann mit gelb getönten Brillengläsern in weißem, gestärktem Hemd und Anzughose, der eher wie ein Autokonzern-Vorstand als wie ein Feng-Shui-Berater aussieht. Zugegeben, ich hatte keine Dreadlocks erwartet, schon allein, weil ich das noch nie in Kombi mit einem niederbayerischen Dialekt erlebt habe, aber so viel Business dann auch wieder nicht. Finde ich aber ganz gut. Und mein Mann, ebenfalls Bayer, auch.

Wir sitzen bis spät in die Nacht mit Herrn Maierhofer über unseren Charts. Das sind kleine Quadrate mit lauter Ziffern, die er mithilfe unserer Geburtsdaten erstellt hat. Wir sind etwas baff angesichts dessen, was er uns erzählt. Ich zum Beispiel bin »kleines Holz«, intellektgesteuert, flexibel, immer auf der Suche nach Antworten und Klarheit, mein Element ist das Wasser, meine Farben Schwarz und Blau, Finger weg von Apricot und

Rot, schwächt mich nur. Wenn, dann bitte Platin. Ah ja. Ich denke gern zu viel. Achtsamer soll ich werden, weil ich oft auf Autopilot laufe, dann geht's mir besser.

»Schauen Sie mal häufiger in die Tüte, als sie nur herumzutragen! Gehen Sie raus, spüren Sie den Wind und zählen Sie die Blätter an den Bäumen!«, schlägt Maierhofer vor und schmunzelt.

Die Tüte ist mir dann doch etwas lieber. Insgesamt ist schon was dran. Aber ist das nicht auch ein Phänomen unserer Zeit?

Wobei Jenz sehr bewusst lebt. Er weiß immer, ob er die Haustür abgeschlossen, den Kaffee schon getrunken hat oder gerade die Treppe runter- oder raufgeht – im Gegensatz zu mir. Jenz ist »kleines Metall«, er glänzt ganz gerne, alle lieben ihn, er ist Mr. Nice Guy, voller Leidenschaft für die Sache, für jede Firma und Unternehmung ein Gewinn, weil er im wahrsten Sinne des Wortes *Gewinn* bedeutet, in Kombination mit mir ist er noch erfolgreicher in Sachen Immobilien, behauptet das Chart. Warum? Weil unser Haus so steht, wie es steht. Der Eingang ist in südwestlicher Richtung. Sprich: Mein Mann ist meine Cashcow, solange er mich hat.

Wir lachen.

»Und das ist jetzt Feng Shui?«, frage ich etwas ungläubig. Wenn dieses Charts stimmen sollten, dann wären ja alle Menschen, die an meinem Geburtstag zur Welt gekommen sind, exakt gleich? Und theoretisch ist Veränderung dann mehr als schwer, weil ich ja nun mal so bin, wie ich bin, laut Chart.

Mein Mann ist ebenfalls etwas skeptisch. »Können sich die Zahlen auch verändern? Eigentlich ist das doch nur ein simpler Algorithmus.«

Herr Maierhofer lacht. »Ich kann Ihnen nur sagen: Ich kenne Sie nicht – aber ich kenne Sie, wie Sie ja merken! Ja, Feng Shui ist kein Möbelrücken, sondern eine tiefe Lehre über das Richtige am richtigen Ort zur richtigen Zeit. Und da geht es um die Energie. Was diesen Monat gut ist, kann im nächsten falsch sein. Nehmen Sie die Brunnen in den Casinos in Las Vegas. Da läuft eins richtig gut, und dann geht es plötzlich pleite. Warum? Der Brunnen stand erst an der Stelle für Gewinn und dann an der für Verlust. Dumm gelaufen, denn alles ist im Fluss. Um Ihre Energie zu erhöhen, empfehle ich einen Zimmerbrunnen. Das geht auch ganz simpel, der muss kein Vermögen kosten. Starten Sie mit einem 35-Liter-Papierkorb, kaufen Sie im Baumarkt die billigste Teichpumpe, unten kommt ein Schaumstoff rein, dann vielleicht zwei Blumen oder ein Bambusstab, und dann wird das Wasser immer umgewälzt. Sie müssen es nur einmal die Woche wechseln und den Brunnen jeden Monat woanders hinstellen.«

Ständig Wasser und Standort wechseln? Kurz überlege ich, ob das mehr Arbeit als ein Aquarium mit Fischen macht, denn den Stress, das habe ich mir geschworen, werde ich mir nie antun, egal, wie sehr die Kinder darum betteln. Zum Glück sind alle ganz happy mit unseren Pferden. Also bevor ich mit Aquarien und Zimmerbrunnen anfange, gehe ich vielleicht doch lieber Blätter und Blümchen zählen.

Dann erfahre ich noch, wie ich meine Töchter besser in den Griff bekomme, wenn sie mal wieder herumzicken oder meine Erziehungsversuche ignorieren: Deals machen. Beide stehen nämlich laut ihrem Chart nicht auf Druck, Lautwerden und Hierarchien. Besser: Bestechen. Verhandeln. Überzeugen. Oder eben vom Ort der Katastrophe trennen, statt zu motzen und zu schimpfen. Interessant. Bisher läuft es ganz gut bei uns, und wenn nicht, halte ich es gerne wie meine Lieblingsautorin Ildikó von Kürthy, die diesen wunderbar ehrlichen Satz prägte, der einen festen Platz in meinem Gehirn hat: »Natürlich schrei ich rum. Ich bin Mutter, keine Pädagogin.«

Aber da muss ich wohl gedanklich noch mal ran, laut Maierhofer. Lieber in die Beobachterrolle springen. »Wie Teflon sein. Einfach abtropfen lassen und Liebe bekunden. ›Die

Situation ist mein Coach‹ denken. Zitat von Jens Corssen übrigens. Und liebevoll selbst bescheißen! Das können wir doch alle ganz gut! Wählen Sie den Ausschnitt im Leben, der zu Ihnen passt, für Ihren *Feel good*-Modus. Überhaupt: Das sind Sie ja sowieso. Das ist Anna Funck: *Feel good*. Für Ihre Familie. Wie Ihre Bücher. Da müssen sie hin.«

»Stimmt.« Mein Mann nickt. »Anna hält hier die gute Stimmung immer aufrecht.«

»Okay, verstanden, aber was ist jetzt mit Esstischrücken, Bettschieben, bösen Kanten und Wasservasen?«, frage ich. »Oder ist das gar nicht Feng Shui?«

»Allgemeingültiges gibt es gar nicht. Das ist wie gesagt *New Age*. Aber ich habe noch ein paar spezielle Tipps für Sie: Holen Sie für Ihren Mann eine große Pflanze, einen Ficus oder etwas in der Art, er braucht eine Pflanze beziehungsweise Holz, dann geht es ihm gut. Die muss im Nordwesten stehen, dann rollt der Rubel. Und Sie als kleines Holz brauchen Erde. Am besten nehmen Sie etwas Geld in die Hand und kaufen sich eine Kristalldruse oder eine Steinfigur mit Sockel. Oder etwas aus Stein, Ton, Erde, Marmor, Granit, einen Findling. Oder das pure Material in einem offenen Behälter. Am einfachsten: ein Eimer mit Sand.«

Kurz muss ich an eine Pflanze denken, die Jenz, als wir zusammen- und danach hin und wieder umzogen, immer von Wohnung zu Wohnung geschleppt hat. Mir war das grüne Ding suspekt – er schien irgendeine enge Bindung zu dem Bäumchen zu haben. Irgendwann ist er unter meiner *Pflege*, oder meinem schlechten Pflanzenkarma, in einer stressigen Zeit eingegangen. Was, wenn es Jenz' Lebenselixier war, das ich abgeschafft habe? Mein Mann braucht Holz, mindestens einen Meter groß – und ich lasse seine Pflanze vertrocknen, ich Miststück! Ob das Gefäß mit Sand mein Leben verändern wird? So ganz kann ich es mir nicht vorstellen, aber ich will es herausfinden.

»Der richtige Schlafplatz gehört natürlich bei Feng Shui dazu«, unterbricht Maierhofer meine Gedanken. »Der ist wichtig, da verbringen Sie ja ungefähr acht Stunden am Stück pro Nacht. Da müssen Sie schon auf der richtigen Energie liegen.« Er tippt auf unseren Grundriss, den ich ihm im Vorfeld geschickt habe und über dem ein Raster mit allen vier Himmelsrichtungen liegt. »Am besten tauschen Sie das Zimmer mit Ihrer kleinen Tochter. Dann schläft jeder auf der richtigen Energie. Sie brauchen den Kopf im Südwesten. Das geht gut im Kinderzimmer. In Ihrem Schlafzimmer liegen Sie im Nordosten. Das mag Ihre Tochter lieber als Sie. Und Sie können alle besser schlafen.«

Mein Mann und ich gucken uns an.

Aber die Vorhänge, die ich extra fürs Kinderzimmer ausgesucht habe? Das Erwachsenenzimmer umbasteln? Die Einbauschränke? Ernsthaft? Aber gegen guten und durchgehenden Schlaf ist noch kein Gegenargument gewachsen. Zumindest nicht in meinem Mikrokosmos mit Kindern, die nachts auf Wanderschaft gehen. Verdammt!

»Ja, ich hatte schon mal eine Familie als Klienten, die war auch erst geschockt, dass die Kinder ins Arbeitszimmer umziehen sollten. Aber der Raum war ideal. Plötzlich musste niemand mehr nachts raus. Erst gab es Widerstand, die ganze Technik, die Einrichtung, alles musste ja umgetopft werden. Aber dann rief mich der Familienvater an und hat sich bedankt. Frieden. Das ist viel wert und bringt einen Zuwachs an Lebensqualität.«

Wir werden testschlafen. Ansonsten weiß ich jetzt, was Fashion und was echtes Feng Shui ist. Eckige Teller sind jedenfalls Blödsinn. Aber wenn's Freude und schlank macht, auch okay. Hat nur nichts mit dem ursprünglichen Feng Shui zu tun. Im alten China holte man sich übrigens den Feng-Shui-Meister, um Gesundheit, Wohlstand und Harmonie ins Haus zu bringen. Der wohnte dann bei einem, saß mit am Tisch, studierte die Familienbande und Gewohnheiten. Blieb irgendwas von den genannten Punkten aus, wurde der Gute geköpft und ersetzt. Zum Glück sind diese Zeiten vorbei, aber auf die Nacht bin ich gespannt – und darauf, was sonst noch so passieren wird.

Am Ende hat mir Herr Maierhofer noch Folgendes mit auf den Weg gegeben: »Das Leben funktioniert ganz einfach: Es geht darum, Entscheidungen zu treffen. Sie können jederzeit für sich entscheiden, dass die Ihnen gegebenen Informationen gut sind. Also eine bewusste Entscheidung, die dann für Sie zum Faktum wird.«

Ich überlege also noch, was ich davon annehme. Eins ist jedenfalls sicher: Meinen Mann, die Cashcow, behalte ich so oder so, und die Bäumchen-wechsel-dich-Teichpumpe im Mülleimer kommt uns nicht ins Haus. Holz und Sand dürfen mal versuchsweise einziehen. Außerdem freue ich mich jeden Tag, wenn ich durch die Tür gehe, dass unser Weg zum Haus eine finanziell günstige Süd-West-Kurve macht, was in Bezug aufs Immobiliengeschäft nur Gutes bedeutet. Na dann.

# JETZT

Das Buch, das man gelesen haben muss. Oder: von dem alle Coaches abschreiben.

Eckhart Tolle heißt der Mann, der mich verfolgt. Nein, nicht als Schatten auf der Straße, sondern seine Bücher, seine Inhalte. Irgendwann war ich so genervt, dass ich mir vornahm, den Mann mal fix zu lesen.

Beispiel gefällig? Neulich im Supermarkt, Smoothie-Theke: »Ach, ich mache gerade das Online-Seminar ›Erleuchtung-Höheres-Selbst-XY‹, aber das ist ja genauso wie Eckhart Tolle lesen. Voll redundant.« Oder: »Ja, ich lese gerade das Buch von XY, aber die hat ja nur von Krishnamurti und Tolle abgeschrieben. ›Jetzt‹ hat mich so nachhaltig geprägt.« Oder: »Tolle lese ich gerade zum dritten Mal. Das ist immer wieder eine Erfahrung, weil ich mich ja auch weiterentwickle.«

Also liegt Tolle jetzt auf meiner Recherchebank. Neben Guru Jagat, Heilsteinen und »Das Kind in dir muss Heimat finden«. Will ja mitreden und mich vielleicht auch ein bisschen erleuchten lassen. Und hin und wieder mal kein Netflix ist auch nicht ungesund.

Damit du auch mitreden kannst, habe ich Tolle kurz zusammengefasst. Ich nenne es mal »Tolle für Faule«. Falls du irgendwann zu einem Klangschalen- oder Rohkostabend eingeladen wirst und ein paar sehr Erwachte dich beeindrucken wollen, hier die Grundlage für den Small Talk à la Ich-weiß-es-längst-besser:

1. Descartes war ein Depp: Ich denke, also bin ich. Vollkommen falsch. Denn wahres Sein ist nur ohne Verstand möglich. Ist der grundlegende Irrtum, dem wir alle aufgesessen sind. Denken mit Sein und Identität mit Denken gleichsetzen ist nämlich Bullshit. Und wer ständig denkt, was ja meistens in Sorgen endet, der hat seinen Verstand nicht unter Kontrolle. Der löst erst Kreuzworträtsel, wird irgendwann depressiv und baut am Ende Atombomben. Also besser lassen.

2. Wir beurteilen die Gegenwart durch die Augen der Vergangenheit – was natürlich Mist ist. Logische Konsequenz: Wir müssen uns vom Verstand, der uns zwingt, wahnsinnige Gedanken zu denken, befreien. Wie das geht? Gedanken beobachten und mithilfe der neuen Bewusstheit, deinem tieferen Selbst, die Gedanken entmachten. Tschüs, zwanghaftes Denken! Hallo, *No-Mind*! Andere Variante: Im Hier und Jetzt abhängen und darauf konzentrieren. Also beim Treppensteigen jede Stufe wahrnehmen. Beim Händewaschen den Duft der Seife riechen. Beim Ins-Auto-Steigen den Klang der zufallenden Tür hören. Einfach das So-Sein der Dinge akzeptieren, atmen, nicht bewerten oder interpretieren. *Disidentifizieren* mit dem Verstand, der immer vehement die Gegenwart ablehnt und mehr in der Vergangenheit und der Zukunft herumunken will, ist das Zauberwort. Denn Gedanken können ohne Bewusstsein nicht existieren, aber Bewusstsein benötigt keine Gedanken oder Grübel-Orgien.

3.  Schmerz ist unvermeidlich, solange du den Schritt noch nicht gegangen und immer noch mit deinem Verstand identifiziert bist. Aus spiritueller Sicht immer noch gleichbedeutend mit *unbewusst*. Also unsere Freunde Groll, Hass, Selbstmitleid, Schuld, Depression und Eifersucht, um nur einige der fröhlichen Gesellen zu nennen, von denen wir uns befreien müssen. Die hängen nämlich an uns wie Läuse im Haar eines Grundschülers, wenn wir den Verstand nicht in den Griff bekommen.

4.  Wir bekämpfen den Moment und leisten Widerstand, und deshalb geht es uns so mies. Nimm den Moment an, egal, wie er daherkommt. Ob in Gestalt des Ex-Lovers mit seiner Neuen, der Steuererklärung oder in Form von Zuckerwatte. Einfach mitmachen. Dann gibt es auch keine Zeit. Älter werden, Rechnungen zahlen und sterben sind dann gar keine Themen mehr. Gibt es ja nicht.

5.  Schmerz ist eigentlich nur eine Illusion. Aber viele Menschen leben in ihrem Schmerzkörper, dem negativen Energiefeld ihrer Ängste und Gedanken. Und je mehr wir die Ängste nähren, desto schlimmer wird's. Gegenmittel? Genau! Das *Jetzt* mal wieder!

6.  Wer recht haben will, hat eigentlich Todesangst. (So habe ich Anwälte auch noch nicht gesehen! Ich schmunzle übrigens gerade.) Denn wer unrecht hat, dessen Ego wird quasi existenziell vernichtet, und das ist kurz vor Exitus. Wenn ich in meinem Bewusstsein aufsteige, habe ich solche Sperenzchen gar nicht mehr nötig. Ganze Kriege könnten so verhindert werden. Streut also Spiritualität wie Konfetti!

7. Wir Egomanen, die wir quasi in unserem Ego wohnen, denken wirklich, Religionen, politische Ansichten,
Bildung oder unser Äußeres würden dafür sorgen, dass
wir irgendwo dazugehören. Aber tatsächlich gehört
nichts davon zu uns, was aber die ganz Langsamen erst
auf dem Totenbett schnallen. Der Rest stirbt am besten
schon mal vorher und kapiert, dass es den Tod gar nicht
gibt. Logisch.

8. Nutze die Zeit, um im Alltag mit deinen Mitmenschen
zurechtzukommen, aber mache sie nicht zu deiner psy-
chologischen Zeit. Sprich: nie nur auf ein Ziel hinleben,
sondern immer die Blümchen am Wegesrand wahrnehmen. Juchhu. Beispiele für den Wahnsinn psycho-
logischer Zeit? Nationalismus, Kommunismus und alle
möglichen Weltanschauungen, die Gleichmacherei,
Erfüllung, Freiheit und Glück versprechen und das
höchste Gut in der Zukunft anstreben. Warum? Ist ja
das Gegenteil vom *Jetzt*! Wie sich das bei uns im Alltag
äußert? Na, mit der Sucht nach Geld, Macht und dem
perfekten Partner! Also vergesst die Zeit, Leute.

9. Die gute Nachricht: Probleme gibt es nicht. Nur
Situationen, mit denen man umgehen muss oder die
man einfach so hinnimmt, wie sie sind. In einem Notfall
übernimmt nämlich eh der Autopilot mit einer viel
höheren Kraft, und du lebst nur noch im *Jetzt*. Du über-
lebst das dann – oder eben nicht. Aber ein Problem hast
du nie. Ah ja.

10. Kommen wir zu den Praxisübungen: »Wasser? Was
meinst du damit? Ich verstehe das nicht.« Das würde ein
Fisch sagen, wenn er einen menschlichen Verstand hätte.

Sprich: Braucht man nicht. Der Fisch schwimmt auch so. Braucht man eine Antwort auf alle Fragen im Leben? Nö. Frag den Fisch. Der blubbert zufrieden vor sich hin, wo auch immer. Außer er hängt an der Angel.

11. Übung, um den Verstand zu verlieren, also verstummen zu lassen: Sei wie eine Katze vorm Mauseloch. Welcher Gedanke kommt da raus? Erst mal keiner? Siehst du!

12. Immer gut: Meditieren. Dabei kannst du dich mit deinem inneren Körper verbinden – also mit deinem persönlichen inneren Wonder-Woman-Anzug. Einfach hinlegen, atmen, in jede Zelle hineinspüren – aktiviert.

13. Du kannst jede Beziehung verbessern, indem du aufhörst, zu verurteilen. Einfach jeden so nehmen, wie er ist. Du kannst nicht annehmen, was ist? Dann guck doch mal in die Bäume. Schon mal eine gestresste Eiche gesehen? Oder einen Vogel, der Restless-Legs-Syndrom hatte?

14. Es gibt keine positiven und negativen Umstände. Negative Dinge sind große Lehren im Leben. In völliger Annahme dessen, was ist, ist alles okay. Auch eine Katze mit Durchfall auf dem Sofa. Tod, Krankheit und Unfall bleiben natürlich beschissen, aber wir sollten unsere Abwehrhaltung aufgeben und es einfach zulassen. Unglücklich bist du trotzdem – aber so kann man dennoch inneren Frieden finden. Tipp: Einfach alles durch dich durchziehen lassen. Ein bisschen wie im Biounterricht. Diffusion und Osmose? Klingelt's noch? Einfach alles hindurchdiffundieren lassen. Gilt für Ärger, Lärm und bekloppte Kollegen.

15. Je bewusster du lebst, desto weniger gerätst du in Konflikte. Denn mit einer bewussten Person kann man sich nicht streiten. Wer in völliger Akzeptanz lebt, beendet sein Drama. Und Abwehr ist nicht mehr notwendig.

So, ich hoffe, der Textmarker ist schön knallig, und es sitzt alles. Kleiner Tipp: Wenn du mal wieder jemanden mit zu viel aufgesetztem Sonnenschein triffst, der sich an der Kasse oder am Postschalter aufregt, einfach mal ein bisschen Tolle einwerfen: »Nimm doch den Moment einfach an, wie er ist. Kämpfe nicht. Auch nicht um dein Wechselgeld.« Oder: »Probleme gibt es nicht. Auch keine verschollenen Prio-Briefe! Lass es wie Pantoffeltierchen-Partikel einfach durch dich hindurchfließen, meine Liebe!«

# DAS GANZE LEBEN IST EIN SPIEL. ODER: WIE MAN ES VIEL LEICHTER LEBEN KANN

Als Kathrin und ich nach einem Dreh noch über einen Mittelalter-Jahrmarkt streifen, denken wir uns nicht viel dabei, als wir dieses Zelt betreten. Dunkelblaue Vorhänge, auf der Kuppel ein kleiner Halbmond, am Eingang winkt uns ein Papagei auf einer Stange: »Hereinspaziert!«

Verrückterweise funktioniert's.

Wahrsagerin Kassiopeia, schwarze Kajal-Eulen-Augen, alterslos wie Nina Hagen, gleiche Stimme, sitzt vor uns mit ihrer Glaskugel und lächelt. »Wollt ihr's wissen?«

»Eigentlich nicht«, erklärt Kathrin und will wieder gehen.

»Aber du hast so viele Fragen«, wirft der Papagei ein.

»Ach ja? Welche denn?«, fragt Kathrin etwas trotzig zurück.

»Ob da noch ein Mann vorbeikommt, was aus deinem Job wird und wie das Leben leichter werden kann«, erklärt Nina-Kassiopeia.

Nun gut, das sind die typischen Fragen des Lebens, die sich jeder stellt, denke ich. Es sei denn, man ist verheiratet und hat einen guten Job. Aber Kathrins Ringfinger verrät ja auch genug, wenn man etwas findig ist.

»Gut!«, meint Kathrin und nimmt Platz auf einem Schaffellhocker.

Irgendwie mieft das Schaf nach nassem Hund, als hätte es im Regen gestanden, denke ich.

»Dann beantworte mir doch mal meine Fragen. Die zehn Minuten haben wir noch.«

»Ich muss nur darauf hinweisen, dass ich hier kein Heilversprechen abgebe und aus Datenschutzgründen keine Namen nennen werde«, erklärt uns Nina-Kassiopeia ernsthaft und seriös. Sie schaut von Kathrin in die Kugel und zurück und wieder hin, und dann summt sie. Stille. Summen. Stille. Dann wieder der Blick zu Kathrin: »Da kommt ein Mann, aber du musst Platz für ihn schaffen. Räum die alte Kiste aus dem Keller, du weißt schon welche. Sonst hält dich die Vergangenheit in Besitz. Beruflich offen bleiben – da kommt auch Veränderung, aber keine so große, es geht nicht um das *Was*, sondern um das *Wie*. Und: Lebe dein Leben anders. Sieh es anders: als Spiel. Beobachte dich, sagt die Kugel, geh in die Beobachterrolle. Nur so erfährst du Heilung.«

Stille.

»Das war's. Fünfzig Euro.«

Ich denke: »*What?* Fünfzig Euro dafür?« Währenddessen kramt Kathrin alle Piepen zusammen und stammelt nur: »Danke!«

Wieder draußen, frage ich: »Das war jetzt aber nicht sonderlich erhellend, oder? Ich glaube, die hat auch Eckhart Tolle gelesen.«

»Sie wusste von der Kiste!«, kräht Kathrin nur und wird rot.

»Welche verdammte Kiste?«, frage ich und lenke sie in Richtung eines Getränkestandes.

»Punsch, bitte, zwei mit Schuss!«, ordert Kathrin.

»Die Kiste gibt es wirklich. Das ist meine Vergangenheitskiste. Und ich denke ständig an sie, aber kann sie nicht wegschmeißen.

Sie ist wie Voodoo. Und sie wusste es. Und ich habe das Gefühl, dass mir demnächst eine Partnerschaft in der Agentur angeboten werden könnte. Es läuft super – bin ja auch immer anspielbar. Prost!«

Der Punsch ist warm und birnig, und Kathrin sitzt vor mir mit glühenden Wangen. Der Herbstwind lässt hinter uns ein paar Blätter hochwirbeln und rascheln. Fast mystisch.

»Soll ich das jetzt alles glauben? Und was meinte sie mit dem Spiel?«, überlegt sie laut.

»Na ja, das erinnert mich ein bisschen an meinen Feng-Shui-Meister. Der hat auch gesagt, ich solle mehr beobachten. Denn wenn du selbst im Sumpf steckst, kannst du dich nicht rausziehen. Aber wenn du in die Beobachterrolle gehst, siehst du vielleicht das Seil, das neben dir liegt. Es ist einfach ein Perspektivenwechsel. Und das Leben als Spiel zu sehen, bedeutet vielleicht, zu wissen, dass du mal gewinnst und mal verlierst. Aber es ist einfach nur ein Spiel. Als Kind habe ich das Leben oft so gesehen. Mein Mikrokosmos als Mensch-ärgere-dich-nicht. Warum also nicht als Erwachsener wieder so denken, wenn's hilft? So bekommt man quasi eine gewisse Draufsicht. Und schon kannst du zwischen deinem Leben und deiner Lebenssituation differenzieren. Oder wie meine kanadische Cousine Britta immer gerne sagt: ›It's all temporary! Es geht alles vorüber!‹ Damit kommt man auch durch schlaflose Babynächte, weil man sich klar macht, egal, wie klein die Augen, und egal, wie dünn die Nerven sind, es ist alles vorübergehend. Leider auch gute Zeiten, aber eben auch schlechte.«

»Das Leben als Spiel … gefällt mir«, prostet mir Kathrin zu. »Wobei ich lieber Monopoly spiele. Hab ich neulich mal wieder mit Dennis gemacht. Heute gehört mir die Schlossallee, morgen sitze ich im Knast. Aber es ist ja alles nur ein Spiel. Selten so sinnvoll fünfzig Euro investiert.«

Ich muss zugeben, ich fand diese Erkenntnis keine fünfzig Euro wert – aber aus Nina-Kassiopeia ist ein Running Gag geworden, der uns immer wieder in den absurdesten Situationen schmunzeln lässt. Das ist mal Lebensqualität.

Ansonsten: Wusstest du, dass sich bei Monopoly besonders die orangen Straßen hinter dem Gefängnis finanziell lohnen und du deine Einnahmen am besten erhöhst, wenn du alle Straßen einer Farbe kaufst und auf Hotels verzichtest? Wir überlegen immer noch, wie sich das aufs Leben übertragen lässt und wo wir Kathrins orange Straßen mit Kerl darin finden. Und wenn sie mich anruft und klagt »Aber mit dem Typen, da hat sie immer noch nicht recht gehabt«, dann sage ich immer: »Gehen Sie jetzt über LOS ...«

# DU WILLST MEHR GELD? KEIN PROBLEM! ALLES NUR EINE FRAGE DES MONEY-MINDSETS!

Kathrin ist wieder in der Konsumwelt gelandet. Zumindest hat sie sich etwas angenähert, als wir diese eine Statement-Jacke im Schaufenster entdecken. Das *Shirt Jacket*. Ein Teil, das man drinnen wie draußen tragen kann und das sagt: Ja, ich hab's drauf. Italienische Wolle. Lässiger Schnitt, überschnittene Ärmel, kann man mit Gürtel eng tragen, ansonsten luftig.

»Oh mein Gott, die ist toll!«, entfährt es mir, und Kathrin nickt.

»Ja, würde ich auch sofort nehmen. Wenn sie nicht 399 Euro kosten würde. Andererseits: Die hat man ewig. Die kannst du überm Rolli oder überm Jeanshemd tragen. Zu Hose wie Rock.«

Das Schaufenster ist so blitzeblank, dass es uns reflektiert. Natürlich pressen wir uns nicht die Nasen platt, höchstens emotional.

»Aber ich hab gerade ganz andere Ausgaben für meine Wohnung, und eine neue Waschmaschine brauche ich auch noch«, murmelt Kathrin.

Und ich ergänze: »Die Kinder brauchen erst mal neue Jacken und Schuhe, und mein Kleiderschrank ist nicht gerade leer.«

Synchron drehen wir uns nach links und schlendern weiter.

»Die Lösung ist so simpel: Wir brauchen einfach mehr Geld!«, stelle ich grinsend fest.

»Das ist es!« Kathrin strahlt. »Ich weiß, was wir machen. Wir überarbeiten unser *Money-Mindset*! Ist ohnehin das nächste Kapitel in dem Buch, das ich gerade lese.«

Und so steht er, der Plan. Zugegeben, nicht ganz selbstlose Motive, aber wenn du dich selbst glücklich machen kannst, machst du ja auch andere glücklich. Meinen Kindern geht's auch immer besser, wenn Mama gut drauf ist. Und vielleicht darf es ja auch mal ein Seligkeitstextil sein, eins, das das Zeug zum Evergreen im Schrank hat und das nicht unfair produziert und von kleinen Kinderhänden genäht wurde.

*Money-Mindset.* Hand hoch, wer diesen Begriff schon mal gehört hat! Meinen Weg kreuzt er ständig. Demnach ist alles ganz einfach, und der Grund, warum wir auf einem bestimmten Finanzlevel verharren, liegt nur in uns selbst. Eigentlich ist nämlich alles möglich. Du bist Tellerwäscher in einer Großküche? Vielleicht liegt es daran, dass deine Eltern dir ein Mangeldenken anerzogen haben, weil nie genug Geld da war. Du sitzt hinter der Supermarktkasse oder fährst Gabelstapler, und irgendwie ist am Kontoende immer zu viel Monat übrig? Es könnte an deinen Glaubenssätzen liegen, miesen Glaubenssätzen, die nicht gut sind für deine Beziehung zu den Kröten: Geld ist schmutzig, Geld macht nicht glücklich, Geld gibt's nur für harte Arbeit, verdirbt eh den Charakter, der Zaster. In diesem Leben bekommt man nichts geschenkt, und überhaupt, viel Geld verdient nur, wer über Leichen geht oder seine eigene Oma verkauft. Wenn dich deine Eltern bewusst oder unbewusst mit solchen Überzeugungen infiltriert haben, dann musst du nur die Ketten sprengen, und das

Geld wird zu dir fließen. Denn eigentlich ist Geld etwas ganz anderes: Es ist Energie, eigentlich Liebe, die fließen will, Ausdruck einer Wertschätzung für eine Leistung oder ein Produkt.

Entscheidend ist, wie du darüber denkst und womit du aufgewachsen bist. Hast du gelernt: Geld spielt keine Rolex, und ich frühstücke nur schwarzen Löffelkaviar? Oder: Geld ist so was wie ein Durchlauferhitzer, aber ich friere trotzdem unter der Dusche, die gleichzeitig Badewanne ist. Primär ist Geld neutral – nur du verleihst ihm seine Ausstrahlung, weil es sich deiner Frequenz anpasst. Aha. Sprich: Mag ich mein Bild vom Geld, bade es gedanklich in Blattgold und wickle es in Kaschmir – oder schaue ich beschämt zur Seite und ignoriere es, als wäre es ein überzüchteter Hund mit Dauerflatulenzen?

Letzteres kann ganz schön anstrengend sein. Weiß ich aus eigener Erfahrung, denn der Hund einer Freundin hat grundsätzlich Verdauungsprobleme, und er muss immer mit. Und alle ignorieren die Duftwolken unterm Restauranttisch, obwohl das Essen schon nicht mehr schmeckt bei so viel Hundearoma.

Wir fassen zusammen: Geld ist also spirituell betrachtet neutral, wir können es zu uns einladen, damit Gutes tun, es spenden, andere damit glücklich machen oder eben Drogen, Brillis und Schusswaffen kaufen.

Es liegt an uns. Nur Angst und Ablehnung mag es grundsätzlich nicht, wenn du die spirituellen *money maker* fragst. Wer Geld und die materiellen Dinge abwertet und kleinmacht, anstatt sie zu lieben und wertzuschätzen, der stößt sie von sich ab und hält sie auf Distanz. Warum soll auch etwas zu dir kommen, was du nicht liebst, sondern für böse erklärst? Geld ist nicht schmutzig. Es ist Liebe. *Don't forget.* Ja, ich wiederhole mich. Genauso wie es mich amüsiert.

Erster aktiver Schritt zur Besserung: Bestandsaufnahme machen.

Mache ich. Überblick über Konten verschaffen. Schulden: Null – bis auf einen Hauskredit, aber der ist ja wichtig, um perspektivisch unabhängig zu werden. Kontostand: Geld ist vorhanden. Ziel: Hätte gerne noch mehr. So jeden Monat ein paar Tausend, bitte. Bin ja eher bescheiden.

Schritt Nummer zwei: Ich muss definieren, wofür. Gut: Für meine Kinder, für mehr Sicherheit, um anderen Gutes zu tun – und für das unnötige Shirt Jacket. Schließlich muss ich ja auch mir Gutes tun, damit ich erfreulich für andere bin. Außerdem mag ich Qualität, auch ein bisschen Luxus, meine Kindheit fand nun mal in der Fülle statt, das behalte ich bei. Und man kann die Welt nur verbessern, wenn man bio, Fair Trade und nachhaltig kauft, und das kostet nun mal. Logisch. Meine neuen Experten betonen: Wer in Fülle lebt, zu dem galoppiert die Kohle wie ein ungestümes Fohlen.

In diesem Sinne: Lasset die Moneten kommen.

Ach so, eine Deadline braucht es noch, sonst ist das Ziel wieder nichts wert. Ich gebe uns zwei Wochen, den größeren Spendierhosen und mir.

Manchmal soll es ja auch helfen, jemanden zu fragen, der sich damit auskennt. Zufällig treffe ich auf Robert Dahl, Erdbeerkönig und Selfmade-Millionär, den ich mit neun Jahren eigentlich heiraten wollte, als er auf dem ersten Erdbeerhof seines Vaters, der noch kein Imperium war, auf dem Trecker in die Einfahrt einbog.

»Wie ist das mit dir und dem Geld?«, will ich wissen, nachdem ich ein bisschen von meinen Recherchen erzählt habe und wir an seinem Schreibtisch sitzen, auf dem ein auffälliger Treibholzstock thront. »Was hältst du von diesen spirituellen Glaubenssätzen? Hast du eine besonders gute Beziehung zu Geld?«

Robert lacht. »Furcht, es zu verlieren, hatte ich jedenfalls nie. Ich habe mir einen einfachen Lebensstil angewöhnt: Eine

Jeans, ein Paar Lieblingsschuhe, den alten Pick-up meines Vaters … mehr bräuchte ich nicht, um richtig glücklich zu sein. Sich das bewusst zu machen, macht angstfrei und hilft, beim Investieren unverkrampft zu bleiben. Ich habe meine Frau und meine drei Kinder. So richtig viel wegnehmen kann man mir nicht. Und eine enge Beziehung zum Geld hat man in diesen bargeldlosen Zeiten ja ohnehin zunehmend weniger. Ich zahle seit zwei oder drei Monaten alles mit meiner Apple Watch. Ich muss zugeben, das macht Spaß, aber für mich bedeutet Geld vor allem, mehr Möglichkeiten zu haben, um zu investieren. Bisher haben wir immer alles in den Aufbau der Firma gesteckt. Es ist auch gleichzeitig ein Hobby, ein Spiel.«

Okay, man muss wohl definitiv nicht mit der EC-Karte kuscheln, denke ich. Macht Robert jedenfalls auch nicht. Und der hat ja etwas mehr auf dem Konto als so manch spiritueller Coach.

»Muss man erst mal großzügig Geld ausgeben, um welches zu machen?«, frage ich.

»Es ist bestimmt richtig, dass diejenigen, die mehr haben, anderen auch mehr helfen. Wenn es etwas Höheres gibt als uns selbst – und ich glaube daran –, dann ist es sicher hilfreich, so großzügig zu sein, wie es eben geht.«

»Ist gedanklich notiert! Dein größter Fehlkauf? Bei mir sind das ein Paar viel zu teure High Heels, die ich mal in München erstanden und nur zweimal getragen habe. Gibt es so was bei dir?«

»Ich hatte eine Phase, in der ich dachte, es macht glücklich, Statussymbole zu besitzen. Ein teures Auto, eine repräsentative Uhr – darüber bin ich aber inzwischen hinweg. Gegenstände mit Seele ziehen mich inzwischen mehr an. Das können auch einfache Sachen sein. Wie dieses Stück Treibholz auf meinem Schreibtisch, das ich bei einem Spaziergang am Strand in Kalifornien aufgesammelt habe. Ich freue mich mindestens einmal pro Woche darüber.«

Eine Jeans und ein Stück Treibholz. So simpel kann ein Glücksrezept sein. Wobei sich Jeans und Holz natürlich in einem sehr schönen Ambiente befinden, indem nichts »Knut« oder »Schlussverkauf« brüllt. Aber dennoch machen mich Roberts Worte nachdenklich. Denn Menschen mit wesentlich weniger im Portemonnaie sind oft viel getriebener, aber vielleicht ist genau das das Problem? Oder zumindest ein Teil davon.

»Kathrin, ich packe das jetzt richtig an. Ich habe mich analysiert, meine Vorstellungen definiert, und jetzt gehe ich erst mal in Vorlage und bin großzügig. Dann sollte der Rest von allein kommen«, erkläre ich meiner neuen Finanzkomplizin am Telefon.

»Guter Plan! Ich auch! Und ich habe beschlossen, meinen Tagessatz anzuheben. Was nichts kostet, ist auch nichts wert! Aber ich bin es wert. Habe schließlich schon einige Jahre Erfahrung auf dem Buckel! Hoffe nur, ich verliere keine Stammkunden.«

So läuft also das Geldexperiment an. Und das Erste, was ich mache, ist tatsächlich in Vorlage zu gehen: Ich arbeite unentgeltlich und gebe ein kleines Ernährungsseminar an der Grundschule. Cashflow in die andere Richtung. Auch eine Empfehlung nach Überarbeitung der Glaubenssätze, falls die negativ sind. Außerdem soll man ja so leben, als wäre bereits alles erreicht.

Kurz überlege ich, ob ich mich für so viel Vorarbeit nicht gleich mit dem Jackenkauf belohnen soll, verwerfe den Gedanken aber sofort wieder.

Zwei Stunden lang erklärt mir, der Ernährungstante, dann eine wirklich erstaunliche zweite Klasse, ihr Lieblingsessen seien Gurke und Brokkoli. Wir lesen eine Geschichte, wie Gemüse-Superhelden einen Biobauernhof retten, und schnippeln im Anschluss gespendetes Obst und Gemüse, das ich im Vorfeld organisiert habe. Es macht Spaß, ist zwar auch ein sehr anstrengender Vormittag, aber ich schleppe mich erfüllt und glücklich nach Hause. Außerdem spenden wir Geld für ein Kinderhospiz und den örtlichen Kindergarten. Nach *Give! Give! Give!* kommt ja sowieso *Achieve!* Und wir sind mit dem Herzen dabei, auch wichtig. Die Fülle leben, das sollte nicht nur der Blick auf den Kontostand sein.

Und dann passiert tatsächlich etwas Ulkiges: Mein Telefon klingelt und mir wird eine Schirmherrschaft zum Thema »gesunde Ernährung« angeboten. Ich sage zu und denke noch: Und wieder gehst du in Vorlage beim Universum, das wird jetzt aber langsam etwas viel – bis die beauftragte Agentur mich fragt, ob als Honorar für fünf Stunden zweitausend Euro in Ordnung wären. Ich sage: »Och, das wäre okay.«

Am selben Tag kommt mir Jenz entgegen und lacht. »Das Finanzamt hat alles anerkannt, was wir eingereicht haben, und eine kleine Steuerrückzahlung von fünftausend Euro für uns. Das ist doch mal eine nette Überraschung.«

Am nächsten Tag fragt mich meine Freundin Caro, deren Schwester für das Label der Statement-Jacke designt, ob ich ihr den Prototyp meines Sehnsuchtstextils abkaufen will. Für fünfzig Euro. »Hab sie geschenkt bekommen, aber mein Ding ist das Teil nicht. Sind zwar andere Knöpfe, und eine Naht ist etwas unversäubert, aber die kann man ja nachnähen lassen.«

Ja, ich will! Die Knöpfe sind sogar schöner. Und die Schneiderin meines Vertrauens verdient jetzt auch gleich noch mit. Wohlstand für alle!

Als ich Kathrin davon erzähle, meint sie nur: »Hast du ein Glück! Aber ich hole sie mir demnächst auch – alle haben meinen neuen Stundensatz akzeptiert. Warum habe ich das nicht schon früher gemacht? Bin ja keine Praktikantin. Ich habe mich offenbar die ganze Zeit unter Wert verkauft. Wer wenig vom Leben verlangt, der bekommt auch wenig. So schaut's tatsächlich aus. Wann geben wir den Zaster aus, damit noch mehr kommt?«

PS: Wenn du spirituelle Profis fragst, warum dein Sparschwein leider nur Modelmaße hat, dann sagen die dir: Liegt alles an dir und deinem nicht vorhandenen Fülledenken. Musst du dir nur wieder in dein Leben holen. Am besten mit der Prana-Energie-Multiplikator-Übung, die das Nervensystem stark und geräumig macht, damit es mehr aufnehmen kann. Gilt auch für den schnöden Mammon.

Geht so: Gerade hinsetzen, verschränkte Finger in den Schoß legen und Augen offen lassen. Dann durch gespitzte Lippen atmen, als würde man einen ökologisch unkorrekten Strohhalm leersaugen. Gleichmäßig einatmen, ein Zug pro Sekunde, immer weiter, immer weiter, ohne ans Ausatmen zu denken. Bitte mehr Luft aufnehmen, als man denkt, unterbringen zu können. Irgendwann ausatmen, wenn es nicht mehr geht. Dauer: fünf Minuten. Zum Schluss den Atem noch einmal so lange wie möglich anhalten, ausatmen, entspannen, Konto checken. Okay, das war ein Scherz. Ich hab's nicht getestet, soll aber Wunder wirken.

# Wie man blitzschnell einen Grundkurs in Sachen Spiritualität bekommt

Eine Brunchrunde mitten in Berlin. Vegane Acai Bowls neben Rührei, Beans on Toast und Paleo-Kokosmüsli. Ja, heutzutage kann ein Frühstück ein halbes Politikum sein. Aber zum Glück sind wir tolerant. Bis auf die ein oder andere Intoleranz, also nahrungsmitteltechnisch. Dennis, Sascha, Kathrin, Gunilla und ich.

Alles könnte so lecker sein, würde es Kathrin nicht tonnenschwer auf der Seele liegen. »Ich arbeite so hart an mir. Aber ich komme einfach nicht dahin, wo ich sein will.«

»Wo willste denn sein, Schätzelein?«, unkt Sascha über seinem English Breakfast, als die Kellnerin Kathrins Kaffee mit Hafermilch bringt.

»Ich habe meine Ziele definiert, mein Lieber. Und ich weiß, ich bin auf einem guten Weg, aber es ist so schwer, sich immer wieder zu disziplinieren. Wisst ihr denn nicht, wie ich das meine?«

»Doch«, erwidert Gunilla. »Niemand ist perfekt. Und es gibt nun mal Gefühle, die schwanken. Ich denke auch manchmal: Schaffst du das? Wo ist deine Demut? Wo ist die Dauerdankbarkeit? Aber sich deshalb fertigmachen? Das bringt ja nichts.«

»Ich weiß. Aber genau das meine ich. Es gibt Tage, da fühle ich mich gut, da habe ich alles im Griff. Und dann schwappt eine Welle über mich, und die Ängste, die Ungeduld werden wieder größer und das Vertrauen kleiner. Wann wird man denn endlich souverän und erwachsen, wenn nicht Ende dreißig?«

»Nie«, sagt Dennis. Lacht. Zuckt mit den Schultern. Und wiederholt sich: »Ja, sorry, aber nie ist richtig. Oder du bist es einfach. Oder du wirst immer ein bisschen sicherer und besser. Durch Routine. Das entscheidest du. Aber man wacht leider nicht eines Morgens auf und denkt: Jetzt ist der Punkt erreicht. Zack. Danke.«

»*D'accord*. Eher gieße ich mir einen Champagner ein, um dahin zu kommen.« Sascha nickt.

Kathrin sieht aus, als würde sie gleich mit dem Gesicht in ihre Bowl kippen. »Und wieso gibt es diese Menschen, die einem das immer vorspielen?«

»Weil sie verdammt gute Schauspieler sind. Oder du kennst sie einfach nicht gut genug?«, schlägt Gunilla vor.

Später laufen Kathrin und ich gemeinsam durch die City Richtung Museumsinsel. Jenz ist mit den Kindern im Ägyptischen Museum, und kurz hängen wir unseren ganz eigenen Gedanken nach.

»Bei dir habe ich immer das Gefühl, du entwickelst dich weiter«, sagt Kathrin irgendwann, und ich bleibe abrupt stehen.

»Ich? Wieso das?«

»Weil du dich auf jeden Fall verändert hast. Ich meine positiv. Aber wie hast du das beschleunigt?«

»Danke. Aber ich nehme das gar nicht so wahr.« Ich überlege.

»Früher warst du weniger zuversichtlich. Du hast jeden TV-Job angenommen. Du warst auch eine Getriebene. *Overperformen* und *underrelaxen* war doch eher immer deins.«

Vor uns glitzert die Spree im Sonnenlicht.

»Das stimmt. Aber die Kinder haben mich dann davon abgehalten, mich kaputtzuperformen.«

Und je länger wir laufen, desto klarer wird das Bild vor meinem inneren Auge. Kathrin hat tatsächlich recht. Ich mochte früher nie Nein sagen, ich war oft unentspannt, und ich habe viel gekämpft. Seit ich Mutter bin, kämpfe ich weniger. Zumindest beruflich. Privat mit Trotzphasen und mangelndem Nachtschlaf, aber das ist eine andere Art von Kampf. Kinder sind eigentlich ein kleines Allheilmittel. Sie machen uns spirituell, ob wir wollen oder nicht. Indem sie einfach sind. Sie spielen selbstvergessen und total absorbiert mit ihren Schleichpferden – sie sind Meister des Hier und Jetzt. Während wir Erwachsenen uns ständig zwingen müssen, nicht an gestern und morgen zu denken. Du willst demütig werden? Kein Problem! Bring dein Kind ins Krankenhaus wegen einer Lappalie, und geh mit einem Zufallsbefund, der *Tumor* heißt, nach Hause.

So war es bei Karlotta, und ich werde den Tag nie vergessen, als die Ärztin staubtrocken verkündete: »Seltsam, ich sehe da etwas, da ist ... ein Tumor in der Leber.«

Ich war frischgebackene Mama und völlig fassungslos. Eigentlich wollte ich nur herausfinden, warum mein kleines Baby ständig seine Milch wieder ausspuckte, und dann fanden diese Ärzte etwas ganz anderes! Neun Monate schwanger und dann kein Babyglück, sondern Kummer und gar Abschied? Meine Tränen tropften auf den Krankenhausflur, die dunkelsten Zukunftsfantasien taten sich vor mir auf wie ein Abgrund, und ich war mir sicher, dass ich die unglücklichste Mutter der ganzen Republik war. Muttersein ist ohnehin schon eine wirklich heftige Kombi aus Glück, Stolz und Selbstzweifeln. Womit hatte ich denn jetzt noch diese Packung verdient? Dass sich der Tumor dann als harmloses Hämangiom herausstellte, das sich rasch verwuchs und bald vergessen sein würde, wusste ich zu diesem Zeitpunkt noch nicht. Dass das Dresdner Krankenhaus, in dem ich war, außerdem gerne ein in Deutschland noch nicht zugelassenes Kontrastmittel testen wollte, für das ihnen noch ein Säugling in Karlottas Alter fehlte, auch nicht. Aber eins wusste ich spätestens da: was Demut ist. Die saß in dieser Nacht an meinem Krankenhausbett, das neben Karlottas Babybett stand. Der Mond schien in unser steriles Zimmer, und ich wollte nur eine Sache: mein gesundes Baby mit nach Hause nehmen und Mama sein und es lieb haben.

Als Mama ist man so häufig Situationen ausgeliefert, in denen es einem die Kehle zuschnürt. Wenn dein Kleinkind mit 39,8 Grad fiebernd neben dir liegt und wimmert: »Mama, ich kann nicht mehr.« Oder neulich meine Freundin Ulrike, deren fünfzehnjähriger Sohn einen Fahrradstunt hinlegte, nach dem er und sie sich im Krankenhaus wiederfanden. Denn heil war an dem jungen Herrn nix mehr: Nase gebrochen, Nasennebenhöhlenwandknochen gebrochen, Zähne raus, 40 Prozent des Gesichts voller Verletzungen und Schürfwunden. Ulrikes Schmerzen waren nicht geringer als seine. Oder meine Cousine Britta, deren kleiner Sohn unter Vollnarkose einen doppelten Armbruch operieren lassen musste.

Als Mama gibt es die größten Ängste und das größte Glück frei Haus. Du musst einfach vertrauen. Ins Leben. In den Moment. Deinem Kind. Deinem Instinkt. Sich vergleichen, wenn das Kind deiner Freundin schon mit vier Jahren rechnet und dir den Text auf den Saftflaschen vorliest? Schneller laufen lernt, die besseren Schulnoten mitbringt, unbeschwerter lebt? Sinnlos. Wie oft war ich schon verzweifelt über einzelne Phasen, um dann festzustellen: Sie haben sich in Luft aufgelöst!

Als Mama nimmt man das Leben am besten nicht mehr allzu ernst. Die Ängste, die ich heute habe, können sich morgen schon wieder erledigt haben. Elternsein ist toll und anstrengend, mal wie ein Ritt zum Ponyhof, mal wie eine unerwartete Steuernachzahlung. Einen Tag möchte ich nur Konfetti werfen, am nächsten vergesse ich, zu atmen. Dafür muss man keinen Helikopter fliegen. Es ist, wie es ist. Oder es ist, was ich daraus mache. Die Chance, mich selbst zu entthronen, nicht um mich zu kreisen und die Perfektion loszulassen, die mich auch lange gequält hat.

Überhaupt loszulassen. Habe ja keine Wahl. Sie werden größer. Sie laufen dir auf Raten davon und sind unendlich stolz darauf. Auch wenn es etwas schmerzt, wenn man die Babyspieldecke oder den *Newborn Seat* aussortiert, so ist man doch unendlich froh, dass sie sich gesund entwickeln. Der Blick geht immer nach vorn. Dankbarkeit? Kein Problem! Du bist schon dankbar für einen durchgehenden Nachtschlaf und kein Theater beim Essen!

Ja, Mama sein ist vermutlich das Spirituellste, was ich je gemacht habe. Die Begegnung mit mir selbst. Mit meinen Grenzen und meiner größten Liebesfähigkeit. Selbst wenn der Nachwuchs irgendwann aus dem Haus ist und sich im Studium sieben Tage die Woche von Tiefkühlpizza ernährt, bin ich immer noch mit meinem Mamasein daheim. Wir zwei können uns dann vermutlich einen einschenken und daran basteln, wie wir den Auszug verkraften. Es hört nie auf. Diese Identität bleibt. Haftet an dir wie der Glaube an die Traumfee Malwine und ihren Feenstaub. Wenn Theresa morgens ins Bad torkelt, um den in ihren Augen zu sehen, und es dann tatsächlich glitzert, dann ist er auch real. Der Unterschied zwischen Spiel und Wahrheit? Wen interessiert es? Spielen wir Erwachsenen nicht auch unser ganz persönliches Lebensspiel mit unserem ureigenen Gedankenkarussell? Nur dass einige es besser im Griff haben und andere es besonders bizarr im Kreis treiben? Urvertrauen ist wie Feenstaub. Es liegt an dir, ob er existiert oder nicht.

»Siehst du«, sagt Kathrin. »Es sind die Kinder, die dich gerettet haben. Und wer rettet mich?«

In dem Moment läuft ein kleines großes Mädchen auf Kathrin zu, meine Karlotta, wirft sich ihr in die Arme und ruft: »Ich!«

# WILLKOMMEN BEIM SPIRITUELLEN FRAUENTREFF! ODER: AB ZUR KAKAOZEREMONIE!

»Ich hoffe, dir ist klar, dass das hier eine Art Bonus ist. Eigentlich hatte ich mir geschworen, nicht mehr mit dir auf Selbstfindungstrips zu gehen«, erkläre ich, als Kathrin vor mir her durch den Wald läuft.

Ein letztes Mal komme ich freiwillig mit, habe ich beschlossen, aber dann ist Schluss. Prinzipiell nehme ich ja immer gerne etwas mit, aber ich brauche zwischendurch Pausen von der Selbsterkenntnis. Wer kann sich schon permanent in der ganzen Bandbreite selbst ertragen? Urlaub vom Ich mit Netflix-Schoko-Couch-Programm ist auch mal ganz okay.

Der Duft von Lavendelöl steigt mir in die Nase, und die nun folgende Massage kann man wirklich mitnehmen.

Sataya heißt meine Masseurin mit den zwei Ringen in der Nase, ist schätzungsweise Mitte zwanzig und lebt jetzt schon in einem Universum, das ich vermutlich so nie betreten werde und möchte.

Aber sie macht ihre Sache gut. Die Massage im hawaiianischen Lomi-Lomi-Stil ist wirklich ein Wellnessprogramm für die Sinne und besteht nur aus streichenden Berührungen. Der »Königin der Massagen« sagt man ja sogar Heilkräfte nach, weil das Immunsystem gestärkt wird, und sie soll den Übergang in neue Lebensabschnitte erleichtern. Ich stelle irgendwann fest: bin eingeschlafen. Sataya lächelt nur und sagt: »Sei gut zu dir, achtsam und liebevoll. Und presch nicht so voran. Du könntest dich heute verwundbarer fühlen.«

Aha. Dabei kommt mir hier alles ziemlich dynamisch und stark vor. Wir sind inzwischen wieder auf dem Campingplatz angekommen, der dieses Wochenende unser Zuhause sein soll. Wo wir sind? Beim spirituellen Frauentreff. Ich fühle mich sehr als Gast. Überall packen alle mit an, als würden sie täglich Autos be- und entladen, Zelte aufbauen und Dreigängemenüs für eine Frauenfußballmannschaft über Gaskochern zubereiten.

Neben mir steht Louise, Veranstalterin unserer Zusammenkunft und Kathrins neue Yoga-Freundin, und grinst. »Komm, Anna, lass dich drauf ein. Das hier ist ein geschützter Raum voller Frauenpower. Wir geben uns Kraft, stärken uns, tauschen uns aus, mehr nicht. Keine Angst. Gleich gibt es einen Programmüberblick. Treffen am Feuer in zehn Minuten, okay?«

Das Feuer lodert ganz schön hoch, als wir uns darum versammeln. Es gibt keine Stühle, keinen Strom, keine Handyladestationen. Ein bisschen unwohl fühle ich mich schon ohne permanente Erreichbarkeit für meine Familie. Dabei ist es eigentlich albern, denn die sind versorgt. Jenz kocht vermutlich Pasta, alle essen Popcorn und sind heilfroh, dass ich nicht da bin und Selleriesaft pressen will.

Wir sitzen auf Heuballen vor den Flammen, die jetzt drei Tage lang durchbrennen sollen. Als Symbol für das Feuer in uns. Die Kraft, die zwischen Frauen pulsiert, die heute weitergegeben wird, auch im Gedenken an unsere Ahnen.

Nacheinander stellen sich unsere Kursleiterinnen vor. Sataya wird uns Massagetricks zeigen, dann können wir bei drei etwas stämmigeren Frauen mittleren Alters – alle drei tragen Dutt, kein Make-up und wirken etwas grimmig – Feuer machen, weben und Korbflechten lernen, den Heilkräuter-Workshop bei Monia besuchen oder den selbst ernannten »Mondjungfern« zuhören, die uns alles zum Menstruieren erzählen.

Plötzlich springt eine von ihnen auf und ruft ins Mikro: »Steht auf, wenn ihr euch beim Übergang zum Frausein geschämt habt. Zeigt uns, wenn ihr jemals das Gefühl hattet, schmutzig zu sein.«

Um mich herum wird es dunkel, ein Schwarm von Frauen steht auf und nickt.

Ich nicht.

Kathrin erhebt sich ebenfalls und wirft mir einen strengen Blick zu.

»Sorry, aber ich fand es nicht schlimm, meine Regel zu bekommen. Eher normal. Und toll, endlich erwachsen zu werden und vollkommen im Plan mit der Natur zu sein. Ich kann da nicht aufstehen«, flüstere ich achselzuckend. So ganz leuchtet mir diese Denke tatsächlich nicht ein. Ich schäme mich ja auch nicht dafür, eine Frau zu sein. Ein Mann schämt sich doch auch nicht für sein Gemächt. Hoffentlich. Bin mit dem Frausein ziemlich happy.

»Schwestern, wir werden dieses Wochenende nutzen!«, ruft das Mondmädchen ins Mikro, etwas übersteuert, weil sie vor lauter Emotionen ihren Standort leicht verändert und eine Rückkoppelung ausgelöst hat. »Wir lernen dieses Wochenende uns selbst kennen, wir lernen, uns zu heilen, wir lernen unsere weibliche Weisheit schätzen, die wir so oft verleugnen. Feiert euer Blut, eure Lenden, eure Brüste. Es ist fantastisch, eine Frau zu sein!«

Tosender Applaus. Sogar Kathrin ist etwas angewidert; zumindest glaube ich, in ihrem Gesicht ein wenig Abscheu zu erkennen. Seine innere Welt erkunden, gehe ich ja immer mit. Sich feiern auch. Aber bis in den Uterus kriechen muss jetzt auch nicht sein. Gibt schon einen Grund, warum der innen liegt. Und in ganz normalen biologischen Zusammenhängen herumwühlen und hypen, dass man sich damit dann doch angefreundet hat? Ist das notwendig?

»Wir sind hier nicht auf einem Festival, bei Instagram oder einem Kaffeeklatsch. Es gibt bei uns keinen Alkohol, keinen Kaffee und keine Akkuladestationen. Das hier ist ernsthafte spirituelle Arbeit, Schwestern. Es geht nicht um Wellness und Nägel anmalen, wir nehmen das nächste Level. *Enjoy!* Wir werden die Welt zu einem besseren Ort machen nach diesem Wochenende! Genießt diesen geschützten Raum inmitten der Natur!« Bei dieser Ansage macht sie eine Geste, als würde sie einen imaginären Bauchladen öffnen. »Und denkt daran, der Wald gehört uns nicht. Wir hinterlassen ihn sauber und begrüßen jede Stechmücke, jede Spinne und jede Ameise. Denn die leben hier! Und jetzt viel Spaß mit den Seminaren!«

»Welche Seminare gibt es denn?«, frage ich Kathrin. Die zeigt auf eine Holztafel, an der bunte Zettel hängen, die aussehen, als wollten sie sich gegenseitig die Show stehlen. Ganz oben: »Gebären im Wald – Entdecke deine Macht! Die natürliche Geburt unter freiem Himmel.« Gefolgt von: »Be yourself – Bauen mit Lehm«, »Leben in Gemeinschaft – mit der weiblichen Weisheit« und »Heilen durch Handauflegen«.

»Darf ich spazieren gehen?«, frage ich Kathrin. »Ist leider alles nicht so meins. Ist das okay? Ich plane keine Geburt hinterm Baum, und mit Lehm rumsauen ist jetzt auch nichts, wonach ich mich sehne.«

»Geht mir ähnlich. Spazieren gehen? Ich gehe nachher zum Handauflegen, aber das ist erst später.«

Eine halbe Stunde später sitzen wir in einem süßen Café und trinken Kaffee. Es gibt sogar Steckdosen und Butterkuchen. Und ich muss gestehen: Ich bin etwas erleichtert. Freue mich ja immer für jeden, der die Erleuchtung findet, wo auch immer, aber die Nummer ist mir dann doch etwas zu *deep*.

Die Kellnerin steht lachend an unserem Tisch. »Na, kommt ihr von denen im Wald?«

»Ja, sieht man das?«, frage ich zurück.

»Nicht unbedingt. Aber hier stranden während dieser Veranstaltung immer mal junge Frauen, denen es irgendwie zu viel wird und die ihr Handy aufladen und einen Kaffee trinken wollen. Die sind vielleicht etwas zu rigoros. Das ganze Ding geht ja über mehrere Tage. Am Anfang ist immer Autokorso, wenn sie alle gleichzeitig einfallen, dann kleckert es peu à peu, und am Ende ist kein Stau mehr, weil zwischendrin immer ein bisschen Schwund ist. Na ja. Für uns ist es eine umsatzstarke Zeit. Insofern sollen die mal gern so weitermachen. Noch Kaffee?«

Kathrin und ich gucken uns an, ich zucke mit den Schultern. Der Kaffee dampft, und der Hund der Inhaberin, der neben uns in einem Körbchen ruht, legt sich die Pfötchen über die Augen.

Nächster Tag. Rückenschmerzen. Das Zelt ist feucht. Kathrin schläft noch, vermutlich haben die heilenden Hände sie niedergestreckt, und so krieche ich aus dem Zelt, schlüpfe in meine Gummistiefel und laufe Richtung Feuer. Kaffee! Ach, nee, gibt's ja nicht. *Don't do it.* Ich vergaß.

Am Feuer sitzt dafür Ute, eine ältere Frau, und rührt in großen Töpfen. Es duftet nicht schlecht. Kakaozeremonie. Noch nie gehört, aber klingt nicht falsch. Die feuchte Luft duftet schokoladig, und auch nach Zimt, Salbei und den Hölzern, die ich bereits aus dem Hexenladen kenne, Palo Santo, gegen böse Geister.

Ute grinst mich mit dem aufgewachtesten Gesicht an, das ich je gesehen habe. Den Kakao brauche ich auch! Aber die Nummer ist nicht ohne: Er ist bitter, fast klumpig. Von dem Kakao aus meiner Kindheit weit entfernt. Okay, dass es hier nicht den Kindheitserinnerungen-Kakao gibt, war mir klar. Ich hatte mich ungefähr auf das Aroma von Bitterschokolade mit Zimt eingestellt. Stattdessen eher Rinnsteinpfütze mit Chili. Na gut. Erst mal offen bleiben. Ich trinke ein paar Minischlucke. Neben mir scheinen einige regelrecht in Trance zu fallen. Angeblich soll nämlich der in Kakao enthaltene Stoff Theobromin auf unser Bewusstsein wirken, uns entspannen, die Laune verbessern und uns mit der eigenen seelischen Essenz verbinden. Folge: unter Umständen tiefer Seelenfrieden, Selbsterkenntnis, *love, peace and harmony*. Wussten schon die alten Mayas, die gerne mal bei Neumond nach innen geschaut haben. Wenn man Glück hat, können sogar der Kakaogeist oder Mama Kakao erscheinen und einen gleich persönlich mit der Welt versöhnen. Manch einer spricht in Bezug auf Kakao vom »Ecstasy der Generation Bioladen«, las ich neulich. Einige der Kakaotrinkerinnen neben mir sind mit Wünschen und Fragen an die Zukunft angetreten, und nicht wie ich auf der Suche nach einem Koffeinersatzgetränk.

Ute erzählt uns inzwischen, dass alles miteinander verbunden ist. »Bleibt bei allem, was euch begegnet, bei eurem Innersten. Und sucht die Lösung für eure Probleme und Themen nie im Außen, immer im Inneren. Nur dort sitzen Frieden und die Freiheit und weisen euch den Weg.«

Neben mir wird zustimmend gemurmelt. Auch geweint.

Eine Frau tritt vor und sagt: »Und wenn ich das nicht kann? Ich musste meinen Hund beerdigen. Er war mein bester Freund. Ich bin mitgestorben. Wie soll ich das überstehen?«

»Ich verstehe dich. Aber dein Hund ist immer noch bei dir. Er ist in der Erde, auf der du gehst. Fühl dich nicht einsam. Liebe dich selbst, reife, lass deinen Gefühlen freien Lauf. Und du wirst heilen, und der Schmerz wird eine Narbe, die du liebevoll streicheln kannst – eines Tages.« Ute kennt sich aus.

»Alles Bullshit! Bello ist weg, und ich habe es satt. Ich hole mir jetzt ein Parship-Abo! Und die Plörre ist total ekelhaft!«, zischt die Frau, feuert den Becher in den Müll und geht.

Kopfschütteln unter den anderen.

»Sie war noch nicht so weit«, meint Ute. »Sie wird es schaffen.«

Dann singt sie. Und alle sind ganz ergriffen. Ich muss an die Hundefrau denken. Vielleicht wären eine Unterhaltung mit einer guten Freundin und ein paar miese Kohlenhydrate heute besser für sie gewesen. Und ich beneide sie heimlich ein bisschen, weil sie den Kakao los ist.

Der Tag plätschert so vor sich hin, mal in Bindfäden, mal in Niesel, mal geht fast das Feuer aus, die Mondmädels können es gerade noch mal wiederbeleben, und irgendwann ist es Abend.

Zeit fürs letzte Ritual. Alle Frauen versammeln sich und werden aufgefordert zu singen. Über die Liebe, das Sich-Annehmen, eigentlich geht es wieder ums innere Kind.

Lektion: Nimm Liebe an und gib welche zurück. Falls du es vergessen haben solltest. Oder es nicht mehr merkst, weil du gerade im Clinch mit dir liegst, dich irgendwie hässlich und blöd findest. Kommt ja in den besten Familien vor. In allen Tonlagen trällert es durch den Wald. Nur Kathrin und ich schleichen uns irgendwann davon. Unser Liebesreservoir ist voll, Kathrin kann nun mit den Händen heilen oder auch nicht, und ich weiß, dass ich im Leben keine Kakaozeremonie mehr besuchen werde. Wieder was gelernt.

»Und? Wie fanden wir es? Ganz ehrlich?«, fragt Kathrin.

»Sagen wir mal so: Ich brauchte all die Jahre keinen Kakao – ich komme auch ohne ihn klar. Aber wem er guttut, der soll ihn gern trinken und sich daran wärmen.«

## DER AUFRÄUMTREND. ODER: HAST DU DEINE VIER WÄNDE SCHON MARIEKONDOT?

Schon Hermann Hesse hat's gewusst: »Tu den Schritt und wirf einmal alles weg, so wirst du plötzlich die Welt wieder mit hundert schönen Dingen auf dich warten sehen.«

Ich muss gestehen: Ich finde, da ist was dran. Als TV-Frau war ich jahrelang Berufsnomadin. Von Berlin über Köln und Hamburg bis nach Dresden – mein Bett stand gefühlt schon überall. Danach wurde ich jahrelang nach Bayern eingeflogen – in München kenne ich vermutlich so ziemlich jedes Hotelbett. Und jeder Umzug war wie eine innere Reinigung, denn du sortierst aus. Jedes Teil wandert durch deine Hände, durchläuft eine Existenzprüfung. Plötzlich sitzt man in den neuen vier Wänden, erleichtert, aufgeräumt – okay, bis auf diese eine Kiste, die jahrelang mit umzieht, unausgepackt, die immer wieder im Keller gebunkert wird. Aber ansonsten ist man irgendwie leichter. Was sehr gut zu Marie Kondo und ihrer Philosophie passt. Kennst du nicht? Ist doch in aller Munde oder besser gesagt in aller Wohnzimmer! Esszimmer! Schlafzimmer! Einfach überall. Denn Ausmisten ist Trend. Oder anders ausgedrückt: Wohn dich glücklich mit weniger! Denn deine vier Wände bist du! Behauptet Marie Kondo, der beste Beweis dafür, dass man auch mit den scheinbar ödesten Hobbys Millionärin werden kann. Die zarte Japanerin schmeißt gerne alles auf einen Haufen, sortiert aus und faltet T-Shirts wie Origami. Die Philosophie: »Nur was glücklich macht, darf bleiben.« Und: »Das wahre Leben beginnt erst, wenn Sie Ihr Zuhause in Ordnung gebracht haben.«

Tatsächlich hat sie damit nicht unrecht. Seit ich bei uns alles durchsortiert habe, angefangen bei den Klamotten über Bad und Bücher hin zu Dokumenten und Komono – das sind Kleinkram und Erinnerungsstücke –, fühle ich mich tatsächlich wohler und irgendwie erleichtert.

Bis ich mit Kathrin und Dennis spontan bei deren Freundin Esther vorbeischaue, um ein paar Unterlagen für Kathrins Reiki-Kurs abzuholen.

»Kommt doch rein!«, sagt Esther, und schon stehen wir im – ja, wo eigentlich? Eigentlich im Nichts. Alles ist weiß. Kurz vor steril. Im Wohnzimmer befindet sich nur ein weißer Tisch mit weißen Stühlen vor einer weißen Wand. Daneben ein weißes Sofa, umrahmt von zwei weißen Tischen mit roten (!) Lampen. Davor stehen ein paar Kisten.

»Ziehst du um?«, fragt Dennis.

»Nein, nein«, erklärt Esther. »Ich lebe nur ab sofort mini-malistisch. Keine Fotos, keine persönlichen Gegenstände.« Dennis zieht die Augenbrauen hoch und meint: »Das ist aber wirklich sehr minimalistisch.«

»Du würdest dich wundern, wie gut es sich anfühlt. Keine Ablenkung, keine Reize, alles ist in Harmonie!«, schwärmt Esther. »Warte, ich hole schnell die Anmeldung, Kathrin.«

»Kathrin«, flüstere ich, »ob sie ihr Bad auch aussortiert hat oder ob ich mir hier kurz mal die Nase pudern kann?«

»Klar, im Flur, erste Tür rechts.«

Ich stehe in einem typischen Hamburger Schlauchbad. Normalerweise vollgepfercht mit Kosmetik, Handtüchern, manchmal sogar Schuhen. Hier hängt ein kleines Handtuch, ein Stück Arztseife liegt am Waschbecken, eine Holzzahnbürste schaut mich traurig an. Nicht, dass ich finde, dass Bäder stets Orte des Chaos sein müssen, aber eine Kerze hätte jetzt auch nicht gestört.

»Herrlich, mein leeres Bad, oder?«, fragt Esther, als ich rauskomme. »Ich habe alles aussortiert. Dieser ganze Kosmetikdreck war voller Hormone. Ich schminke mich nicht mehr. Das war eh nur, um anderen zu gefallen, und irgendwann hast du Krebs.«

»Aber es gibt ja auch Naturkosmetik«, wage ich einen Einwand.

»Ja, aber wer weiß, was da drin ist – und warum schminkt man sich als Frau? Für die Männer! Schminken die sich für uns? Wollt ihr mal mein neues Schlafzimmer sehen?«

Kathrin nickt, Dennis schüttelt den Kopf, deutet auf sein Handy, das definitiv nicht klingelt, und sagt ganz wichtig »Hallo?« in das Teil.

Wir stehen in einem Raum, in dem ein Bett steht. Für eine Person. Daneben ein Nachttisch, eine Lampe, ein Stuhl für Klamotten und ein kleiner Schrank, denn Minimalismus-Esther hat aussortiert und besitzt nur noch drei Blusen, drei Jeans, zwei Kleider und einen Blazer. Alles in Du-weißt-schon.

»Eben nur noch die Essentials. Ist diese Klarheit nicht wunderbar? Ich bin viel weniger getrieben! Wusstet ihr, dass japanische Mönche ihre Besitztümer in zwei Pappboxen unterbringen können?«, erklärt Esther.

»Aha«, konstatiere ich.

Kathrin stammelt nur: »Aber was, wenn du mal einen Mann zu Besuch hast?«

»Ach, mit denen bin ich erst mal durch. Und wenn mich einer will, dann darf er sich davon nicht abschrecken lassen.«

Esther hat an alles gedacht. Nur vielleicht nicht an die anderen.

»Ich kann übrigens erst den übernächsten Kurs mitmachen, Kathrin, erst mal bin ich jetzt zwei Wochen im Kloster.«

»Wieso das jetzt?«, fragt Kathrin.

»Ich bin jetzt so sehr bei mir – ich muss dieses Gefühl intensivieren. Ich bin im Zustand des Mushin, mich lenkt nichts mehr ab, Herz und Geist sind weit offen, jetzt muss ich mich nur noch öffnen und mein Zufriedenheitspotenzial bis ganz nach oben schrauben. Ich will Zeit mit mir verbringen und schweigen, um ganz bei mir anzukommen. Soll sensationell sein. Ich ruf dich an, wenn ich wieder reden darf.«

Zehn Minuten später stehen wir auf der Straße.

»Was war das denn?« Dennis lacht. »Die hat nicht nur ihr Leben aussortiert, sondern auch ihre Persönlichkeit. Wie bei Tinder einfach weggewischt und entsorgt. Wäre ich ihr nächstes Opfer, ich würde auf dem Absatz wieder kehrtmachen. Am Ende reduziert sie dich auch noch als Kerl. Sie mag ja weniger getrieben sein – aber dafür treibt sie alle normalen Menschen weg.«

Im Zenbuddhismus heißt es, dass jeder, der zum *Magic Cleaning* bereit ist, »das Glück der Veränderung erfahren wird«. Davon sind wir alle überzeugt. Aber als ich etwas später an meinem Schreibtisch mit der alten Bankerlampe sitze, neben mir gerahmte Kinderbilder, der Montblanc-Füller aus RTL-Nord-Zeiten mit der »Talentschmiede«-Gravur, ein paar Bilder von Theresa und Karlotta an der Wand, daneben Zeitschriftenstapel, die mich immer wieder inspirieren, ein paar Playmobilmännchen, die da gar nicht hingehören, ein Aufziehtierchen in Form eines Marienkäfers, der sich selbst überschlägt, Jenz' Zeichenstifte, mit denen er manchmal Grundrisse auf eine Art Butterbrotpapier zeichnet, die antiken Buchstützen meiner Mutter im Blick und ihren alten Sekretär, frage ich mich doch, ob ein bisschen Chaos nicht auch ganz schön sein kann. Leben eben. Etwas Komono. Und etwas Vergangenheit, die wir in den Teppich der Zeit mit anderen gewebt haben und deren Zeugnisse immer noch da sind. Aufräumen ist großartig, und Ordnung ist das halbe Leben. Absolut. Nur ich bin immer fürs Ganze.

## Die neue grüne Religion. Oder: Konsumierst du noch oder rettest du schon den Planeten?

Vor einem großen Einkaufszentrum sitzt ein Mann bei laufendem Motor im Auto. Eine Frau, vermutlich Anfang dreißig, mit Kind an der Hand, klopft an sein Fenster: »Entschuldigen Sie, ich, ebenfalls eine Vertreterin der menschlichen Spezies, möchte, dass Sie Ihren Motor ausmachen. Wir sitzen hier alle in einem Boot, die Klimakatastrophe ist in vollem Gange, und Sie kurbeln das Desaster noch an. Mein Kind hätte auch gern eine Zukunft.«

Tatsächlich geht der Motor aus. Eine Diskussion, die es vermutlich vor ein paar Jahren noch nicht gegeben hätte. Sehr gretathunbergig. Hätte aber auch pöbelig enden können. Das neue Gewissen sackt langsam durch alle Gesellschaftsschichten. Man fährt mit schlechtem Gewissen Auto, kriegt die Krise, wenn man die letzten übrig gebliebenen Strohhalme angeboten bekommt, und verteufelt Fast Fashion. Googelt mit Ecosia, der Suchmaschine, die trotz $CO_2$-Verbrauch immerhin Bäume pflanzt. Alles richtig. Ökologisch wie ethisch. Und dann erzählt mir mein Freund und medialer Ziehvater Michael, der gerade ein paar Jahre in Ecuador gelebt hat, dass dort ein normaler Supermarkteinkauf aus zwölf aufgedrängten Plastiktüten besteht, auch wenn man sie gar nicht braucht. Frustrierend. Klar, irgendwer muss anfangen. Aber es schmerzt ein bisschen, wenn man bedenkt, dass es die Mehrheit der menschlichen Spezies auf diesem Planeten nach wie vor falsch macht. Und was, wenn der Nächste auf Aufforderung nicht den Motor abschaltet?

Es ist ein großes Thema, und auch Kathrin, Gunilla, Ella und ich reden ständig darüber. Verrückterweise geraten wir dabei aber auch gerne aneinander, obwohl wir uns prinzipiell alle einig sind: Der Planet muss gerettet werden.

Nur war dann da dieser süße Mantel, toller Schnitt, edler Look, gut kopiert. Leider vermutlich unethisch und unökologisch produziert, Spottpreis, hing auf der Stange eines günstigen Shoppingtempels, den wir eigentlich alle meiden wollen, was wir aber nicht schaffen.

Konkretes Beispiel gefällig?

Kathrin: »Ella, ist das ein Mantel von …?«

Ella unterbricht: »Ja, süß, nicht? Konnte nicht widerstehen. Langfristig will ich ja ein edles Teil für ewig, aber das habe ich noch nicht gefunden.«

Kathrin: »Und bis dahin ruinierst du den Planeten und kaufst bei denen?«

Ella: »Mensch, sei doch nicht päpstlicher als der Papst. Es geht halt nicht immer. Dafür kaufe ich unverpackt und habe immer einen Edelstahl-Thermobecher dabei. Also?«

Stille. Und die Frage: Wie viel Kritik verträgt ein Planetenbewohner?

Neulich im Flieger auf dem Weg zur Frankfurter Buchmesse – schlechtes Gewissen hing in der Luft, weil man ja auch die Bahn hätte nehmen können – bestellte sich die Dame neben mir einen Kaffee und flüsterte, nachdem sie meinen gesehen hatte: »Ich habe meinen To-go-Becher vergessen. Ich Schaf.«

Dann kam die Stewardess: »Ich gebe Ihnen mal mehrere Becher. Der Kaffee ist noch so heiß. Sie werden sich sonst verbr…«

»Oh Gott, nein, bitte nicht. Hier ist es kurz vor zwölf mit der Erde, und Sie geben mir extra drei Plastikbecher? Sind Sie des Wahnsinns? Und am besten noch drei Servietten für drunter und drei Plastiklöffel zum Umrühren? Wissen Sie, wie lange die brauchen, um zu verrotten, und wie viele Menschen die Herstellung vergiftet und wie viele Fische daran sterben und dann wir, wenn wir die essen? Nein, nein, nein. Ich verzichte auf meinen Kaffee.«

Die Stewardess wurde blass, kam nicht mehr ganz mit und stammelte dann: »Na gut. Dann … schmeiße ich jetzt alle weg!«

»Neiiiiin! Dann geben Sie die Becher wenigstens jemand anderem. Bitte. Das ist ja sonst noch schlimmer!«, japste es neben mir.

Gegenüber machte jemand: »Tsts, die werden immer hysterischer.«

Das hörte meine Nachbarin allerdings leider auch.

»Hysterischer? Hallo? Wo leben Sie denn? Hinterm Mond? Wollen Sie, dass unsere Kinder auch noch eine Zukunft haben, oder handeln Sie nach dem Motto ›Nach mir die Sintflut‹?«

»Wegen Plastikbechern ausflippen, aber nach Frankfurt mit dem Flugzeug fliegen? Ich sage Ihnen jetzt mal was: Allein durch den deutschen Flugverkehr schmelzen jedes Jahr dreißig Quadratkilometer Gletscher, was ungefähr der Größe Borkums entspricht. Schon gewusst?«, brummte der Mann nur, lachte und schüttelte den Kopf. »Ich nehm' übrigens den Kaffee der Weltretterin!«

Damit waren beide fast teilversöhnt. Aber der *Whataboutism* – ja, das ist das Fachwort für diese Gesprächstaktik, bei der man unliebsame Kritik einfach mit einem Gegenangriff abschmettert, wie ich neulich in der *Brigitte* »*Be green*« las – lag in der

Luft bis Frankfurt. Du willst Plastik vermeiden, aber fliegst Kurzstrecke? Du fährst Fahrrad, sooft es geht, selbst im Hamburger Dauerniesel, aber shoppst online und schickst Retouren zurück? Du lebst vegan und lässt weniger Kühe unsere Erde kaputtpupsen, aber kaufst Avocados, die Früchte mit dem wohl miesesten ökologischen Fußabdruck? »Aber-was-ist-mit?« hört eben nie auf. Es ist unangenehm und anstrengend und ein Diskussionskiller, kein so schlechter, aber eigentlich ziemlich rückständig. Frag Trump. Macht der Mist und wird kritisiert, fährt er die gleiche Nummer und lenkt dann einfach ab im Sinne von: »Ja, aber was ist mit Hillary, der alten Kriminellen? Die müsste sich dann mindestens mit mir eine Zelle teilen!«

»Jetzt kriegt euch mal nicht in die Haare«, sage ich. »Es ist doch toll, sich zu bemühen, wo es nur geht. Aber Ella jetzt zu verurteilen, weil sie fast-fashion-technisch zugeschlagen hat, ist *too much*, Kathrin. Wir müssen irgendwie alle noch essen, wohnen, leben. Hundertprozentig ökologisch ist fast unmöglich. Dann dürften wir gar nicht mehr online gehen. Die Richtung stimmt doch schon bei uns allen. Ich google übrigens für meine Recherchen nur noch mit Ecosia, der Suchmaschine, die Bäume pflanzt.«

»Na gut«, meint Kathrin. »Ist auch was dran. Tut mir leid. Aber findet ihr nicht, dass sinnvoller Verzicht glücklich macht?«

Kathrin hat ein neues Steckenpferd, und sie liebt es. Nennt sich »JOMO«, für alle Hipster und solche, die es werden wollen. In lang: The Joy of Missing Out. Seit einer Weile ist das Thema allgegenwärtig. Sitzt mit am Restauranttisch, geht mit einkaufen, hockt mit erhobenem Zeigefinger neben der frisch geshoppten Klamottentüte. Es liegt aber auch eine gewisse Entspannung in der Nummer. Nicht immer jedem Modetrend hinterherlaufen. Nicht andauernd erreichbar sein müssen. Nicht ständig flexibel sein. Oder wie selbstständige

Greenfluencerinnen schon sagen: »Buch mich rechtzeitig. Ich fahre ja nur mit der Bahn und brauche daher länger.«

Grün leben befreit auch vom Sichvergleichen. Von Verschwendungs- und Kaufsucht. Von textilen Polyesterleichen. Von der Angst, den Anschluss zu verpassen. Und so langsam ist man auch kein Freak oder Biospießer mehr. Auch wenn die Umstellung uns ehemals vielreisenden Großstadtmädels nicht immer leichtfällt.

Mein Vorteil: meine Kinder, die mich ohnehin in diese Richtung zwingen. Ich kann schließlich nicht dazu beitragen, dass ihre Welt irgendwann mehr Frischhaltefolie als Fische im Meer beinhaltet. Nur muss die Motivation einfach positiv bleiben.

Das einzig Verrückte an der ganzen Sache: Die Green Girls stehen oftmals nicht so auf die spirituelle Szene. Grund: Mit Achtsamkeit, Yoga und der Suche nach dem Glück im eigenen Inneren wendet man sich ja automatisch vom Äußeren ab. Aber eben darum geht es beim Umweltbewusstsein: das Außen. Da wird Yoga als Betäubung betrachtet, denn wer zufrieden ist, tut sich schwerer mit einer kritischen Haltung. Wer bequem auf der Matte liegt, geht nicht demonstrieren. Aber geht vielleicht auch beides?

Kathrin ist doch der beste Beweis. Letztendlich wäre es ideal, bei der Rettung unseres Planeten auch noch Spaß zu haben, finde ich und verkünde: »Aber eins dürfen wir auch nicht vergessen: lustvoll zu leben. Es richtig machen zu wollen, ist super. Wir sind alle dabei. Aber Ella darf jetzt auch mal ausnahmsweise ihren Schnäppchenmantel genießen.«

# Was sagt eigentlich der spirituelle Profi?

Manchmal ist es ja spannend, jemanden zu fragen, der Profi ist. Wie Kerstin Schreier-Gemkow, 41, Dreifachmama, zertifizierter systemischer Coach, früher PR-Beraterin und Texterin, und für viele Frauen eine spirituelle Wegbegleiterin – mit den blauesten Augen, die ich je gesehen hätte, wenn man Farben steigern könnte. Sie bietet Coachings, Körperarbeit und körperzentrierte Herzensarbeit an, den Gefährtinnenkreis für Frauen, die sich gegenseitig ermutigen und bejahen wollen, Achtsamkeitsübungen, Yoga und Meditation, um nur einige ihrer Steckenpferde zu nennen. Was mir gut gefällt: Sie sagt selbst: »Ich bin nicht hier, weil ich fertig bin.« Sie folgt ihrer Intuition und ist auch bereit, immer wieder ihre Sichtweise über Bord zu schmeißen. Passt gut zu mir und zu Kiel, wo sie lebt. Auch wenn sie nicht so aussieht, ist sie quasi ein alter Hase, was unser neues Lieblingsthema angeht. Was sagt so jemand wohl zu den neuen Coaches, die sich erst ein paar Jahre mit dem Thema beschäftigen und mit einem Mal von der Öffentlichkeit gehypt und gefeiert werden, ganze Hallen füllen und plötzlich alles wissen?

Ich bin neugierig, zumal meine Freundinnen Kerstin lieben. Und so frage ich sie eines Abends im Achterwehr, wo sie für ihre

Seminare Räumlichkeiten anmietet, warum Spiritualität quasi ein Modeaccessoire geworden ist.

»Ich denke, es ist ein Phänomen unserer Zeit, ein verzweifelter Ruf nach mehr Sinn bei all der sichtbaren Sinnlosigkeit um uns herum, und es steht mir nicht zu, die Form zu verurteilen, wie jemand seine empfundene Spiritualität gestaltet. Allgemein scheint es aber eine begriffliche Verwirrung zu geben zwischen dem Streben nach Selbstoptimierung, Gewinnmaximierung und wirklicher Spiritualität«, lautet ihre Antwort.

»Inzwischen wird ja viel Geld mit Seminaren, Online-Coachings und Achtsamkeitstools verdient. Findest du das fragwürdig?«, will ich wissen.

»Das kommt darauf an, welchen Ansatz ich unter die Lupe nehme. Generell: ganz dünnes Eis. Wenn sich hilflose Menschen in ihrer Not beispielsweise an kommerzielle Coaches wenden und irrsinnig hohe Kredite aufnehmen in der Hoffnung, durch ein Coachingprogramm einen kompletten Bewusstseinswandel zu erfahren, finde ich es schlichtweg unverantwortlich. Ein frisch getuntes Mindset heilt noch keine Traumata, Selbstliebe fällt nicht vom Himmel, und die menschliche Psyche ist sehr trickreich mit ihren Abwehrmechanismen. Heilung und innere Wandlungsprozesse setzen eine wirkliche Bewusstseinsschulung voraus. Andererseits ermöglicht die Kommerzialisierung der Yoga-Szene auch den Zugang für die Masse. Wenn Leute auf der Suche nach mehr Lebensinhalt, nach Impulsen für mehr Bewusstsein und Seelengesundheit den Weg zu sich selbst antreten, indem sie mal auf einem Hipster-Yoga-Retreat auf Bali abhängen, ist das schön und gut und hat auch seine Berechtigung.«

Ich muss schmunzeln über den Hipster-Retreat und überlege laut: »Fragt sich nur, wo echte Spiritualität anfängt?«

Ich denke an den Hexenladen, den Feng-Shui-Coach, das *Goat Yoga*. Esoterik und Spiritualität sind ohnehin schwer auseinanderzuhalten. Wie soll man da jemals wirklich durchblicken? Neulich las ich, es gebe unter eingefleischten Fans drei Bereiche: die immer spiritueller werdende Yoga-Szene, die Eso-Szene, die mit Engeln spricht, Channelings durchführt und sich in Medialität übt, und die eher buddhistisch nüchterne Spiritualität mit Meditationstechniken. Meine sinnsuchende Kathrin hat sich nur totgelacht. Ich dann auch. Es war zu ansteckend.

Kerstin holt mich aus meinen Gedanken. »Die Spiritualität, wie ich sie meine, ist rein gar nicht massenkompatibel und lässt sich schlecht vermarkten. Erst recht hat sie nichts mit durchgestylten Kakaozeremonien, einem abgedrehten Ayahuasca-Tourismus oder kameratauglichen Tantra-Retreats mit einer Horde verstrahlter Models auf Bali zu tun«, erklärt Kerstin zwinkernd. »Gleichzeitig kann der eigene spirituelle Weg aber immer und überall anfangen, denn er beginnt im eigenen Herzen. Unser Herz ist unser Berührungspunkt, unser Ortungssystem, mit dem wir uns an unsere ursprüngliche göttliche Verbindung erinnern und sie wieder in unser Leben einladen können. Wer einmal mit der Weite seines Herzens in Berührung gekommen ist, weiß, was ich meine.«

*Die Weite des eigenen Herzens.* Das gefällt mir. Manchmal denke ich, je älter ich werde, desto weiter wird es. Ich kann so vieles schön finden. Momente, Dinge, Sätze, Menschen. Es gibt so viel Schönheit zu entdecken, wenn man sie sehen will. Neulich kam Theresa mit einem Bild in der Hand zu mir, so stolz und so glücklich. Sie hatte unendlich viele Filzbuchstaben aufeinandergeklebt und darunter Linien gekritzelt. Erkennbar war nichts. Das Glück, dieses Kunstwerk selbst geschaffen zu haben, währt immer noch. Denn wir haben es aufgehängt und finden nach wie vor, es sieht aus, als hätte Miró betrunken den Pinsel geschwungen.

»Wohin fließt die momentane Strömung deiner Meinung nach? Ziehen alle irgendwann weiter oder wird sich das Ganze vertiefen?«, will ich noch wissen.

»Der ganze Spiri-Hype führt sich ja selbst ad absurdum, der Markt ist übersättigt, und Spiritualität ist zum Hobby verkommen. Wenn ein kulturelles Phänomen eine kritische Masse erreicht hat, fällt es immer irgendwann in sich zusammen, dann trennt sich die Spreu vom Weizen, und etwas Neues entsteht.« Darauf freue ich mich insgeheim, und wer weiß, vielleicht haben Klöster dann wieder Hochkonjunktur, weil nichts mehr geht außer dem radikalen Rückzug vor dem Irrsinn in der Welt ...

## LOUISAS SPIRITUELLE KÜCHE. ODER: ISST DU NOCH ODER CHANTEST DU SCHON?

Hamburg. Ein stylisher Hinterhof in Eppendorf. Genauer: eine Küche, in der folgender Kurs gerade stattfindet: »Feed your Karma. Ein spiritueller Kochkurs«.

»Euer Körper ist euer Tempel! Und Nahrung ist ein Geschenk. Und mit dieser Einstellung gehen wir jetzt an die Herdplatte, ja?« Louisa ist blond, Mitte 30, zart und steht voller Tatendrang in ihrem creme-türkisfarbenen Küchenloft. Ihre Schüler sind verrückterweise größtenteils eher etwas schwimmringig. Und das meine ich nicht böse, sondern als Fakt. Kathrin und ich sind die Einzigen, die eine kleine Jeansgröße mitgebracht haben. Der Rest ist ironischerweise eher proper, aber schon spezialisiert.

Denn als wir uns vorstellen sollen, sagt die kräftigste Teilnehmerin: »Hi, ich bin Elsa, vegane Rohköstlerin, und das seit drei Jahren. Eigentlich weiß ich alles, aber man lernt ja nie aus. Und meine Familie braucht warme Abwechslung – deshalb bin ich hier.«

Danach lächeln uns zwei beseelte Biogymnasiallehrerinnen an, Heike und Meike, die immer alles zusammen machen. »Meike hat mich zur spirituellen Minimalistin mit grünem Bewusstsein gemacht, jetzt wollte ich ihr etwas zurückgeben.

Diese Freundschaft geht schon seit dem Studium, und wir haben das Gefühl, wir schenken uns gegenseitig immer wieder Erleuchtung und den Zugang zu neuem Wissen.«

Grins. Alle so glücklich. Aber für meine Kinder hätte ich solche Lehrerinnen eigentlich ganz gerne. Dann ist da noch Wilhelm-Alexander, altes Adelsgeschlecht aus Blankenese, der einen Gutschein von seiner neuen Freundin zum Geburtstag bekommen hat, wobei er vermutlich gerade überlegt, ob sie wirklich zu ihm passt. Irritiert wackelt er mit den Budapestern und der Gelfrisur, während Louisa uns erklärt, worauf es ankommt: »Das Problem ist, dass wir heutzutage völlig verwirrt sind von den ganzen Ernährungstrends. Unser Geist weiß schon gar nicht mehr, wo oben und unten ist und wann er Hunger hat. Fakt ist: Wir sind mehr Gorilla als Tiger, was man allein schon an unserem Gebiss sieht, und je lebendiger wir essen, desto lebendiger sind wir. Daher: am besten grün. Oder bunt. Esst Farben. Esst Bio. Esst saisonal. Nie Fertigprodukte. Und zuckerfrei.«

Gehe ich mit und nicke.

»Sorgt euch um euren Tempel voller Anmut und Hingabe, und kocht immer mit Achtsamkeit.«

Hat sie Kinder, frage ich mich. Sieben Tage die Woche mit Achtsamkeit und Hingabe wird manchmal schwierig, wenn zwei kleine, hungrige Monster »Eierkuchen!« krähen. Aber prinzipiell finde ich den Ansatz auch gut.

Neben mir steht noch Chanel, nein, das ist kein Witz, die Gute heißt wirklich so. Sie sieht auch so aus, als würden ihre Schwestern Prada und Gucci heißen. »Eigentlich«, hat sie uns wissen lassen, »bin ich gar nicht so drauf. Aber mein Yogalehrer ist so heiß, den angle ich mir; bei dem geht alles durch den Magen, und deswegen hab ich das Seminar hier gebucht. Ich hoffe nur, ich brech mir keinen Nagel ab – war gerade erst bei der Mani.«

»Kein Problem, du kannst einfach den Wirsing zupfen, da passiert dir nichts«, konstatiert Louisa ganz entspannt. Und es geht los.

Wir kochen einen spirituell auffüllenden, wärmenden Eintopf mit Wirsing, Bohnen und Kürbis. Außerdem ein Linsengericht. Als Dessert gibt es Hanf-Dattel-Pralinen. Guten Appetit.

Ich ernähre mich gerne gesund, Linsen und Wirsing finde ich auch ganz gut, aber meistens esse ich andere Kombinationen. Linsen zu Spinatnudeln oder Wirsing im Wok. Während wir waschen, schnippeln und in Kokosfett anbraten, lauscht Louisa ein bisschen, was wir sonst so zu uns nehmen. Chanel gerne Pommes rot-weiß, Wilhelm-Alexander steht auf Graved Lachs und Kaviar, und das Lehrerinnen-Duo Meike und Heike »zaubert gern ein leichtes Hirsotto nach einem langen Schultag«.

Elsa seufzt plötzlich, und eine Träne läuft über ihre Wange.

»Die Zwiebeln? Soll ich dich ablösen?«, fragt Kathrin.

»Nein, es ist nur, … ich fühle mich so schuldig. Ich träume so oft vom Braten meiner Oma – und ich habe doch dem Fleisch abgeschworen. Aber manchmal vermisse ich die Geschmackserlebnisse von früher.«

»Das kann ich sehr gut verstehen«, sage ich.

»Ich auch! Besser mal ein Braten – mit Liebe zubereitet – als dieser grüne Matsch aus der Tüte, den mir meine Freundin morgens in meinen Frühstückssmoothie klatscht. Ich will doch nur mal ein ungesundes Toastbrot!« Wilhelm-Alexander wird dabei gerade kurz rot.

Bei Adeligs öffnet man sich ja eigentlich nicht so, wenn der Genpool nicht derselbe ist.

Louisa macht eine besänftigende Geste. »Essen sollte Genuss sein. Auch ethisch – ganz klar. Aber wenn du dir mal einen Biobraten nach Omi-Art gönnst, finde ich das nicht so schlimm. Und generell gilt: Nur wer mit Liebe kocht, ist der wahre Alchemist der Küche. In Indien ist es ein Ritual, dass sich der Koch vor der Zubereitung der Speisen reinigt und wäscht. Denn eine negative, gestresste und unachtsame Einstellung seinerseits geht sofort auf die Nahrung über. Kocht also mit Freude und Liebe. Sprecht mit dem Wirsing, ehrt die Schalen des Obstes. Auch daraus kann man noch etwas zaubern. Nahrung wirkt laut Ayurveda auf einer energetischen Ebene weiter. Und deshalb wollen wir jetzt chanten: ›*Om Shree Dhanvantre Namaha*‹ – damit uns unser Essen auch göttlich heilt.«

Tatsächlich stimmen alle ein, Chanel mit dem höchsten Stimmchen.

Ich mache ein bisschen Playback, bis mir auffällt, dass mein Handy vibriert, weil die Eierkuchenfraktion »Gute Nacht, Mama!« tröten will. Ich liebe es, Mutter zu sein – man hat immer eine perfekte Ausrede! Keine Lust auf das Ex-Kolleginnen-Treffen? Den Arzttermin? Problemgespräche? Kind ist krank. Kein Babysitter. Klassenarbeit steht an. Noch Fragen?

Nun, wo unser Essen – hoffentlich wurde es auch umsichtig geerntet und beim Transport angechantet, das spielt nämlich auch mit rein, weshalb Louisa nur im Biomarkt ihres Vertrauens zu finden ist, genau wie ich, aber eher aus Angst vor Pestiziden – heilig ist, decken wir den Tisch.

Nebenbei lernen wir noch, dass unser drittes Auge und der Solarplexus die nächsten Monate eventuell spirituell blockiert sein könnten durch negative Energien. Bedeutet: keine Erkenntnisse, keine reibungslose Verdauung. Denn dafür sollen die beiden zuständig sein. Das Universum macht's möglich. Zum Glück gibt es Louisas Geheimtricks: »Um das dritte Auge zu öffnen, müsst ihr euch nur anders ausrichten. Sprich: in die Gegenrichtung. Also den Fokus nach oben in den Himmel richten. Versucht, das Licht direkt in euren Kopf fluten zu lassen. Und für den Solarplexus, der direkt mit der Verdauung verbunden ist, gilt: viel spazieren gehen.

Heike und Meike schielen gleich brav Richtung Zimmerdecke und bemühen sich offenbar, das Strahlerlicht über der Küchenzeile in ihre Scheitel zu ziehen.

»Ey, gehen wir eine rauchen?«, flüstert mir Chanel über den Tisch zu, während wir Besteck hinlegen und Servietten achtsam falten.

»Sorry, Nichtraucher!«, wehre ich ab und muss grinsen. Ist ja fast so, als würde man zum Meeting der Anonymen Alkoholiker gehen und im Anschluss ein Feierabendbierchen vorschlagen. Hat Chanel aber nicht gemerkt. Hauptsache, die Yoga-Falle schnappt zu. *Totally in love* durch die spirituelle Kauleiste. Zur Not auch durch Vortäuschung.

»Wer raucht, zerstört sofort alle Nährstoffe, die er aufnimmt. Das solltest du sein lassen«, erklärt Louisa tadelnd.

Außerdem lernen wir noch, dass regionale Biolebensmittel voller Prana, sprich der Ursubstanz, stecken und wir nur solche kaufen dürfen, weil nur sie uns Energie geben.

Elsa nickt. »Genau wie Omis Braten. Der hat zu Lebzeiten auch immer hinterm Haus gegrast.«

So langsam nimmt man ihr die Rohkost gar nicht mehr ab. Wir wünschen uns einen guten Appetit und legen los. Inzwischen sind alle hungrig.

Das einzige Problem: Es schmeckt überhaupt nicht. Ich sag's ungern, aber der Kürbis-Wirsing mit Bohnen in Hafersahne ist fast ungenießbar, und irgendwie sieht der Wirsing so grau aus. Das Linsengericht ist essbar, aber auch keine Offenbarung. Und so liegt eine etwas angespannte Stille über dem Esstisch. Louisa ist sich sicher: Wir sind definitiv der Fortgeschrittenenkurs und in einer Art Kaumeditation versunken. Sogar H & M gucken etwas irritiert über die Lehrerinnenbrillen. Irgendwie dachten wir wohl alle, es wird so richtig lecker. Oder unsere Geschmacksnerven sind dann doch zu Pasta-ruiniert.

»Ich geh gleich mit dir eine rauchen, Chanel!«, verkündet Wilhelm-Alexander, und fast hätte ich dabei meine Suppe wieder ausgespuckt, denn er macht so gar nicht den Eindruck eines Kettenrauchers.

»Spinn ich, oder schmeckt das mal gar nicht?«, flüstert Kathrin mir ins Ohr.

Ich muss lachen. Als wir abräumen und Louisa das Dessert ankündigt, hält sich die Begeisterung in Grenzen.

Dann munden ihre »Hanf-Dattel-Muschi-Pralinen«, wie Chanel sie heimlich tauft, aber doch ganz gut.

Eins muss man dem spirituellen Dinner lassen: Ich fühle mich wirklich fit und null müde. Nur ob ich das freiwillig wieder essen würde? So ganz ohne Spaß? Und was ist mit meiner Familie? Die Kinder würden mich vermutlich an der Autobahnraststätte aussetzen und nur noch Hotdogs essen, sollte ich ihnen ein derartiges Gericht vorsetzen.

Wobei ich beschlossen habe, auf jeden Fall Zucker noch weiter zu reduzieren – bis auf meine geliebte Schokolade abends auf dem Sofa – und noch mehr Grün zu essen. Wenn die Kids Fleisch wollen, schraube ich für mich eben die Beilagen hoch.

Alle bedanken sich artig bei Louisa für die heilige Mahlzeit und versprechen, in Zukunft brav zu chanten und das Richtige zu essen. Draußen fragt Chanel, ob Wilhelm-Alexander nicht Lust auf mehr Kippen und noch ein paar Bier hat, worauf er erfreut nickt.

Heike und Meike haben sich gleich Louisas Plan geschnappt und gehen vorbildlich voran. Sie planen schon die achtsame Einkaufsliste für morgen, die auch Resteverwertung inkludiert. »Meike, morgen vorm Elternabend machen wir uns ein Schnitzel aus Bananenschalen, ja?«

Elsa verkündet: »Es war so toll mit euch allen. Es lebe die Spiritualität. Aber morgen, am Donnerstag, ess ich meinen Sonntagsbraten.«

Und Kathrin und ich? Machen eine Ausnahme und gehen einen Biowein trinken. Hoffentlich mit liebevoll geernteten Reben, die beim Pressen noch bechantet wurden. So ganz genau wissen wir das aber nicht. Wir riskieren es trotzdem. Dafür trinken wir morgen mindestens einen Selleriesaft zum Entgiften, dessen Stangen wir mehr als achtsam in den Entsafter jagen. Alles eine Frage der Balance. Frag unsere vegane Braten-Elsa. Mit viel Liebe stoßen wir an – so von Tempel zu Tempel.

# DAS FAZIT. ODER: WIE VIEL SPIRITUALITÄT VERKRAFTEN DENN NICHT-SPIRITUELLE?

Eins ist mal sicher: Ich bin jemand, der gerne hinter den Kulissen herumläuft. Das gilt für den Dresdner Semperopernball genauso wie für Liveshows und Konzerte. Ich bin gern *backstage*. Das ist das wahre Leben. Wenn die Tänzer, die sich scheinbar nur von Wattepads und Cola light ernähren, über die Flure diffundieren, die Aufnahmeleiter wichtig runterzählen bis zur Schalte und die Band noch mal kurz Soundcheck macht. So ähnlich ist es auch mit dem spirituellen Ansatz: Er macht das Leben um ein paar Nuancen bunter. Vielschichtiger. Dichter. Geht einem unter die Epidermis. Manchmal wird es leider auch diffuser und gefährlicher, wenn man an seltsame Menschen gerät. Haut bloß ab, wenn euch jemand ein Dauerabo der Erleuchtung verkaufen will und das auch noch so viel kostet wie eine Einzimmerbude in Hamburg-Winterhude in der Willistraße, selbst mit Graugänsen hinterm Haus. Ansonsten gilt, was meine Cousine Britta immer so schön sagt: *»You'll never know unless you try!«* Denn damit hat sie vollkommen recht. Du wirst nie wissen, wie es ist, wenn du es nicht ausprobierst. Allein der Glaube an Spirituelles kann das Leben schöner machen. Und wenn es nur der Glaube ist – auch okay. Wir sind ja keine Wissenschaftler. Wenn uns der

Placeboeffekt glücklich macht, ist es doch wurscht, solange er die Stimmung hebt.

Ansonsten habe ich auf meiner spirituellen Mitreisegelegenheit noch gelernt: Niemand ruht dauerbeseelt in sich, und die innere Mitte ist ein temporäres Phänomen.

Tendenziell finde ich es nach wie vor spannend, Neues kennenzulernen, offen zu sein und Wunder in mein Leben einzuladen. Ich erfreue mich immer noch an meinen Heilsteinen, an Zeichen und durchgeschlafenen Feng-Shui-Nächten. Selbst wenn das am Ende Blödsinn sein sollte, ist mir das völlig wumpe, solange es funktioniert. Ich nehme die Impulse einfach auf, die mich wie Hundewelpen anstupsen, teste sie, schließe die einen ein, schließe andere aus. Wenn es nichts für mich ist, bin ich so was von teflonbeschichtet. Wenn doch, bin ich ein Schwamm. Mein Kopf wird so regelmäßig mariekondot, da bleibt nur, was klare Sicht bringt.

Und wenn der neue, spirituell angehauchte Weg einen in Ketten legt und angsterfüllt und getrieben einen Online-Selbstfindungskurs nach dem anderen buchen lässt, anstatt einen zu einem mutigeren, beflügelteren und positiveren Menschen zu machen, dann ist es nicht der richtige Weg. So einfach ist das.

Deshalb wünsche ich jedem Suchenden ganz selbstlos eine Freundin wie mich an seiner oder ihrer Seite. Eine, die Lust hat, sich einzulassen, aber auch mit gesunder Grundskepsis alles hinterfragt. Denn mit einem Floh im Ohr lebt es sich doch recht wackelig, wenn er auf dem Gleichgewichtssinn hockt.

Einige Dinge werde ich definitiv nie tun: Mit Engeln reden, Schnupfen wegatmen und fünf Stunden Klangschalenmeditation kommen für mich nicht infrage. Und selbst wenn, würden meine Kinder da vermutlich nicht mitmachen.

Ansonsten gilt: jedem Tierchen sein Pläsierchen. Das Leben ist bunt. Man kann es auch hin und wieder im Kopf renovieren oder mal in den eigenen Seelenkeller hinabsteigen – kann zwischendurch nicht schaden. Aber im besten Falle ist es einfach meistens schön, und für alles andere rollt der eine die Yogamatte aus, und der andere zockt die Spielekonsole wund. Auch okay. Ich bin bei allem dabei, wenn am Ende zwei Freunde in der Tür stehen: Liebe und Respekt.

Im Übrigen habe ich festgestellt, dass einer der spirituellsten Menschen in meinem Leben meine bereits erwähnte kanadische Cousine Britta ist. Und das, ohne spirituell zu sein. Klingt paradox, ich weiß. Britta ist 44, konvertierte Jüdin, Bankerin, schmeißt Riesen-Dinner-Partys und hat drei Kinder im Kindergarten- und Grundschulalter. Sie hat »*definitely no time for this!*« (definitiv keine Zeit für so was): große Sinnsuche, Instagram oder Servietten falten. Trotzdem schafft sie es immer wieder, spirituell angehauchte Ratschläge rauszuhauen, die einfach auf Logik, Menschenverstand und Liebe basieren. So kann's auch gehen. Sätze wie: »*It's out of your control. Let it go.*« (»Du kannst es nicht kontrollieren. Vergiss es!«) haben mir schon so manch schlaflose Nacht erspart. Oder in einem schwachen Moment, als sie mit Kind Nummer drei schwanger war: »*All people in your family will find their role and you won't be able to imagine life any different. But until the baby comes, you will be so scared and think you have done a crazy thing.*« (Alle in deiner Familie werden ihre Rolle finden, und du wirst dir das Leben nicht mehr anders vorstellen können. Aber bis das Baby da ist, wirst du total verängstigt sein und denken, du hättest etwas ziemlich Verrücktes getan.«)
Fand mich nach diesem Satz völlig normal mit meinem Kopfkino. Oder: »*You are worried? Paint your nails! You cannot think two things at the same time.*« (Du machst dir Sorgen? Lackier dir die Nägel! Du kannst nicht zwei Dinge gleichzeitig denken.«) Stimmt tatsächlich. Man muss sich auch nicht die

Nägel machen, wenn es nicht zu einem passt. Es können ebenso gut die oben erwähnten Servietten sein oder Karlottas Boxsack, der ein paar Kicks bekommt.

In diesem Sinne: *Namaste* oder auch nicht! Ich liebe euch alle! Spirituelle wie Nicht-Spirituelle! Und danke, dass du dabei warst! Ansonsten gilt, was Einstein so wunderbar formuliert hat: »Es gibt zwei Arten, sein Leben zu leben. Entweder so, als wäre nichts ein Wunder. Oder so, als wäre alles eines.« Ich finde, Letzteres macht doch sehr viel mehr Spaß!

# DANKSAGUNG

Besonderer Dank geht an …

… meinen Freundeskreis, den ich immer anzapfen kann, wenn es um spannende Erlebnisse, gute Geschichten und Buchempfehlungen geht:

Sascha, Gunilla, Freddy, Inke, Ulrike, Robert, Julia, Caro, Daniela, alle Brittas, Gosia, Verena, Ellen, Kathrin, Ella, Dennis, Kristina, Marijana & Silke

… meine einordnenden Experten Gina Mody, Kerstin Schreier-Gemkow, Johannes Maierhofer & Roland Preußl

… meine Familie, die mich erträgt, wenn ich nur in meinem Kopf unterwegs bin, die meine Texte Korrektur liest oder mit Begeisterung mit mir in Hexenetablissements fährt!

Ich liebe Euch!

# Literatur, Quellen & weiterführende Links

## Links

### Waldbaden

https://www.deutschlandfunkkultur.de/waldbaden-das-ziel-nicht-mehr-in-woertern-denken.2147.de.html?dram:article_id=417756

https://www.spiegel.de/plus/waldbaden-manche-moegen-es-den-baum-zu-umarmen-a-00000000-0002-0001-0000-000164302396

https://www.fitbook.de/video/waldbaden-erfahrung

https://www.mdr.de/wissen/waldbaden-gegen-krebs100.html

https://www.zeit.de/zeit-wissen/2018/03/waldbaden-natur-heilung-gesundheit-japan

### Mondeinfluss

»Forscher belegen Einfluss des Mondes auf den Schlaf«, welt.de, 25.7.2013

https://www.paungger-poppe.com/de/

### Spiritualität als Trend

https://www.zukunftsinstitut.de/artikel/future-forecast/gibt-es-einen-megatrend-achtsamkeit/

https://www.zeit.de/zeit-magazin/leben/2018-03/esoterik-trend-spiritualitaet-egoismus

https://www.welt.de/icon/partnerschaft/article185159926/Ein-Abend-mit-Laura-Malina-Seiler-was-ist-ihr-Erfolgsgeheimnis.html

https://www.welt.de/vermischtes/kurioses/article113075308/Dann-kam-ein-Engel-Esoterik-selbst-getestet.html

https://www.zeit.de/2013/21/esoterik-vernunft-verteidigung/komplettansicht

https://www.abendblatt.de/hamburg/article215821395/Liebes-Meditation-mit-Star-Coach-Laura-Malina-Seiler.html

https://www.abendblatt.de/hamburg/article212465597/Die-Frau-die-die-Anleitung-zum-Gluecklichsein-hat.html

https://lauraseiler.com/podcast-wie-du-eine-liebevolle-beziehung-zu-geld-entwickelst/

https://de.wikipedia.org/wiki/Spiritualität

https://de.wikipedia.org/wiki/Esoterik

https://www.welt.de/icon/partnerschaft/article164369793/Achtsamkeit-ist-der-Gegentrend-zur-Digitalisierung.html

https://www.awakin.org/read/view.php?tid=255

## Ziegenyoga

https://de.wikipedia.org/wiki/Bikram-Yoga

https://www.deutschlandfunkkultur.de/lifestyle-trend-aus-den-usa-yoga-mit-ziegen.2165.de.html?dram:article_id=393053

https://www.spiegel.de/gesundheit/diagnose/yoga-mit-ziegen-so-funktioniert-die-neue-trendsportart-goat-yoga-a-1206225.html

https://www.fitforfun.de/workout/yoga-und-co/goat-yoga-yoga-mit-ziege-der-neue-trend-240491.html

https://www.welt.de/print/die_welt/reise/article187334300/Fit-durch-Waldbaden-und-Ziegen-Yoga.html

https://www.morgenpost.de/vermischtes/article209363517/Zum-Meckern-Yoga-mit-Ziegen.html

## Schwitzhütte

https://www.sueddeutsche.de/panorama/besuch-in-der-schwitzhuette-unter-dampf-1.2421211

https://de.wikipedia.org/wiki/Schwitzhütte

## Familienaufstellung

https://de.wikipedia.org/wiki/Bert_Hellinger

## Kintsugi

https://www.japandigest.de/kulturerbe/geschichte/kunsthandwerk/kintsugi/

## Feng Shui

https://www.everyday-feng-shui.de

https://living-fengshui.at/die-feng-shui-diaet/

## Sophia Loren

https://www.sueddeutsche.de/
leben/75-jahre-sophia-loren-alles-was-sie-sehen-verdanke-ich-spaghetti-1.33847

## Rosenquarz

https://www.edelsteine-bedeutung.de/wirkung/rosenquarz.html

Das Notting Hill von Hamburg: https://www.nottinghillhamburgs.de/en/

Hotel Orphée: https://hotel-orphee.de/stories

## Grashüpfer-Theorie

https://lauraseiler.com/218-podcast-erschaffe-deine-vision/

## Horoskopglaube

https://www.spiegel.de/wissenschaft/mensch/horoskop-warum-so-viele-menschen-an-astrologie-glauben-a-1128077.html

https://www.astrologie-zeitung.de/232-bild-gregor.html

## Synchronizitätsprinzip

https://de.wikipedia.org/wiki/Synchronizität

https://www.welt.de/print/wams/vermischtes/article11927215/Die-moderne-Astrologie-hat-nichts-Magisches.html

## Monopoly

https://www.faz.net/aktuell/wirtschaft/wirtschaftswissen/sechs-strategien-fuer-sieger-so-gewinnen-sie-bei-monopoly-1591302.html

## Kakao

https://www.herzstueck-mag.de/kakao-zeremonie-wenn-dein-herz-zu-dir-spricht/

https://www.t-online.de/leben/essen-und-trinken/id_83679272/kakao-zeremonie-ist-kakao-das-neue-ecstasy-.htm

## Magic Cleaning

https://www.einfachganzleben.de/meditation-achtsamkeit/
innere-ruhe-durch-aeussere-ordnung

## JOMO / Joy of Missing Out

https://de.wikipedia.org/wiki/Joy_of_Missing_Out

## Avocadofette

https://www.zentrum-der-gesundheit.de/avocado.html

## Lomi-Lomi-Massage

https://deutsche-heilpraktikerschule.de/die-koenigin-der-massagen-lomi-lomi/

## Prana-Nahrung

https://livinlightly.de/prana-nahrung-wie-dir-ayurveda-zu-mehr-lebensenergie-verhilft/

https://www.goodreads.com/
quotes/324253-nothing-heals-the-soul-like-chocolate-she-said-i-just

# BÜCHER

Fröse, Carlotta. *Chakren verstehen und heilen für Anfänger.* 2019

Stahl, Stefanie. *Das Kind in dir muss Heimat finden.* 2017

Tolle, Eckhart. *Jetzt.* 2018

Paungger, Johanna, und Poppe, Thomas. *Das Mondjahr: Kalender*

Kühn, Sabine. *Aura für Einsteiger: Sehen, lesen, stärken.* 2019

Kühn, Sabine, und Seufert, Dirk. *Aurasehen kann jeder.* 2013

Andrews, Ted. *Die Aura sehen und lesen.* 2011

Ferrini, Paul. *Das Geheimnis deiner 9 Lebenszyklen.* 2016

Kondo, Marie. *Magic Cleaning.*

Schäfer, Bodo. *Der Weg zur finanziellen Freiheit.* 2003

Bormans, Leo. *Glück. The New World Book of Happiness.* 2017

Schmidt, Egon. *Von Wellness zur heilenden Erfahrung: Schwitzhütte – schamanisch und ganzheitlich erklärt.* 2019

Kühni, Werner. *Taschenlexikon der Heilsteine.* 2017

Landeck, Horst-Dieter. *Heilsteine vom Ostseestrand.* 2008

Jagat, Guru. *Unbesiegbar leben.* 2018

Seiler, Laura Malina. *Schön, dass es dich gibt!* 2018

Carnegie, Dale. *Sorge dich nicht – lebe!* 1948

Kaléko, Mascha. *Sei klug und halte dich an Wunder.* 2013

Corssen, Jens, Gröner, Stefan, und Ehrenschwendner, Stephanie. *Der Team-Entwickler.* 2017 (Kapitel: »Wie Resignierte vom Opfer- zum Gewinnerverhalten gelangen«)

von Kürthy, Ildikó. *Problemzonen.* 2018

Hesse, Hermann. *Roßhalde.* 1914

Lipton, Bruce. *The Honeymoon Effect.* 2014 (Kapitel: »Good Vibrations«)

## Magazine

»Gekommen, um ganz Frau zu sein«, Happinez Nr. 3, 2019
»Liebe beginnt immer bei dir«, Happinez Nr. 3, 2019
»Entgifte dein Leben«, Happy Way Nr. 2., 2019
Brigitte »Be green«, Ausgabe 1
Green Lifestyle, Ausgaben vom 17.4.2019, 17.7.2019
Flow, Heft 31, 37


## Personen

Byron Katie: https://thework.com/sites/deutsch/the-work/
Louise Hay: https://www.louisehay.com
Dr. Joe Dispenza: https://drjoedispenza.com
Deepak Chopra: https://www.deepakchopra.com
Gabrielle Bernstein: https://gabbybernstein.com/

Zeitfracht Medien GmbH
Ferdinand-Jühlke-Straße 7
99095 Erfurt, Deutschland
produktsicherheit@kolibri360.de

Druck:
CPI Druckdienstleistungen GmbH
im Auftrag der
Zeitfracht Medien GmbH
Ein Unternehmen der Zeitfracht - Gruppe
Ferdinand-Jühlke-Str. 7
99095 Erfurt